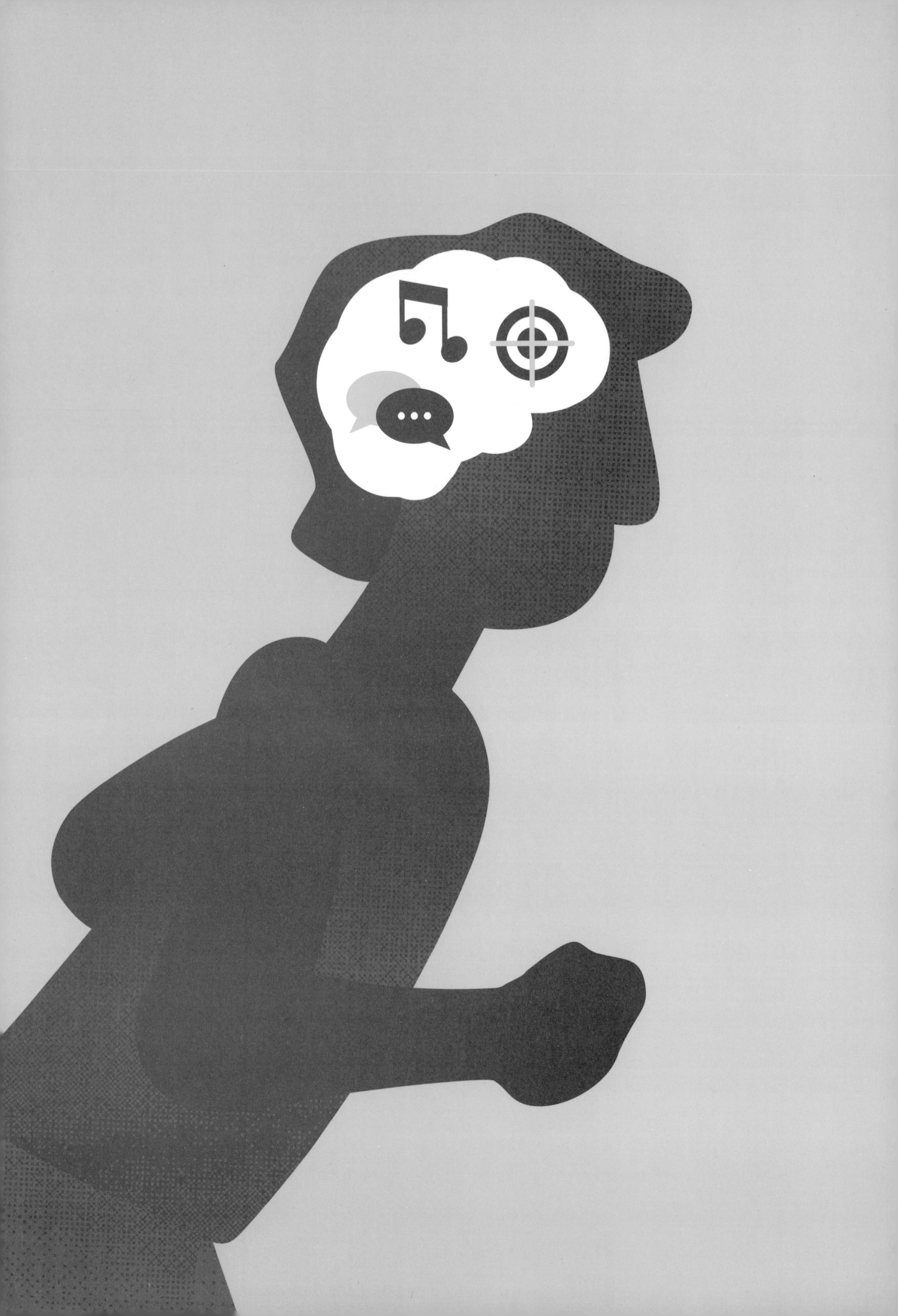

"十四五"职业教育国家规划教材

运动心理学基础（第二版）

运动训练专业

主编 张立敏

中国教育出版传媒集团
高等教育出版社·北京

内容提要

● 运动心理学基础是运动训练专业的主要教学内容，与竞技体育、体育教育和大众健身过程中的运动实践活动息息相关。掌握心理学及运动心理学的知识，可以了解体育运动与心理状态的关系，以良好的心理状态投入到高水平训练与竞赛中，取得优异成绩。同时，还可以更好地了解自己，认识他人，适应社会，创造美好生活。

● 本书是"十四五"职业教育国家规划教材，在第一版的基础上修订而成。全书分为心理学基础篇和运动心理学篇两部分。心理学基础篇，紧扣普通心理学的相关知识，包括运动参与的动力过程、运动参与的认知过程和运动参与者的个体差异3个模块；运动心理学篇，包括运动技能学习的心理基础、心理技能训练和比赛的心理调节3个模块。本书还配有相关数字化教学资源，可通过书中二维码和书后学习卡获取。

● 本书可作为中等职业学校运动训练专业和其他相关专业的教材，也可作为运动员、教练员、社会体育指导员和从事体育管理工作人员的参考用书。

编委会

● 主　编
　张立敏

● 编　委
　（排名不分先后）
　张力为　毛荣建

第二版前言

- 距离《运动心理学基础》第一版面世，已经过去了近二十年。第一批读者当中年龄最小的，估计现在也已经人到中年了。如果请他们再次阅读第一版，他们可能会感叹时间的飞逝，怀念自己的青春岁月。在这近二十年间，用日新月异形容身边的变化，一点都不过分。如今学生的学习方式发生了很大变化，对教师的教学和教材的编写都提出了新的要求。鉴于第一版出版时间较长、师生对相关知识有新的需求、教材形态需要与时俱进三方面因素，我们决定对该书进行修订。

- 本次修订坚持与中国具体实际相结合、与中华优秀传统体育文化相结合的理念，实事求是、与时俱进，一切从实际出发，关注社会主义现代化建设的实际问题，植根本国、本民族历史文化沃土，为实现体育强国、健康中国贡献微薄之力。同时，秉承了第一版教材严肃、科学、有趣的编写原则，还保持了第一版"基础性"的特点，具体表现在三个方面：第一是知识点的基础性，结合普通心理学的基础知识与近年来运动心理学及心理学其他分支学科的研究资料，为初学者系统学习心理学与运动心理学知识提供了一个合适的平台、入口；第二是各模块之间的关联性，可以帮助读者更好地联系前后学习的知识点，从整体上把握内容；第三是写作语言的通俗性，辅以图片展示和实例分析，提高学生学习的兴趣。

- 为满足学生今后在运动心理学领域深入学习的需求，在本次修订过程中注重收集和引用体现运动心理学在理论与实践方面的最新研究成果，为读者进行深度学习和初步研究提供阶梯。本教材出版的目的"一如初心"，让读者懂得一些心理学的基本原理，掌握一些心理调节的方法，更好地理解他人，理解自己，帮助他人，帮助自己，让教练员更好地指导运动员训练，让运动员更好地适应艰苦的训练和激烈的竞赛。2023年，本教材入选首批"十四五"职业教育国家规划教材。

和第一版相比，本次修订主要调整了以下内容。

模块一：修订了动机与运动表现的关系，调整了情绪的成分及表现的内容，增加了唤醒、焦虑与运动表现。

模块二：在感觉、知觉、注意部分增加了专门化知觉，在记忆部分增加了运动记忆，在思维部分新增了运动决策的内容。

模块三：删减了遗传与环境对智力的影响，删除了情绪智力的内容，增加了运动员的智力研究现状；删除了能力部分内容。

模块四：保留了运动技能学习的动机定向和运动技能的学习基础，将运动技能的掌握过程分成运动技能的分类、运动技能的学习阶段、运动技能形成的特点和运动技能的迁移4个学习任务加以体现。

模块五：在心理技能训练模块中增加了专栏。

模块六：新增了"团队凝聚力"的内容，充实了影响情绪调节的社会心理因素。

● 在修订文字的同时，为了进一步丰富本书的学习内容，便于师生学习，编写组设计研发了配套微视频、演示文稿等辅教辅学资源，请登录高等教育出版社Abook新形态教材网（http://abook.hep.com.cn）获取相关资源。详细使用方法见本教材最后一页"郑重声明"下方的"学习卡账号使用说明"。可扫描书中的二维码进行查看，随时随地获取学习内容，享受立体化阅读体验。微课由张立敏负责设计、统稿，由周一琳作为主讲人。本次修订工作，编写组再次梳理了心理学与运动心理学的发展脉络，回顾了前辈们的工作，研读了同行们的最新成果，是一次很好的学习、提升、传授的机会。感谢张力为老师和毛荣建老师在第一版中开创性的写作，并在第二版写作过程中提供了大量资料和建议，为修订打下了坚实的基础。本教材在编写过程中，邀请周学荣教授担任审核专家。另外，还要感谢周一琳、郎程婕，她们为书稿的完成做了大量细节性的工作。感谢为本书提供指导和帮助的相关国家专业运动队的专家。

● 因能力有限，疏漏在所难免。诚挚盼望读者对本教材提出批评和建议。如有反馈意见，请发邮件至zz_dzyj@pub.hep.cn。

编委会

2022年11月

第一版前言

- 为贯彻落实《中共中央国务院关于深化教育改革全面推进素质教育的决定》精神，教育部制定了《中等职业学校专业目录》（教职成〔2000〕8号），并在目录中确定了83个专业为中等职业学校重点建设专业。在地方教育行政部门、教研机构和有关院校的大力配合下，教育部组织有关行业职业教育教学指导委员会和项目课题组，开发了《中等职业学校重点建设专业教学指导方案》（以下简称《方案》）。

- 《方案》体现了全面推进素质教育、深化职业教育教学改革的精神，明确了专业培养目标、业务范围、课程设置和教学要求，是实施学历教育的各类中等职业学校加强专业和课程建设、安排和组织教学活动的指导性教学文件，也是各地、各行业教育部门和教研机构指导职业学校深化专业教育教学改革和评价专业教育教学质量的基本依据。

- 依据《方案》精神，按照"面向21世纪职业教育课程改革和教材建设规划"实施方案的要求，高等教育出版社会同体育职业教育教学指导委员会，组织编写中等职业教育运动训练专业主干课程的国家规划教材。

- 该系列教材包括：运动人体科学概论、运动心理学基础、社会体育学基础、运动训练学基础、田径游泳（包括田径、游泳）、球类运动（包括足球、篮球、排球、羽毛球、乒乓球）、武术运动（包括武术、散打）等。

- 该系列教材的突出特点在于与时俱进，紧密结合该层面学生的身心和认知特点，突出"以能力为本位"的教学模式；以现代国际流行的课程理论为依据，整体选择教学内容和方法，整合教学设计过程和手段，体现综合价值；通过内容拓展栏目，将与教材内容相关的知识点呈现出来，既增加了教材的弹性，又活跃了版式，提高了可读性；本系列教材强调了项群的特征，并结合未来我国奥运项目布局以及优势项目的发展，以学生实际技能的掌握为突破口，重新设计教材体系和内容，提高教材的实用性；现代教育手段与传统介质的高度融合将会使该套教材真正实现立体化构建。

- 在教育部和国家体育总局有关司局的领导下，我们组织全国相关院校的专家、学者参与项目的筹划，并制定了具体的教材编写方案。本书由张力为主编，毛荣建编写了第一章和

第二章，张立敏编写了第三章，张力为编写了第四章、第五章和第六章。全书由张力为统稿。

● 教材创新本身就是一种探索，稗谬之处，在所难免，恳请同行和广大读者批评指正。

编委会

2002 年 9 月 18 日于北京

目录

心理学基础篇 ——— 001-104

模块一　运动参与的动力过程 / 003

主题一　动机 / 004

主题二　情绪 / 017

模块二　运动参与的认知过程 / 030

主题一　感觉、知觉、注意 / 031

主题二　记忆 / 048

主题三　思维 / 059

模块三　运动参与者的个体差异 / 072

主题一　人格 / 073

主题二　智力 / 090

运动心理学篇 ——— 105-203

模块四　运动技能学习的心理基础 / 107

主题一　运动技能学习的动机定向 / 108

主题二　运动技能的学习基础 / 116

主题三　运动技能的掌握过程 / 123

模块五　心理技能训练 / 136

主题一　目标设置训练 / 137

主题二　放松训练 / 142

主题三　表象训练 / 147

主题四　注意集中训练 / 154

主题五　自我暗示训练 / 160

主题六　模拟训练／163

模块六　比赛的心理调节／167

主题一　比赛的心理定向／168
主题二　比赛的情绪调节／176
主题三　比赛的社会因素／187

心理学基础篇

模块一 运动参与的动力过程

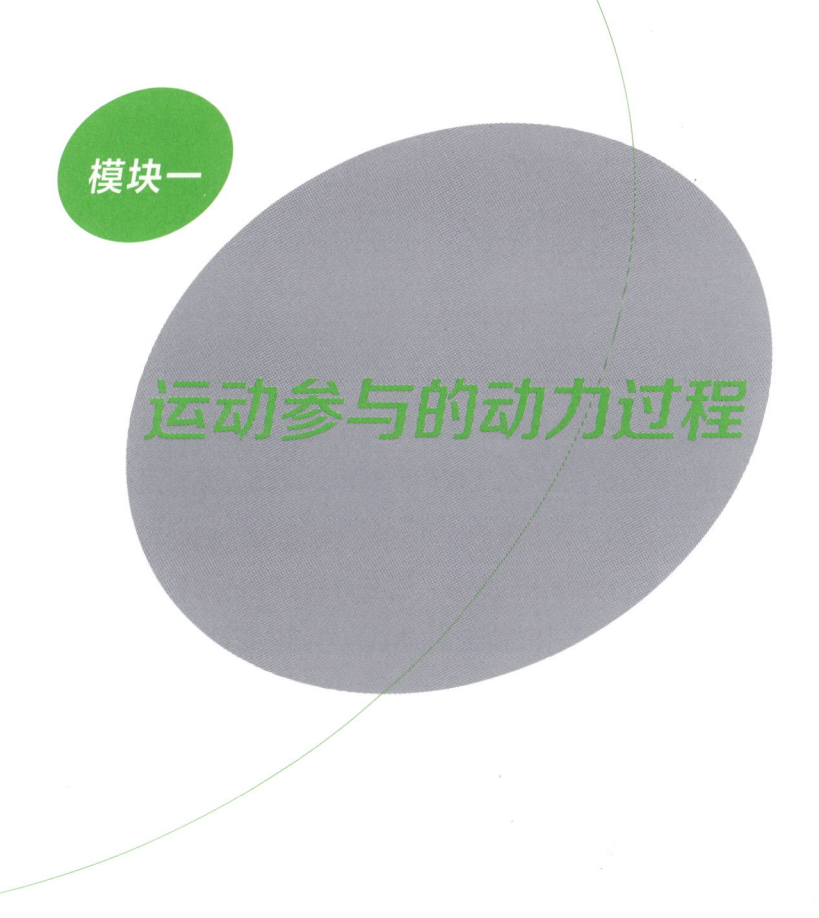

人们从事任何活动，都要解决两个问题，首先是"要不要做"，然后是"如何去做"。第一个问题就是动机问题，它涉及人们活动的方向和强度。心理学的研究对象是心理现象，心理学研究的任务就是对心理现象进行描述、解释、预测和控制。描述心理现象是对心理现象的界定，解决的是"是什么"的问题；解释是对心理现象产生的原因进行揭示，解决的是"为什么"的问题；预测是对心理现象发生的可能性进行陈述，解决的是"会怎样"的问题；控制解决的是"怎么办"的问题，表现为对心理现象发生或者不发生，发生的形式、强度、发生率等的控制，是心理学研究的终极目标。

以运动员逃避训练为例，如果发现运动员经常缺席训练，首先，要确定其是否是刻意逃避训练。那些经过教练员允许的缺席显然不能算作逃避训练，只有未请假而无故不到的才是逃避训练（描述）。其次，对运动员逃避训练的原因进行分析，了解导致运动员逃避训练的因素是生理疲劳、心理疲劳还是有其他原因（解释）。精确分析原因，教练员才能预判运动员在何种情形下会再次逃避训练（预测），以及如何避免这种情况的发生（控制）。因此，了解运动员逃避训练的动机是采取相应措施的前提和基础。通过对动机的了解，有助于更好地理解他人的行为。

通过本模块的学习，希望同学们理解并掌握动机和情绪的基本概念，了解它们对运动参与行为的作用以及对运动表现的影响。

扫码观看本模块微课

主题一 动 机

每当看到运动员在训练中挥汗如雨，在赛场上奋力拼搏时，人们不禁要问，是什么让他们选择了这么辛苦的职业？是什么支撑他们刻苦地训练，面对困难和挑战毫不畏惧？运动员的感知、记忆、学习和问题解决受到什么力量的推动、调节和控制？他们为什么对某些事物感兴趣，而不喜欢别的事物？这就是对运动员行为原因的探索，是在寻找行为的动机。以下就什么是动机、动机的种类、动机与运动表现的关系、利于参与体育活动的动机几方面进行论述。

任务一 什么是动机

一、动机的基本含义

动机是推动一个人进行活动的内部动力。它的基本含义是：能引起并维持人的活动，将该活动导向一定目标，从而满足个体的需要、愿望和理想等（图1-1）。动机的形成是个体的内在过程，行为是这种内在过程的结果。

一般来说，动机的作用（基本功能）有3种：激发作用，即动机可引起和发动个体的活动；指向或选择作用，即动机可指引活动向某一目标进行或选择活动的方向；强化作用，即动机是维持、增加或制止、减弱某一活动的力量。心理学就是从"方向"和"强度"这两个角度研究动机问题。"方向"与一个人的目标有关，即人为什么从事某种活动；"强度"与一个人激活的程度有关，即为了达到某一目标，人正在付出多大努力。例如，有的运动员本可以在足球方面有所造诣，但却选择了自己并不擅长的排球作为专项，这是动机的方向问题。有的运动员在完成了正常的训练任务后，还要给自己加练，而有的运动员却不会这么做，这是动机的强度问题。

那么，哪些因素会影响动机呢？一般来说，有两类因素，即人的内部需要和外部条件。内部需要是指个体因对某种东西的缺乏而引起的内部紧张状态和不舒服感。例如，有锻炼习惯的人，长时间不锻炼就会感到难受。外部条件指的是环境因素，即个体之外的各种刺激，包括自然环境和社会环境，其中社会环境的作用最大。例如，奥运会金牌获得者收获奖金的同时，也收获了荣誉，得到了社会的认同和肯定，这是他们辛苦付出的回报。媒体对这些信息的报道会对年轻运动员的训练动机产生影响，并在他们平时的训练行为中有所体现。环境因素是产生动机的外部原因。行为可由内部需要引起，也可由外部条件引起，但往往是内外因素交互作用的结果。其中内因是主要的，外因通过内因起作用。某一时刻最强烈的需要构成最强的动机，而最强的动机决定人的行为。

图 1-1　马斯洛需要层次理论
（按照需要层次，不同的动机有不同的优先级，津巴多，2018）

二、动机与需要、目的的关系

动机、需要、目的三者之间相互联系，又有所区别。

（一）动机与需要

1. 动机是需要的动态表现

当需要未转化为动机之前，人不可能有所活动；只有当需要转化为动机之后，人才能活动。例如，体弱多病的人需要进行锻炼提高身体素质，但选择什么样的锻炼内容，是打太极拳，还是跑步、跳舞，就由环境条件和个人条件来决定。当锻炼者还没有根据条件决定究竟选择哪种活动内容时，此时就只是有了锻炼的需要，还没有形成锻炼的动机。如果锻炼者已经根据条件决定学习太极拳时，这才真正产生了学习太极拳的动机，或者说锻炼需要已经转化成学习太极拳的动机。

2. 行为并非全部由需要引起

一些并非属于需要的心理因素（如偶尔产生的念头、一时的情绪冲动等），也有可能成为行为的动因。例如，某个运动员正在训练，突然想到亲人的不幸遭遇，心中十分难过，就可能中断训练。这种干扰的念头与情绪也是一种动机，但不是当前活动的需要。

（二）动机与目的

动机是驱使人们进行活动的内部动力，而目的则是人们通过活动所要达到的结果。如前所述，当人产生学习太极拳的动机之后，还要决定跟什么人进行学习，学习哪种太极拳，才能使活动得以具体进行，因为可以学习太极拳的场所很多，教授太极拳的人很多，太极拳的种类也很多。此时锻炼的需要就由学习太极拳的动机进一步转化为到哪里去学、跟什么人学、学习哪种太极拳的目的。动机与目的的关系表现为如下3个方面。

（1）动机和目的可能是完全一致的。

（2）动机和目的可以相互转化。

（3）多个活动之间，有时目的相同，动机不同；有时动机相同，目的不同。

任务二 动机的种类

一、根据动机的性质进行划分

动机是在需要的基础上产生的。需要的性质不同，引起的动机也不同。根据动机的性质，人的动机可分为生理性动机与社会性动机。

（一）生理性动机

生理性动机也就是驱力，它以有机体自身的生理需要为基础，如饥饿、疼痛、排泄等动机都是生理性动机。生理性动机推动人们去活动，以满足某种生理需要。当这种生理需要得到满足时，生理性动机便趋于下降。由于人是社会实体，人的生理需要及满足这些需要的手段，都会受到人类社会生活的影响。因此，人的生理性动机也必然打上社会生活的烙印。

1. 饥饿驱力

饥饿是由于体内缺乏食物或营养而引起的一种生理不平衡状态，表现为一定程度的紧张不安，甚至伴有轻微的痛感，从而形成个体内在的紧张压力，并使个体产生求食的驱力。"人是铁，饭是钢，一顿不吃饿得慌"，这句俗语说明了食物对人的重要性。人为什么要吃饭？人们都知道是因为饥饿。但围绕饥饿所进行的生理和行为调节过程是十分复杂的，有机体必须能够觉察体内的食物需要，发动和组织进食行为，监控进食数量和质量，还要觉察饱足并停止进食。

（1）胃壁收缩与饥饿。生理学家坎农（Cannon，1934）曾做了一项实验，实验装置是一端连接气球，另一端连接气压记录仪的橡皮管，受试者把未充气的气球吞进胃里，然后给气球充气。一旦受试者的胃收缩，气球将会排出部分空气，并在记录仪上显示出来。结果发现：当受试者报告饥饿感觉时，胃部确实在剧烈地收缩，这说明胃壁的收缩与饥饿状态有关。但临床医学发现，胃完全切除的病人仍能感觉到饥饿，这说明胃壁收缩对饥饿体验的产生可能有一定的作用，但并不能解释机体究竟是怎样觉察对食物需要的。

（2）胰岛素机制。最初，生理学家认为血液中葡萄糖的量减少到某一程度，细胞内环境失去稳态，机体自会发出神经冲动，反应到中枢神经系统，产生饥饿感。滕布里通和奎格里（Templeton，Quigley，1930）把饥饿的狗的血液与饱食的狗的血液进行交换，结果发现：已经吃饱但注入了饥饿的狗血液的狗，又开始进食；另外那只饥饿但注入了饱食的狗血液的狗却停止进食，这说明血液中某些化学成分的变化，有可能使机体产生饥饿感觉。在对糖尿病人的临床治疗中发现，病人使用胰岛素之后，其胃壁就开始收缩，随之感到饥饿。这一发现引出了一个新的问题：血液内葡萄糖降低时，胰岛素的分泌会自动增加，那么饥饿感究竟是来自血液中葡萄糖的变化，还是由于胰岛素的分泌？最近的研究发现，饥饿感的发生是在胰岛素变化之后，而非发生在葡萄糖的变化之后。由此可见，胰岛素变化才是产生饥饿感的原因。

（3）下丘脑调节中枢。早期对贪食和肥胖病人的临床观察发现，病人的间脑底部往往有某些损伤。由此，人们推测饥饿中枢可能在下丘脑。脑机能定位研究表明，下丘脑的两个区域控制着进食的发动和终止。一个是外侧下丘脑，它引发进食活动，是"进食中枢"。对该区域的电刺激或化学刺激能引起动物进食活动，而破坏该区域的细胞则造成机体拒绝进食。另一个区域是腹内侧下丘脑，它抑制进食活动，是"厌食中枢"。对该区域进行刺激，机体停止进食，而破坏这一区域，则导致严重的过食行为的产生。

下丘脑对于进食活动的调节具有两类控制作用，一种是即时控制，对于机体当前的营养需要发生反应；另一种是长期控制，使机体重量在一定时期内维持稳定（图1-2）。

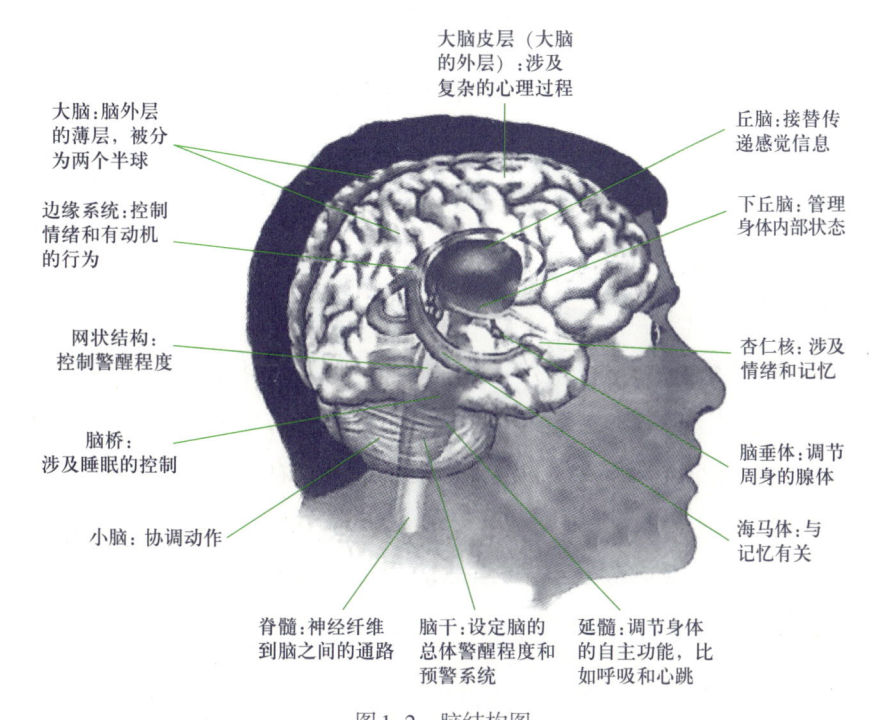

图1-2 脑结构图
（从进化的角度来看，小脑和脑干代表了脑最原始的部分，边缘系统是随后被进化出来的，而大脑皮层是脑进化的最新结果。津巴多，2018）

> 专栏1-1

人体存在体重标准点吗?

生理学中有一种理论称为定点论。按定点论的说法，人体内有一种类似室内自动调温计的装置，其功能是保持适度体重。体重如超过定点，它就会自动调整，促使个体食欲降低，少吃些食物，从而恢复原来的定点体重。体重如低于定点，它也会自动调整，促使个体食欲增高，多吃食物，从而恢复原来的定点体重。

心理学家假设，中枢神经系统的下丘脑部分就是决定人类体重定点的神经中枢，只是对于人类来说，下丘脑的生理组织大致相似，而在体重定点上，却有很大的个体差异：有些人拼命节食体重也不下降，有些人尽量多吃也不会发胖。究竟体重定点是先天遗传的，还是后天环境造成的？现在的结论是，定点决定脂肪细胞的数量和大小，而它一半取决于遗传，一半取决于两岁前的饮食习惯（张春兴，1994）。

> 专栏1-2

神经性厌食症——节食不当的严重后果

神经性厌食症是指因节食不当引起的严重体重失常。它没有生理上的病因，是单纯由心理因素所造成的。如果没有其他生理上的原因，只是由于患者厌恶进食而导致正常体重骤然下降25%的，即被看作厌食症的症状。厌食症情况严重者，有可能因为拒食而导致正常体重下降50%以上，这时会有丧失生命的危险。

厌食症的主要症状除体重急剧下降，还表现为对食物极度厌恶。患者先是忍着饥饿不吃食物，后来变成食物摆在面前也不想吃，甚至在别人劝说进食之后，他以自行引导的方式，将吃下的食物呕吐出来。出现这种情况时，患者已由厌恶食物转变为恐惧食物。

神经性厌食症患者多为青春期的女生（女生发病率是男生发病率的20倍），年龄多在12~25岁之间。患厌食症的青少年一般属于比较聪明、行为良好、做事认真、家庭环境比较好的学生。他们只是对自己身体形象过分在意，甚至将美感观念扭曲，即使骨瘦如柴也自觉比以前美丽（张春兴，1994）。

2. 性驱力

性驱力是人表现性行为的内部动力，它的产生是以性的需要为基础的。性驱力和饥饿驱力不一样，它不是个体生存和维持生命所必需的。

性驱力与个体的性成熟有着密切关系。研究证明，婴幼儿虽然存在某种性的行为，但强烈的性驱力只发生在性成熟的个体身上。

性驱力是由性激素的刺激引起的。男女各有雄性、雌性激素，是刺激两性之间彼此吸引并发生性行为的主要内部动力。但就人类来说，性激素并不是产生性驱力的唯一基础。对人类性行为背后的性驱力而言，其原动力不全受性激素的控制，可能还包含着个人的心理因素和社会文化因素。

（二）社会性动机

社会性动机以人的社会需要为基础。人有成就的需要、认识的需要、交往的需要等，因而产生了相应的成就动机、认识动机（即兴趣与爱好）、交往动机等。这些动机推动人们与其他人交往，希望获得社会和其他人的赞许，希望参与某种社会团体，并能在其中获得某种地位等。当这些社会性的需要获得满足时，社会性动机才能减弱。以下介绍一些社会性动机的主要形式。

1. 成就动机

成就动机是一种社会性动机，它意味着人希望从事有意义的活动，并在活动中取得满意的结果。人的成就动机有明显的个体差异，以运动员为例，有的运动员从事运动是为了生活，而有的运动员是为了追求个人的自我实现。对后一种运动员来说，从事运动是自我价值感的来源，是社会生活的基础。追求成就的动机激发和指引着他们的行为，影响着他们对社会生活的知觉以及对自己和他人行为的评价。在过去的几十年中，麦克莱兰德及其他一些心理学家对成就动机产生的条件和成就动机对行为的作用进行了大量研究。

（1）成就需要。成就动机来自人的成就需要。默里（H.Murray，1938）提出"成就需要"这一概念，它是指人们克服困难、完成艰巨任务、达到较高目标的需要。成就需要的强度因人而异，它影响着人们追求成就的倾向和对自己工作成绩的评价。默里认为成就需要是人的第一需要。

麦克莱兰德的研究还将不同社会条件下成就动机的水平与社会未来的经济发展状况联系起来，并做出合理解释。例如，麦克莱兰德曾以总贸易额、电力生产量、发布专利数等经济指数作为社会发展成就的客观指标，将教材、诗歌、戏剧等文献中有关成就的词汇量统计并转换得出成就动机指标。结果表明，成就动机的高低与社会实际成就大小之间有着很高的相关度。麦克莱兰德就此比较了现代许多国家，发现经济成功的原因不在于经济制度、地理因素或政治关注目标，而是取决于成就动机水平。高度提倡成就取向的文化是鼓励拥有自信和抱负的，是鼓励具有冒险意识的，是着眼未来而不是着眼过去与现在的，这种价值观在英语国家中表现得尤其突出。

（2）失败恐惧与成功恐惧。追求成就的行为并不简单地取决于成就需要，而是成就需要、认识到获取成功的可能性、获取成功对个体的诱因价值3种变量综合作用的结果。

人们不仅希望成功，而且恐惧失败。这两种动机相互作用、抵消，其结果形成了个人的成就动机。成就动机高的人，必然是成功动机所产生的趋向力量远大于恐惧失败动机所产生的逃避力量；成就动机低的人，必然是成功动机所产生的趋向力量远小于恐惧失败动机所产生的逃避力量。

注重获取成功的人倾向于为自己设立现实的目标，并选择难度适中的任务。这是因为过难的任务成功的可能性小，过易的任务成功的诱因价值低。而注重避免失败的人倾向于为自己设立不现实的目标，即相对自己的能力来说过高或过低的目标，并选择难度过高或过低的任务，这样做最容易避免失败或使伴随失败的不快体验最弱。

除去希望成功和恐惧失败的动机理论之外，还有一种"成功恐惧"的理论。"成功恐惧"是指个人对其行为活动获得成功结果具有一种恐惧心态。由于预见的成功结果可使人产生恐惧的消极心态，所以当事人可能在以后从事类似活动时，放弃积极争取的行动，改以消极应付的行为。

专栏1-3

打来打去，其实就是在跟自己斗——张怡宁雅典奥运夺冠心理分析

实战案例

1999年，张怡宁首次在荷兰埃因霍温世锦赛上获得女单亚军，此后她在一系列重大的国际赛事中总能闯入决赛。可令人遗憾的是，张怡宁总是与大赛的冠军头衔无缘，张怡宁回忆道：

"自九运会以来，我几乎总是以银牌而告终，有些遗憾。可是我非常热爱乒乓球事业，所以没有放弃，我坚信只要一直走下去，就一定会取得成果。"

雅典奥运会，张怡宁一路顺风，接连闯入女双、女单决赛。在与搭档王楠一同夺得奥运会女双冠军之后，张怡宁把目光投向了女单冠军。

"要说此前我没有想过拿金牌，那是不现实的。但我没有过多地去考虑金牌，而是想如何去超越自己。"

哲学家般的头脑帮了张怡宁一把。

"想赢怕输是人之常情，无可厚非。我在比赛中，也有过想赢怕输的念头。我一再地告诉自己，不要考虑结果，放松。"

赛后的张怡宁，透露了自己在决赛中的心理状态：

"在这种时候，人要做到没有想法是很难的，但这一路走来，我已经很清楚了，打来打去，其实就是在跟自己斗。要想成为中国女乒的领军人物不容易，方方面面都要做到最好。"

记者问："这次比赛后你已经成为中国女子乒乓球的领军人物，此时此刻你有什么感想？"

张怡宁答："当领军人物不是非常容易的，不是一朝一夕能够当成的，一定严格要求自己，担好这个重任。2008年是北京奥运会，希望这四年能够有很好的状态，向更高的乒乓球水平冲击。"

心理分析

张怡宁在谈论自己心路历程的时候提到"想如何去超越自己""跟自己斗"。将目标设定为超越自己，使得张怡宁总能不断地激发自己的斗志，不断提高，将获胜动机始终维持在很高的水平。

运动心理学家和教练最关心的，也是与运动关系最密切的动机是成就动机。成就动机是指个体从事对其有重要意义的、有一定困难的、具有挑战性的活动，在活动中取得完满结果和优异成绩并能超过他人的动机（张力为，毛志雄，2007）。在训练中，运动员面对的是重复千万次的单调练习，生理上和心理上的疲劳以及各种伤病的困扰。如果不能有效地激发运动员的动机，那么在比赛中有出色表现可以说是空谈。

在训练中，为了激发运动员的动机，教练员可以关注以下几方面：

第一，满足运动员的各种合理需要。

第二，采用有效的方式强化所期待的运动员行为，多使用奖励，减少惩罚。

第三，因人而异地激发动机。

第四，在训练中，给予运动员适当的自主权，使运动员产生控制感，从而加强动机，同时促进责任感和自我价值感的提升。

根据动机产生的原理和影响因素，在训练和比赛中，为了激发自身动机，建议运动员注意以下几方面：

第一，对自己的实力作正确的评估，合理设置比赛成功的标准，轻装上阵。

第二，将注意力专注于当前比赛，勇敢地面对比赛挑战，全身心地投入比赛。

第三，保持平稳心态，避免不良因素的主观放大效应引起的情绪大起大落，做到从容不迫，冷静处理。

第四，赛前做好准备，做到知己知彼，针对对手的弱点和长处制订应对策略，做到心中有数，准备越充分，越容易激发获胜动机。

第五，比赛中通过深呼吸进行调节，使用提示语，如"我紧张，他比我还紧张"等来减少内心的疑惑和彷徨，坚定必胜信念，激发"想赢不怕输"的动机（张力为，2008）。

---

2. 兴趣

兴趣是人们探究某种事物或从事某种活动的心理倾向，它以认识或探索外界的需要为基础，是推动人们认识事物、探究真理的重要动机。人对有兴趣的东西会表现出巨大的积极性，并且产生肯定的情绪体验。例如，学生对某一运动项目有兴趣，就会努力学习，刻苦钻研运动技术，对与该运动项目有关的信息也会加以关注。

当人的兴趣不是指向对某种对象的认识，而是指向某种活动时，人的动机便成为人的爱好了。如对体育、绘画、书法的爱好等。兴趣与爱好是和人的积极的情绪体验联系在一起的。当人们兴趣盎然地进行某种活动、获得某种认识时，他们常常体验到快慰和满意等积极情绪。

兴趣可以分为直接兴趣和间接兴趣两种。直接兴趣是由认识事物本身的需要所引发的，如参与体育运动、看电影、读小说的兴趣；间接兴趣是由认识事物的目的和结果所引发的，和当前认识的客体只有间接的关系，如人可能对艰苦的训练不感兴趣，但对于比赛结果感兴趣，这种兴趣就是间接兴趣。

二、根据动机的来源进行划分

根据动机的来源，人的动机可分为外部动机和内部动机。外部动机是指人在外界的要求与外力的作用下所产生的行为动机。例如，运动员为了得到父母、教练的嘉奖或避免父母、教练的责备、惩罚而进行训练。内部动机是指由个体内部需要引起的动机。例如，由于认识到锻炼的意义或对锻炼有了兴趣，人们积极主动地进行身体锻炼。

外部动机与内部动机的划分不是绝对的。由于动机是推动人们活动的内部动力，因此，任何外界的要求、外在的力量都必须转化为人的内在需要，然后才能形成活动的推动力。在外部动机发生作用时，人的活动较多地依赖于责任感、义务感，或希望得到奖赏、避免受到惩罚的意念，这些心理过程同样属于需要的范畴。在这个意义上，外部动机的实质仍然是一种内部动力。

在儿童动机发展的早期阶段，外部动机具有重要的意义。儿童往往先有外部动机，之后内部动机才逐渐发展起来。在第四模块的内容中，将详细介绍内部动机和外部动机的关系，以及这两种动机如何激励学习者的技能学习。

任务三 动机与运动表现的关系

动机与运动表现的关系主要体现在动机强度与工作效率的关系上。人们倾向于认为动机强度越高，对行为的影响越大，运动表现也越好；反之，动机强度越低则运动表现越差。然而事实并非如此。动机强度与运动表现之间的关系不是一种线性关系，而是"倒U"形曲线关系。对于完成任务而言，中等强度的动机最优，也就是说，动机强度处于中等水平时，运动表现最好。

过低或者过高的动机强度，都不利于运动表现。动机强度过低，生理唤醒水平不能适应比赛的需要，往往在比赛中的运动表现会不理想；而动机强度过高，对行为也会产生一定的阻碍作用，如成就动机太强，急于求成，会产生焦虑和紧张，干扰了记忆、思维和动作的顺利进行，使运动技术水平不能正常发挥。比赛中的"怯场"现象主要是由动机过强造成的。

心理学家耶克斯和多德森（Yerkes，Dodson，1908）的研究表明：人的任何活动都存在一个最佳的动机水平问题。动机的激活水平和工作效率之间存在"倒U"形的曲线关系。激活水平太低会影响工作效率；激活水平过高，行为又会发生紊乱，工作效率下降。"耶克斯-多德森定律"还提示，动机的最佳水平因为任务难度的不同而不同。在比较容易的任务中，提高动机水平也会提高行为效率；但当任务难度增强时，最佳动机水平就会降低。对于举重、短跑、跳跃、投掷等项目，动机水平比较高有利于运动水平的发挥；而对于如射击、射箭、体操、跳水等项目，动机水平比较低更有利于运动水平的发挥。

运动表现随着唤醒水平与任务难度的变化而变化。在容易或者练习得好的任务上，高唤醒水平提高了任务效果。在困难或者复杂的任务上，低唤醒水平更适宜。中等强度的唤醒水平适合中等难度的任务。在唤醒水平极高或者极低的时候，任务表现都是最差的（图1-3）（津巴多，2018）。

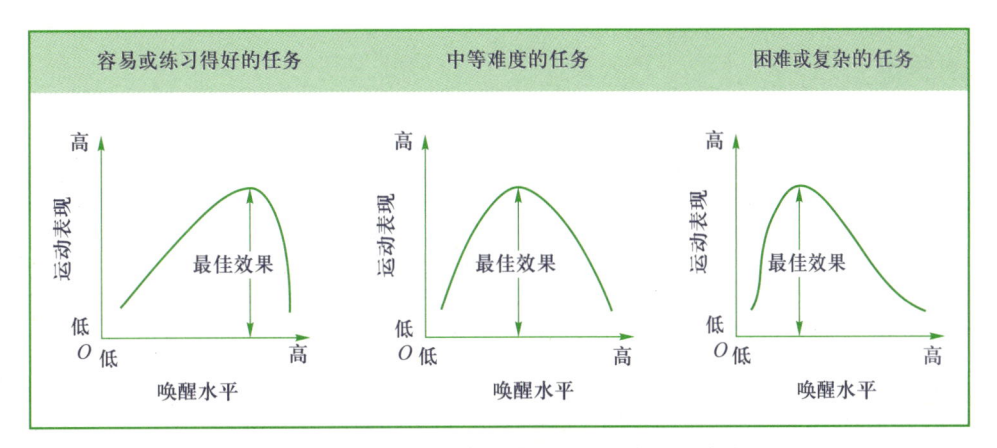

图1-3 唤醒水平、任务难度与运动表现的关系

任务四 利于参与体育活动的动机因素

一、追求成功的动机

追求成功动机的人会积极动员身心，勇于克服困难，不会过多计较外在的奖励，不过分苛求外界条件，而且能专心上好体育课，认真训练，参与各项体育活动；在坚持锻炼或训

练、提高体能与技术上会倾注更大的热情；他们获得的身心健康效益更大；他们乐于接受难度适宜的任务，也喜欢接受他人的挑战，全力以赴地追求成功。与此相反，害怕失败动机较强的人，缺乏克服困难的精神，具有想赢怕输的心理，焦虑水平高，不愿意当众表现，害怕对手挑战，面对挫折耐受力差。

在体育教学、运动训练或竞赛活动中，有明确的客观指标和质量标准，如速度、长度、高度、准确度或难险度等，可比性、竞争性强。提供竞争环境，让人在面对挫折的过程中逐渐养成耐挫的品质，积极面对困难，不断寻求突破，迎接挑战，这是体育活动独具的魅力。因此，体育活动具有典型的成就情境，它对培养参与者的成就动机具有极重要的意义。

二、自我效能感

自我效能感是指个体对自己具有胜任某种任务能力的评估。当面对一项挑战性任务时，个人是否主动参与、全力以赴，取决于他的自我效能感。

在体育活动中，源于自我效能感的胜任动机对行为的影响主要表现在以下3个方面。

第一，影响行为的选择。低自我效能感的人总是愿意选择自己力所能及并能充分展示自己才能的任务，避免选择超过其能力的任务。而高自我效能感的人更愿意选择超过自己能力的任务，愿意挑战自己。

第二，影响努力程度和持续时间。参与体育活动，必会遇到体能、技术或战术方面的诸多困难。对自己的胜任能力感到怀疑者，将降低努力程度，甚至放弃努力。而高自我效能感的人，将会更加努力并坚持下去，克服困难。

第三，影响情绪反应。低自我效能感的人往往把注意力集中在可能产生的失败或意外上，因而会降低能力发挥水平并产生压力感和焦虑感。而高自我效能感的人把注意力集中于所进行的活动，对完成活动有信心，情绪乐观稳定，精神愉悦振奋。

三、目标定向

目标定向是指一个人参加活动时所依据的成就目标倾向。

目标定向主要有任务参与型和自我参与型两种类型。任务参与型的个人面对成就情境时，把完成任务作为行动的目标，关注自己完成任务的情况，对能力的判断不易受外界环境的影响。自我参与型的个人面对成就情境时，把完成任务当作显示个人能力的机会，关注自己与他人相比的成绩，对能力的判断容易受外界环境的影响。

不同目标定向的人在参加体育活动时，在对体育活动的理解、参加体育活动的目的、对体育道德的态度、运动乐趣、对比赛的认知与发挥情况等方面均有不同的倾向（表1-1）。

表1-1 不同目标定向对参加体育活动的影响

区别	任务参与	自我参与
对体育活动的理解	努力尝试,提高技能与体能	和别人相比取得更高的成绩
参加体育活动目的	给自身或他人带来益处	产生高声望,获得个人利益和荣誉
对体育道德的态度	信奉体育道德,反对欺骗、攻击行为	认可欺骗和故意攻击行为
运动乐趣	成功或失利均体验内在运动乐趣	根据比赛胜负来评价运动乐趣
对比赛的认知与发挥情况	把握自我,把握过程,努力正常发挥	自我中心,目标对抗,难以发挥

四、成败归因

(一)什么是归因

人们总是喜欢为自己或别人的行为进行解释。归因就是人们为行为结果寻找原因的过程。归因理论是说明和分析人们活动因果关系的理论,人们用这样的理论来解释、控制、预测相关的因素,以便用认知来调整、改变行为。

(二)韦纳的归因理论

韦纳的归因理论认为,个性差异和成败经验等影响着人们的归因;对以往成就的归因将会影响到对下一次成就行为的期望、情绪和努力程度等;个人的期望、情绪和努力程度对成就行为有很大的影响。

韦纳认为影响人们成败的因素主要有6个:能力高低、努力程度、身心状况、任务难度、运气好坏、外部环境。按照3个维度对6个影响因素进行了划分(表1-2):一是因素来源,指当事人认为影响其成败因素的来源,分为内部的(个人条件)或外部的(外在环境);二是稳定性,指当事人认为影响其成败的因素在性质上是否稳定,在类似情境下是否具有一致性;三是可控性,指当事人认为影响其成败的因素在性质上是否能由个人意愿所决定。韦纳认为对成功和失败的解释会对以后的行为产生重大的影响。

表1-2 归因的三个维度模式

因素来源	稳定性/可控性			
	稳定		不稳定	
	可控	不可控	可控	不可控
内部的		能力高低	努力程度	身心状况
外部的		任务难度		运气好坏 外部环境

(三)习得性无助

习得性无助是指屡遭失败,将失败归因于能力,最终产生个体无能为力、动机缺失、认知情绪缺失,并产生失败无法避免的观念。

不论是动物还是人,在持续的失败情境中都会"学习到"无助的感觉,即使到了新的情境中仍旧保持这种"无助"而不愿进行新的尝试。这种无能为力的心理体验会让学习者的学习动机降低，情绪消极被动，表现出对什么都不感兴趣；认知出现障碍，形成无法控制外部事物的心理定势，进行学习活动时感觉困难，本应学会的东西也难以学会；情绪失调，最初表现为烦躁，之后变得冷淡、悲观颓丧，甚至陷入抑郁状态。

习得性无助显然有碍于人的学习活动和心理健康，应调动内部和外部因素，尽量避免习得性无助的产生。从外部因素来看，应该创造良好的训练、教学心理气氛，教练或教师多用积极评价，尊重学习者人格，为学习者创造体验成功的机会，发现学习者的"闪光点"，及时表扬，强调个人努力，鼓励学习者战胜自我；从内部因素来看，学习者个人应该调整个人归因模式，树立合理的目标，正确看待成败。

主题二　情　绪

人非草木，孰能无情。正因为人具有情绪，才使原本客观的人、事、物都具有了主观意义，使本来平淡无奇的生活染上各种各样的主观色彩。情绪与社会生活有着密切的联系。通常人们说"失败者痛苦、获胜者快乐"，说"城市人生活紧张、乡村人生活悠闲"，这就是用情绪状态来形容人的状态。

任务一　什么是情绪

情绪是个体受到刺激时所产生的一种身心状态。个体虽然能体验到情绪状态的产生，但对其引起的生理变化与行为反应，却往往不能控制。下面从4个方面进一步解释这一概念。

一、情绪由刺激引起

情绪不是自发产生的，而是由刺激引起的。引起情绪的刺激大部分是外部的，但也有内部的；有的是具体可见的，但也有隐而不显的。就引起情绪的外部刺激而言，生活环境中的任何人、事、物的变化，都会影响人的情绪，然而同样的外部刺激，未必引起同样的情绪状态。例如，对于同样的比赛得分，有的运动员感到欣慰，有的运动员则感到沮丧，这是由于个体的动机不同造成的。

至于引起情绪的内部刺激，有的是生理性的，如腺体的分泌，器官、组织功能失常等，它们会引发不同的情绪状态；有的是心理性的，如回忆、联想、想象、思考等，它们也会引发不同的情绪。

二、情绪是主观的意识经验

个体可以体验到自己的情绪状态，而且所体验到的情绪是主观的，不是客观的。由刺激情境引起的喜、怒、哀、惧等不同情绪，只有当事人才能真正体验到。其他人虽然可以从当事人的反应去观察当事人的情绪，但却不能从刺激情境直接推测其情绪，因为在刺激与反应之间存在着当事人的知觉或认知的因素。例如，对于北京成功申办奥运会，中国人群情振奋，其他申办国家的人则产生不同的情绪体验。

三、情绪状态不易控制

情绪体验的产生虽然与个人的认知有关，但伴随情绪状态产生的生理变化与行为反应，当事人却难以控制。测谎仪就是根据这一原理设计的。研究者可根据受试者在回答问话时脉搏、呼吸、皮肤电流的变化，作为推测其是否说谎的依据。

四、情绪是激发心理活动和行为的动机

可以从两个方面来看情绪与动机的关系。

第一，情绪是伴随着动机性行为产生的。一般由动机激发的行为称为动机性行为。由动机激发的行为，其最终目的是寻求需要的满足。由此可知，动机性行为的结果，使个体的需要获得满足或未获得满足，自然就会产生不同的情绪；满足则快乐，不满足则痛苦，甚至在活动过程中遭遇挫折打击，更可能产生恐惧、沮丧等复杂情绪。

第二，在某些情况下，情绪本身即可视为动机。有时候情绪本身就具有动机的作用，由情绪激发的行为称为情绪性行为。以恐惧为例，它既是情绪，又是动机；恐惧对个体激发的行为可能是逃避，也可能是攻击。例如，武松在景阳冈上遇到老虎时产生的恐惧，诱发的就是高水平的攻击行为。

情绪与动机的不同表现在两个方面。

第一，动机的起源，主要是由于内在的需求，其次是由于外在的诱因；而情绪只是由刺激产生的。

第二，动机产生之后，在需要满足之前，其所激发的行为将持续下去。如生理性动机（饥、渴、睡眠等）长时间得不到满足，将会影响个体生存。情绪则不然，强烈的情绪即使没有获得发泄机会，时间长了，也会淡化或消失。

任务二 情绪的成分及表现

一个人对情绪或情感的自我感受，就是情绪的主观体验。情绪作为主观的意识经验，是人脑对客观现实的反映形式之一，但它不同于感觉、知觉和思维等反映形式。感觉、知觉和思维是对客观事物本身的反映，而情绪是对主体和客体之间的关系的反映，它表现为某种主

观体验。情绪具有独特的主观体验色彩,包括喜、怒、哀、惧等。每种具体情绪的主观体验都不相同,给人不同的感受,这种感受或体验是情绪反映的心理内容。

一、情绪的主观体验

(一)情绪体验与表情的先天一致性

主观体验与表情在每种具体情绪上表现出一定的一致性。每种情绪的外显形式与内在体验是共生的。它们之间的固定关系很难改变。例如,愉快的特定主观体验与特定的表情模式协同产生,绝不会因为情境的变化而改变。

(二)情绪体验的不变性

每一种具体情绪的主观体验都具有不变性。情绪体验的不变性来源于人类进化的适应过程。这是由于具有潜在危险和威胁的新异刺激只有在引起特定的恐惧体验时,这种体验才能成为在危险情境下驱使个体采取逃避行为的动机力量。这种具体情绪体验的不变性,使人类在处于危险情况时,能运用某种表情向同类成员传递"危险"信号。

(三)情绪体验的维度

情绪总是在一定的情境中产生,而人所处的情境又是变化的,这样就很难对情绪体验做较细致的分析。但是,如果抛开具体情境和情绪所指向的对象,仅就情绪体验的性质来看,可以用情绪的强度、紧张度、快感度和复杂度对情绪体验进行分析。

1. 情绪的强度

任何情绪体验都有由弱到强的不同等级的变化。例如,喜可以从愉快到快乐、大喜、狂喜;哀可以从伤感到难过、悲伤、哀痛、惨痛;怒可以从轻微的不满、生气、愠怒、愤怒、激愤到大怒、暴怒;惧可以从害怕、惧怕、惊恐到惊骇。情绪体验的强度越大,整个自我被情绪卷入的程度也越深,整个自我被情绪所支配的可能性也就愈大;反之亦然。

2. 情绪的紧张度

在紧张度方面,情绪体验的变化是很大的。紧张的情绪体验通常与活动的重要性、重要时刻密切相关。学生在考试前、运动员在参加比赛之前,都可以体验到这种紧张情绪。张力为(2001)的一项研究表明,让运动员自由描述自己的赛前感受时,"紧张"是出现频率最高的词。

紧张一般有助于全身精力的动员和注意力的集中。紧张可能对活动产生有利影响,也可能起抑制作用而使动作失调,进而妨碍活动的正常进行。紧张对活动的不同作用,除了取决于紧张的程度外,也与活动的难度、人对活动的准备程度以及是否具有必要的知识、技能有关。

3. 情绪的快感度

快感度是情绪体验在快乐或不快乐的程度上的差异。悲伤、羞耻、恐惧、悔恨等有明显不快乐的感受，欢喜、骄傲、满意等有明显快乐的感受。还有一些情绪在快感度上的位置显得十分模糊，如怜悯、惊奇，既不是明显的快乐，也不是明显的不快乐。

快感度与需要是否得到满足有关，若能满足人的需要，会引起快乐的体验；若不能满足人的需要，会引起不快乐的体验。

4. 情绪的复杂度

各种情绪的复杂程度是不一样的。有时情绪的成分非常复杂，很难用语言来描述它到底是一种什么样的体验。而有的情绪是很单纯的。现代心理学把快乐、悲哀、恐惧、愤怒看作单纯的情绪，称为基本情绪或原始情绪。

二、情绪的生理表现

情绪过程不同于其他心理过程，主要表现在情绪总伴随着一系列的生理变化，包括呼吸系统、血液循环系统、脑电波和皮肤电反应和内外腺体的变化。

（一）呼吸系统的变化

人在某些情绪状态下，呼吸的频率、深浅、快慢等都会发生变化，这些变化可作为情绪状态变化的客观指标之一。例如，惊恐时，呼吸就会暂时中断；狂喜或悲伤时，呼吸会发生痉挛现象。

（二）血液循环系统的变化

人在不同的情绪状态下，机体循环系统活动一方面表现为心率和强度的变化，另一方面表现为外周血管的舒张与收缩的变化。例如，满意、愉快时，心率正常；恐惧或暴怒时，心率加速，血压升高。

（三）脑电波和皮肤电的变化

人在不同的情绪状态下，脑电波会发生变化，因此，脑电波波形的变化也是情绪状态的客观指标之一。通常人处在正常清醒、安静、闭目状态时，脑电波呈现出 α 波（频率为 8~14 次/s，振幅为 20~100 μV）；在紧张、焦虑状态下，出现高频率、低振幅的 β 波（频率为 14~30 次/s，振幅为 5~20 μV）；在熟睡时，则出现低频率、高振幅的 δ 波（频率为 3 次/s，振幅为 50 μV）。

皮肤电变化也可以作为情绪变化的指标。人处在不同的情绪状态下，会引起皮肤电的变化，这与皮肤血管容积和汗腺分泌变化有关。

（四）内外腺体的变化

人在不同的情绪状态下，会引起内外腺体的不同反应，从而影响腺体分泌量的变化，这种变化也可以作判定某种情绪状态的客观指标。

人在某种情绪状态下，会引起外部腺体活动的变化。例如，人在悲愤或过分高兴时往往会流泪，焦急或恐惧时会冒汗。当人焦虑、恐惧或激动时，唾液腺、消化腺的活动和肠胃的蠕动会受到抑制，因而会感到口渴、没有食欲。当人愉快时，消化腺的活动会增强，促进唾液、胃液和胆汁的分泌，因而食欲会大增。

不同的情绪状态会引起不同的内分泌腺的变化，从而影响激素的分泌。例如，运动员临赛前的情绪紧张，常常致使肾上腺的分泌增强，从而引起血糖升高，交感神经的活动加强，并引起一系列的机体变化。

三、情绪的外部表现

情绪的发生一般都伴随着外部表现。这种外部表现是指可以直接观察到的某些行为特征，如面部肌肉或五官的变化、身体的姿态手势以及言语器官的活动等。心理学中通常把这些与情绪有关联的行为特征称为表情，人的表情主要有面部表情、姿态表情、语言表情3种。表情在人际交往中扮演着重要的角色，是表达思想、传递信息的手段，也是了解情绪主观体验的客观指标之一。

（一）面部表情

面部表情是指通过眼部肌肉、颜面肌肉和口部肌肉的变化来表现各种情绪状态（表1-3）。例如，愉快时额眉平展、面颊上提、嘴角上翘；悲伤时眉头紧锁、上下眼睑趋近闭合、嘴角下拉；轻蔑时嘴角微撇、鼻子耸起、双目斜视等，形成标定各种具体情绪的模式。由于面部表情模式能精细地区分出不同性质的情绪，因而是鉴别情绪的主要标志。

表1-3 不同情绪的面部表情模式

情绪	面部表情模式
兴奋	眉眼朝下；眼睛追踪着看；倾听
愉快	笑；嘴唇朝外朝上扩展；眼笑（环形皱纹）
惊讶	眼眉朝上；眨眼
悲痛	哭；眼眉拱起；嘴朝下；有泪；有韵律地啜泣
恐惧	眼发愣；脸色苍白；出汗；发抖；毛发竖立
羞愧	眼朝下；头低垂
轻蔑/厌恶	冷笑；嘴唇朝下
愤怒	皱眉；眼睛变狭窄；咬紧牙关；面部发红

人的眼睛是最传情的，各种眼神可以表达人的各种不同的情绪。例如，高兴和兴奋时"眉开眼笑"，气愤时"怒目而视"，恐惧时"目瞪口呆"。眼睛不仅能传情，而且可以交流思想，人与人之间很多事情往往只能意会，不能或不便言传。观察人的眼睛可以了解一个人的内心世界，推知他对人对事是赞成还是反对，是接受还是拒绝，是喜欢还是厌恶，是真诚还是虚伪。口部肌肉的变化也是表达情绪的重要形式。例如，憎恨时"咬牙切齿"，紧张时"张口结舌"。

（二）姿态表情

姿态表情是除面部以外身体其他部分的表情动作。人在不同的情绪状态下，身体姿态会发生不同的变化。例如，狂喜时"捧腹大笑"，悔恨时"捶胸顿足"，愤怒时"摩拳擦掌"，紧张时"坐立不安"。

手势是一种重要的姿态表情，它是协同或补充言语内容的情绪信息。手势是后天习得的，它不仅有个体差异，而且受到社会文化、传统习俗的影响，因而又有民族或群体的差异。

（三）语言表情

除面部表情、姿态表情外，语音、声调也是表达情绪的一种形式。语言表情是情绪发生时在语言的声调、节奏和速度方面的变化。例如，悲哀时声调低沉、语速缓慢；喜悦时声调高昂、语速较快。语言是交流思想的工具，而语言表情所表达的情绪是交流中的重要辅助手段。

在上述3种表情形式中，姿态表情和语言表情都不具备标定特定情绪的特异模式，唯独面部表情所携带的情绪信息具有特异性。因此，面部表情在情绪的交流和表现中起主导作用，姿态表情和语言表情则起辅助作用。

四、情绪的文化表现

情绪表现具有先天遗传性。世界上所有儿童的情绪发展时间基本是相同的，出生四五个月的婴儿就会通过面部表情表达情绪，3岁左右的幼儿就能辨认别人面部的表情。不同文化、不同种族的人的基本情绪（喜、怒、哀、惧）的面部表情是一致的。请你试一下面部情绪辨认测试（图1-4），看看你能否辨认出这7个跨文化情绪。在你将这7幅图与这7个情绪匹配好之前不要看答案。

图1-4 面部情绪辨别
（津巴多，2018）

答案：从左至右，高兴、惊讶、气愤、恐惧、悲伤、轻蔑。世界上多数人都能准确地把照片表达的表情与这些情绪相匹配。这就是图片旋转印刷的原因。

舍雷尔和瓦尔伯特（Scherer，Wallbott，1994）研究了来自37个国家和地区（如美国、巴西、法国、挪威、希腊、波兰、博茨瓦纳、马拉维、以色列、印度、新西兰等国家和中国香港等地区）的3 000名受试者的情绪体验，发现人们对基本情绪的体验具有广泛的一致性（表1-4）。

表1-4 跨文化情绪体验

情绪	表现	报告的百分比/%
快乐	感到暖和	63
	心跳加快	40
	肌肉放松	29
恐惧	心跳加快	65
	肌肉紧张	52
	呼吸急促	47
	流汗	37
	感到冷	36
	喉咙堵	29
	胃不舒服	29
愤怒	心跳加快	50
	肌肉紧张	43
	呼吸加快	37
	感到热	32
	喉咙堵	25
悲伤	喉咙堵	56
	哭	55
	肌肉紧张	27
	心跳加快	27
	感到冷	22
害羞	感到热	40
	心跳加快	35
	出汗	26
内疚	喉咙堵	28
	心跳加快	27
厌恶	肌肉紧张	25
	心跳加快	23
	胃不舒服	21

虽然基本情绪的表现具有先天遗传性，种类具有跨文化一致性，但情绪的表达却受社会文化因素的制约，特别是复杂情绪的表达更是这样。由于情绪表现能被识别，而情绪表现又具有一定的社会价值，因此，在什么情况下表达何种情绪是人们后天学习得来的。

情绪表现明显地受文化因素的影响。例如，西欧或美国人以亲吻表示亲切，日本人以微笑表示抱歉，一些讲英语国家的人向上伸出食指和中指做出"V"字形表示战斗和胜利的决心。

任务三 唤醒、焦虑与运动表现

一、唤醒

最初，唤醒指的是有机体总的生理性激活或自主性反应。后来人们逐渐认识到，唤醒除了生理唤醒，还有心理唤醒，是个体对自己身心激活状态的一种主观体验和认知评价。应激刺激不仅给个体带来生理反应，还会带来心理反应。生理反应使个体的唤醒水平提高，心理反应使个体的焦虑水平上升。唤醒和焦虑的变化与运动表现密切相关。

二、焦虑

焦虑是由于不能克服障碍或不能达到目标，而体验到身体和心理的平衡状态受到威胁时形成的一种紧张、担忧并带有恐惧的情绪状态。

焦虑包含3种主要成分，即生理唤醒、情绪体验以及威胁、不确定性和担忧的认知表征。引起焦虑的核心因素是事物的不确定性，原因可概括为"三不知"，即不知道即将发生什么、不知道别人期望自己做什么、不知道最好的行动方针是什么。

（一）状态焦虑和特质焦虑

状态焦虑是一种短暂的情绪状态，它是由紧张和忧虑所造成的一些可意识到的主观感受，也是高度的自主神经系统的活动。而特质焦虑是一种人格特征，即在各种情境中产生焦虑反应的情绪倾向和行为倾向。

（二）躯体焦虑和认知焦虑

躯体焦虑是焦虑的生理特征，直接由自发的生理唤醒引起，主要表现为心跳加快、呼吸急促、手心出汗、肠胃痉挛以及肌肉紧张。

认知焦虑是焦虑的认知特征，由对内外刺激的评价引起，是含有担忧性视觉表象成分的一种不愉快感受。

（三）竞赛焦虑

竞赛焦虑是对当前的或预计到的具有潜在威胁的竞赛情境产生的担忧，它包含情绪体验、认知表征和生理变化3种成分。

三、唤醒、焦虑与运动表现

对唤醒、焦虑与运动表现关系的理论，主要有"倒U"形假说、内驱力理论、最佳功能区理论、突变模型、多维焦虑理论、强度方向理论。这六种理论均有实证研究结果作支持，各有侧重。"倒U"形假说表明了唤醒水平与运动表现的关系，内驱力理论阐述的是驱力、习惯与运动表现的关系，最佳功能区理论强调个人赛前焦虑与运动表现的关系，突变模型借助数学模型说明了唤醒水平、赛前焦虑与运动表现的关系，多维焦虑理论则分别从躯体焦虑、认知焦虑、自信3个维度体现与运动表现的关系，强度方向理论考虑的是焦虑的方向与运动表现的关系。现在还没有充分的证据说明哪一种理论可以取代另一些理论。但是，就研究者的兴趣和实证研究的数量来说，似乎"倒U"形假说和多维焦虑理论更具魅力（张力为，毛志雄，2007）。

（一）"倒U"形假说

如前所述，唤醒水平与运动表现的关系呈"倒U"形曲线，即人处于较低的唤醒水平时，工作效率较低；处于中等唤醒水平时，工作效率最高；处于较高唤醒水平时，工作效率下降。

此外，工作任务难度对唤醒水平与运动表现之间的关系起重要作用。高唤醒水平是耐力、力量和速度性运动项目取得最佳成绩所必要的，但是，高唤醒水平会对复杂运动技能活动、精细肌肉活动、协调性、稳定性以及一般注意力的运动活动产生干扰。对所有运动项目而言，稍高于平均水平的唤醒比平均水平或低于平均水平的唤醒更合适。因此，完成运动项目时，最佳唤醒水平要求处于较高位置；运动项目要求的技术技能越复杂，最佳唤醒水平要求处于越低的位置（图1-5）。

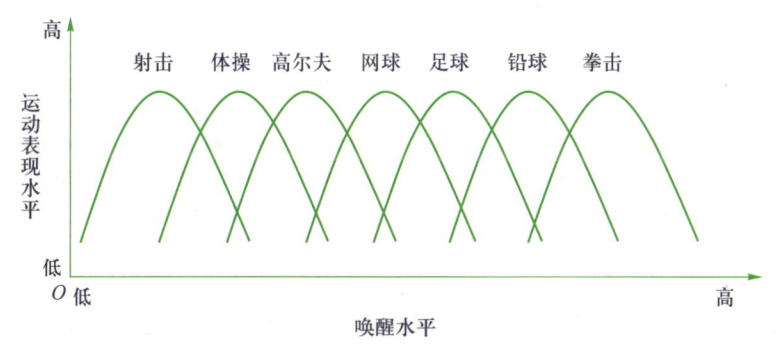

图1-5 不同运动项目的最佳唤醒水平参考点
（张力为，毛志雄，2007）

以上理论提示教练员和运动员，运动项目不同、场上任务不同，需要的最佳唤醒水平也不同。最佳唤醒水平或最佳焦虑水平会因运动员而异。另外，应当对认知焦虑进行控制，控制认知焦虑的一个重要方法是改变运动员对焦虑作用的认识，即焦虑是一把双刃剑，它既可能产生消极作用，也可能产生积极作用。教练员和运动员需要运用自己的智慧，合理地加以控制。

（二）多维焦虑理论

马腾斯等人（Martens等，1982）提出多维焦虑理论。将竞赛焦虑分为认知状态焦虑、状态自信心和躯体状态焦虑3个维度。认知状态焦虑是指在竞赛时或竞赛前后即刻存在的主观上所认知到有某种危险或威胁情境的担忧。状态自信心是指在竞赛时或竞赛前后运动员对自己的运动行为所抱有的能否取得成功的信念。躯体状态焦虑是指在竞赛时或竞赛前后即刻存在的对自主神经系统的激活或唤醒状态的情绪体验。多维焦虑理论对每一个维度与操作活动的关系作出了解释。

当认知状态焦虑增加时，操作成绩相应降低，两者呈线性关系。随着状态自信心的增强，操作成绩提高，两者也呈线性关系。以生理特征为主的躯体状态焦虑与操作活动的呈"倒U"形关系（图1-6）。

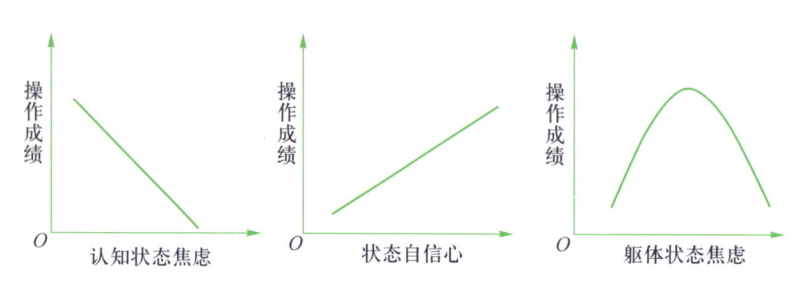

图1-6　多维焦虑理论对认知焦虑、自信心、躯体焦虑与操作成绩关系的预测
（张力为，毛志雄，2007）

这一理论提示，认知状态焦虑和躯体状态焦虑可能会对运动表现产生不同的影响，教练员需要分门别类地进行分析，运动员也需要采用不同的策略加以应对。在任何情况下都应当尽量降低认知状态焦虑，这一主导思想很重要。采用认知状态焦虑和躯体状态焦虑分别预测运动表现，比仅用生理唤醒预测运动表现更好。

> **专栏1-4**
>
> 机械地做好射击的每个动作——杨凌悉尼奥运夺冠心理分析
>
> **实战案例**
>
> 杨凌分别在1996年和2000年获得了两枚奥运会金牌。他是在比赛中少数几个不戴耳罩和眼罩的选手，为了提高自己的心理承受能力，他还采用了用大音量放音乐的方法。
>
> 1996年获得第一枚奥运金牌之后，在1997年的第八届全运会上，杨凌没有拿到被北京代表团寄予厚望的金牌。在1998年到1999年两年间的奥运会参赛席位争夺战中，他运气不佳，总是拿不到前往悉尼的"通行证"。亚锦赛上，杨凌如愿以偿，搭上了去悉尼的"末班车"。
>
> 悉尼奥运会中，杨凌的主要对手是摩尔多万。正式比赛前，每人试射4枪，杨凌

前3枪很顺利，不料最后一枪试射只打了7.9环。马上就要转入正式决战，形势对杨凌不利。果然，第一枪杨凌10.1环，摩尔多万10.7环，决赛前杨凌领先1环的差距缩小到0.4环，第二枪杨凌被摩尔多万反超0.7环。但是杨凌沉住了气，一连4枪不但追回落后的环数，反而领先1.8环。但摩尔多万毕竟实力不俗，第7、8、9三枪奋起直追，再次反超杨凌0.2环。

此时的杨凌，闭了一下眼，娴熟地举枪，10米外移动着的靶子只闪现4秒，杨凌的眼睛、身体和枪连成一线，随靶移动，10.4环，观众席上没有人鼓掌，这时候，所有的人都只等着看摩尔多万打多少环。摩尔多万的枪终于响了，10.1环。

赛后，谈到刚刚结束的决赛，杨凌说，他在赛场上并没有感到紧张。虽然他知道他和亚军摩尔多万的积分已经相当接近，但没有想到最后他仅以0.1环的微小差距获胜。他说，他当时所做的"只能是机械地做好射击的每个动作，根本没有可能再去想别的"。

心理分析

在决赛中"没有感到紧张"的杨凌具备了我们所说的"平常心"，他利用自己良好的情绪控制能力，为自己营造了获胜所必需的心理环境，最终战胜对手。

在比赛中，运动员的情绪控制主要包括3种方式，一是情绪的调动，即提高情绪的唤醒，使自身更加兴奋，从而促进潜能的发挥，这种情况在举重、跆拳道等项目中比较常见；二是情绪的平复，降低情绪的唤醒，像杨凌一样，在比赛中降低情绪唤醒，获得平静的心态，从而更好地完成任务；三是情绪的转换，即当消极情绪出现时，如何迅速完成情绪的转换，使积极情绪成为主导情绪，提高操作表现。

根据情绪激活和调节的过程，建议教练员和运动员在准备比赛时应注意以下几方面。

第一，深入分析对手和己方的情况，做到知己知彼，心里有数，形成对比赛的控制方案，建立心理对策库，减少在比赛中由于准备不足而引起的恐慌情绪。

第二，设置合理的比赛目标，树立正确的比赛态度，如"我的目标是战胜自己""我只求在比赛中正常发挥"等，减少由于比赛压力造成的焦虑（刘淑慧，2006）。

第三，减少外界舆论对比赛准备的影响，避免看有导向性的，特别是不良导向性的舆论报道，减少不必要的情绪干扰因素。

第四，准备必要的表象材料进行表象练习，有效地提高运动员积极的情绪成分，帮助提高运动员的唤醒水平。

根据情绪激活和调节的过程，建议教练员和运动员在正式比赛中采用以下几种方法进行情绪控制。

第一，对情绪进行冷处理，可以采用暗示、呼吸调节等方法来抑制过度的紧张，如采用幅度大、节奏比较慢的练习，有意识地改变表情，深呼吸、放慢步子、舒缓拉伸，这些方法都可以缓和紧张情绪，使心情安定（刘淑慧，2006）。

第二，利用改变活动方式或者改变注意力集中内容的方法来缓解紧张情绪，如在射击前注视某个固定点，或者在比赛前听音乐。

第三，利用思维阻断法来打断引发焦虑的不良刺激，如大叫一声、击掌、挥手臂，通过这样的方法可以减少杂念，从而降低焦虑。

第四，在需要提高唤醒水平的比赛中，可以喊口号，或者用事先准备好的暗示语来唤醒情绪（张力为，2008）。

模块总结

1. 动机是推动一个人进行活动的内部动力。它的基本含义是：能引起并维持人的活动，将该活动导向一定目标，从而满足个体的需要、愿望和理想等。动机的作用有激发作用、指向或选择作用、强化作用。
2. 需要与动机紧密联系，但也有一些差别。动机是需要的动态表现，行为并非全部由需要引起。
3. 动机与目的既有区别又有联系。动机和目的可能是完全一致的，动机和目的可以相互转化。有时目的相同，动机不同；有时动机相同，目的不同。
4. 动机是在需要的基础上产生的。需要的性质不同，引起的动机也不同。根据动机的性质，人的动机可分为生理性动机与社会性动机；根据动机的来源，动机分为外部动机和内部动机。
5. 动机的激活水平和工作效率存在"倒U"形的曲线关系。激活水平太低会影响工作效率；激活水平过高，行为又会发生紊乱，工作效率下降。耶克斯-多德森定律还提示，任务容易，提高动机水平会提高行为效率；但当任务难度增强时，最佳动机水平就应降低。
6. 自我效能感是指个体对自己具有胜任某种任务能力的评估。当面对一项挑战性任务时，个人是否主动参与、全力以赴，取决于他的自我效能感。
7. 目标定向指一个人参加活动时所依据的成就目标倾向。目标定向主要有任务参与型和自我参与型两种。
8. 归因理论是说明和分析人们活动因果关系的理论。韦纳的归因理论从因素来源、稳定性、可控性3个维度对影响成败的原因进行了划分。
9. 习得性无助是指屡遭失败，将失败归因于能力，最终产生个体无能为力、动机缺失、认知情绪缺失，并产生失败无法避免的观念。
10. 情绪是个体受到刺激时产生的一种身心状态，情绪的成分通过主观体验、生理表现和外部表现来体现。人的基本情绪表现具有先天遗传性和跨文化的一致性，但它们的具体表达却受社会文化因素的制约。
11. 焦虑是由于不能克服障碍或不能达到目标，而体验到身体和心理的平衡状态受到威胁时形成的一种紧张、担忧并带有恐惧的情绪状态。它包含3种主要成分，即生理唤醒、情绪体验以及威胁、不确定性和担忧的认知表征。
12. 状态焦虑是一种短暂的情绪状态，它是由紧张和忧虑所造成的一些可意识到的主观感受，也是高度的自主神经系统的活动。而特质焦虑是一种人格特征，即在各种情境中产生焦虑反应的情绪倾向和行为倾向。
13. 躯体焦虑是焦虑的生理特征，直接由自发的生理唤醒引起，主要表现为心跳加快、呼吸急促、手心出汗、肠胃痉挛以及肌肉紧张。
14. 认知焦虑是焦虑的认知特征，由对内外刺激的评价引起，是含有担忧性视觉表象成分的一种不愉快感受。
15. 竞赛焦虑是对当前的或预计到的具有潜在威胁的竞赛情境产生的担忧，它包含情绪体验、认知表征和生理变化3种成分。
16. 有6种理论用以解释唤醒、焦虑与运动表现之间的关系，每种理论都有自己的独到之处，同时又有不足之处，其中"倒U"形假说和多维焦虑理论更具魅力。

讨论问题

1. 什么是动机？
2. 动机的种类有哪些？
3. 哪些动机有助于参与体育活动？
4. 如何看待动机与运动表现的关系？
5. 什么是习得性无助？
6. 什么是情绪？
7. 情绪与需要、动机有什么关系？
8. 情绪的生理表现是什么？
9. 情绪的行为表现是什么？
10. 什么是唤醒？
11. 什么是焦虑？
12. 描绘唤醒、焦虑与运动表现的关系理论有哪些？它们对运动员的启示是什么？

推荐阅读

[1] 马启伟.体育心理学[M].北京：高等教育出版社，1996.（本书在内容上紧密结合体育教育专业人才培养需求，内容也适合学生自学。）

[2] 叶奕乾.心理学[M].上海：华东师范大学出版社，2010.（本书语言简练、生动，对动机、情绪的叙述详尽。）

[3] 津巴多.普通心理学[M].北京：机械工业出版社，2017.（本书图文并茂，全彩印刷，有阅读趣味性，通俗易懂，可以作为心理学入门级读物。）

模块二

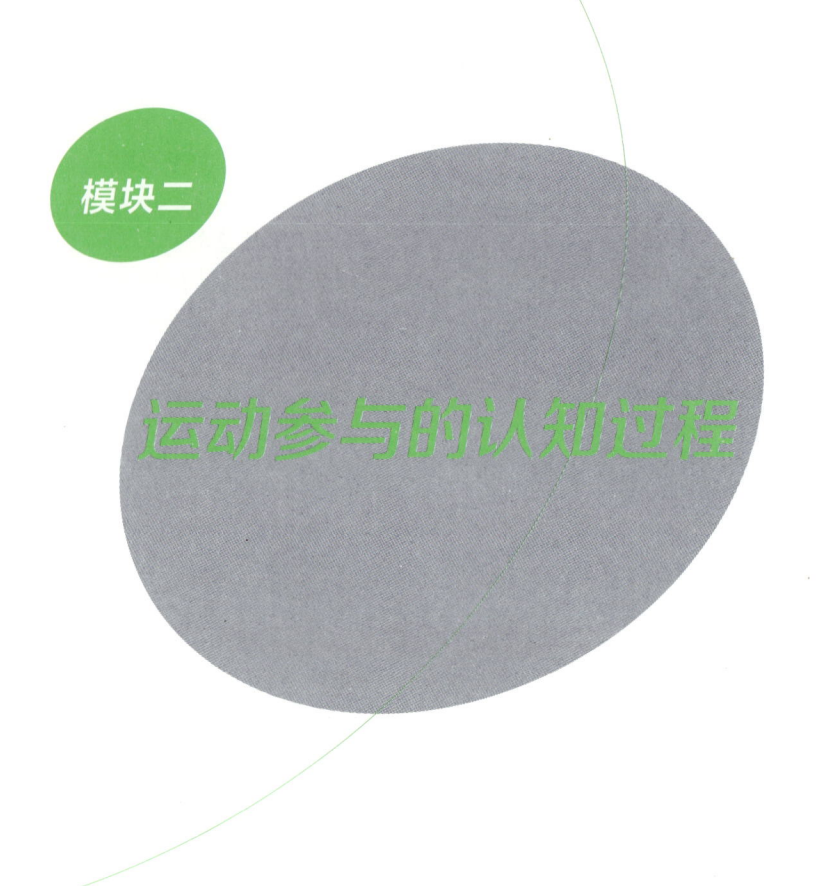

运动参与的认知过程

人生活在这个丰富多样且变幻多彩的世界上，每时每刻都受到周围环境的影响，但人不是被动的刺激接受者，人脑对所接收的信息进行着积极的加工，这个加工过程就是认知过程。人的认知过程是一切心理活动的基础，只有对环境和自身有了一定的认识，人才会同外部世界发生相互影响，对人、事、物产生各种主观体验。

和从事其他活动一样，从事体育运动也必然有认知活动的参与。较低级的认知活动是感觉和知觉，较高级的认知活动是思维。记忆是高级认知活动的基础，注意是所有认知活动伴随的状态。体育活动中的认知活动是在激烈的训练和比赛中完成的，因此，和其他活动中的认知活动有着明显的区别。学生在体育课程的学习中，运动员在训练和比赛中，更多地需要依靠肌肉运动感觉来感知、理解和记忆，需要不断根据对手和环境做出调整，更多地依靠形象思维和动作思维来快速分析和决策，这些都是体育活动中认知活动的特点。本模块将从体育运动的特殊性出发，分析人们在运动参与中认知活动的特点。

通过本模块的学习，希望同学们理解并掌握感知觉、注意、记忆以及思维的基本概念，结合自己的运动专项，思考这些基本概念在运动中都以何种方式呈现，为了提高运动学习的效果，应该怎样利用课本中学习到的规律。

主题一 感觉、知觉、注意

任务一 什么是认知过程

认知过程是人获得知识和经验的过程，是人最基本的心理过程，包括感觉、知觉、注意、记忆、想象、思维和言语过程。人对客观世界的认识开始于感觉和知觉。感觉反映事物的个别属性和特性，如颜色、明暗、声调、香臭、粗细、软硬等。知觉反映事物的整体属性，即事物的各种不同属性的集合、各个部分及其之间相互关系，如一面红旗、一间明亮的房子、一阵嘈杂的人声、一件轻柔的毛衣等。知觉是在感觉的基础上产生的，但不是感觉的简单相加。在知觉中，人的知识经验起着重要作用。

外界刺激使人产生感知觉。人通过感知觉所获得的知识经验，在刺激物停止作用以后，不会马上消失，它保留在人的头脑中，并在需要的时候再现出来。这种积累和保存个体经验的心理过程就是记忆。

人不仅能直接感知个别的、具体的事物，认识事物的表面联系，还能运用头脑中已有的知识经验去间接地、概括地认识事物，揭露事物的本质及其内在的联系和规律，这就是思维。例如，心理学家对人心理活动的认识，生物学家对生物进化规律的认识，教练员对训练规律的总结，运动员对获胜经验的归纳，都是凭借思维活动来实现的。

当人进行认识活动的时候，还伴随着一种重要的心理现象，即注意。说"伴随"，是因为注意不是独立的心理过程，它和感知觉、记忆、思维、想象等心理现象共同发生。注意的基本作用是选择信息，没有注意的作用，人就无法清晰地认识事物，也就无法准确而迅速地完成某种活动。

任务二 感觉、知觉与运动

一、感觉

（一）感觉的定义

感觉是人脑对直接作用于感觉器官的客观事物的个别属性的反映。听到声音、看到颜色、嗅到气味、感到凉爽、觉察到运动，都是感觉。例如，一个篮球，用眼睛能看到它的颜色、形状和大小；用手掂一掂，能感觉到它的重量；用手抚摸它的表面，能感觉到它的光滑度。虽然通过感觉不能知道事物的意义，但是一切较高级、较复杂的心理现象都是建立在感觉的基础上，感觉是人认识客观世界的开端。

（二）感觉的分类

依据刺激物的来源不同和产生感觉的分析器不同（分析器包括刺激感受器、传入神经和大脑神经中枢），可以把感觉分为外部感觉和内部感觉（图2-1）。

1. 外部感觉

外部感觉是由外界刺激所引起的感觉，它的感受器位于身体表面或接近表面的地方。外部感觉包括视觉、听觉、嗅觉、味觉和肤觉（包括温度觉、触压觉和痛觉等）。

2. 内部感觉

内部感觉是指反映身体各部分运动变化及内脏器官状态的感觉。它的感受器位于体内组织或内脏器官的表壁上。内部感觉包括机体觉、运动觉和平衡觉。

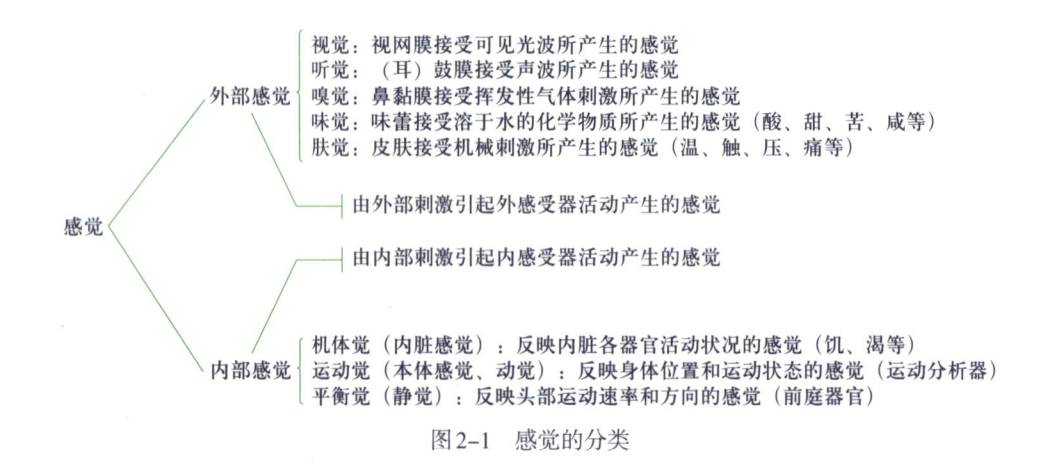

感觉
- 外部感觉
  - 视觉：视网膜接受可见光波所产生的感觉
  - 听觉：（耳）鼓膜接受声波所产生的感觉
  - 嗅觉：鼻黏膜接受挥发性气体刺激所产生的感觉
  - 味觉：味蕾接受溶于水的化学物质所产生的感觉（酸、甜、苦、咸等）
  - 肤觉：皮肤接受机械刺激所产生的感觉（温、触、压、痛等）
- 由外部刺激引起外感受器活动产生的感觉
- 由内部刺激引起内感受器活动产生的感觉
- 内部感觉
  - 机体觉（内脏感觉）：反映内脏各器官活动状况的感觉（饥、渴等）
  - 运动觉（本体感觉、动觉）：反映身体位置和运动状态的感觉（运动分析器）
  - 平衡觉（静觉）：反映头部运动速率和方向的感觉（前庭器官）

图2-1 感觉的分类

(三）感觉与运动

1. 视觉

（1）什么是视觉。在人的所有感觉中，视觉是最重要的，视觉对于运动者尤其重要。人的视觉器官是眼睛。视觉的适宜刺激波长为380~780 nm的光波，也叫可见光。当可见光进入眼睛时，依次通过角膜、前房中的房水、水晶体、玻璃体，这些构造形成一个完整而精巧的折光系统。折光系统负责对入射光进行适当折射，使外界的物象清晰聚焦于视网膜上（视网膜位于眼底，是感受入射光的最重要的装置）。视网膜上的感光细胞直接感受光刺激并将其转换成神经冲动。神经冲动经由视神经传递到大脑，最后在大脑皮层的视觉中枢形成这一物体的视像。

"视野中的物体会在眼睛的视网膜上投射出图像。第一，眼球的晶状体会让视网膜上所成的像上下左右颠倒。所以，图2-2中男性的图像会呈现在双眼视网膜的右侧，女性的图像会呈现在双眼视网膜的左侧。第二，视觉系统将每个眼球视网膜上的图像分成两半。所以，来自每个眼球的所有图像都有一部分会交叉传递到另一侧大脑。结果，双眼视野左侧部分的图像会被传递到右脑的视觉皮层进行处理，而双眼视野的右侧的物体图像会被传送到左脑的视觉皮层。总之，右脑能'看见'左侧视野，左脑能'看见'右侧视野（津巴多，2018）。

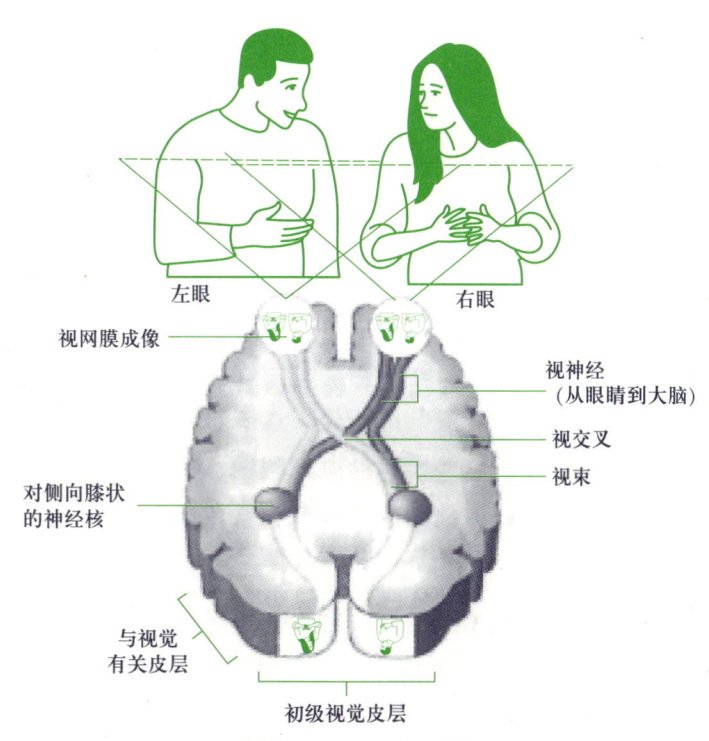

图2-2 视觉刺激如何从眼睛传到大脑

颜色视觉是由不同波长的光引起的。正常人在光亮条件下能看到可见光谱的各种颜色，表2-1是光谱中各种颜色的波长的范围。白光（如阳光）不是单色光，它是各种色光的混合光线。因此，白光通过三棱镜的折射可以产生全部颜色。

表2-1 光谱颜色波长和范围

色调	纯色波长/nm	该色彩波长范围/nm
红	700	640~750
橙	620	600~640
黄	580	550~600
绿	510	480~550
蓝	470	450~480
紫	420	400~450

可见光与其他形式电磁波的唯一差别就是波长（图2-3）。我们眼睛的感受器只对电磁波频谱中的一小部分敏感（津巴多，2018）。

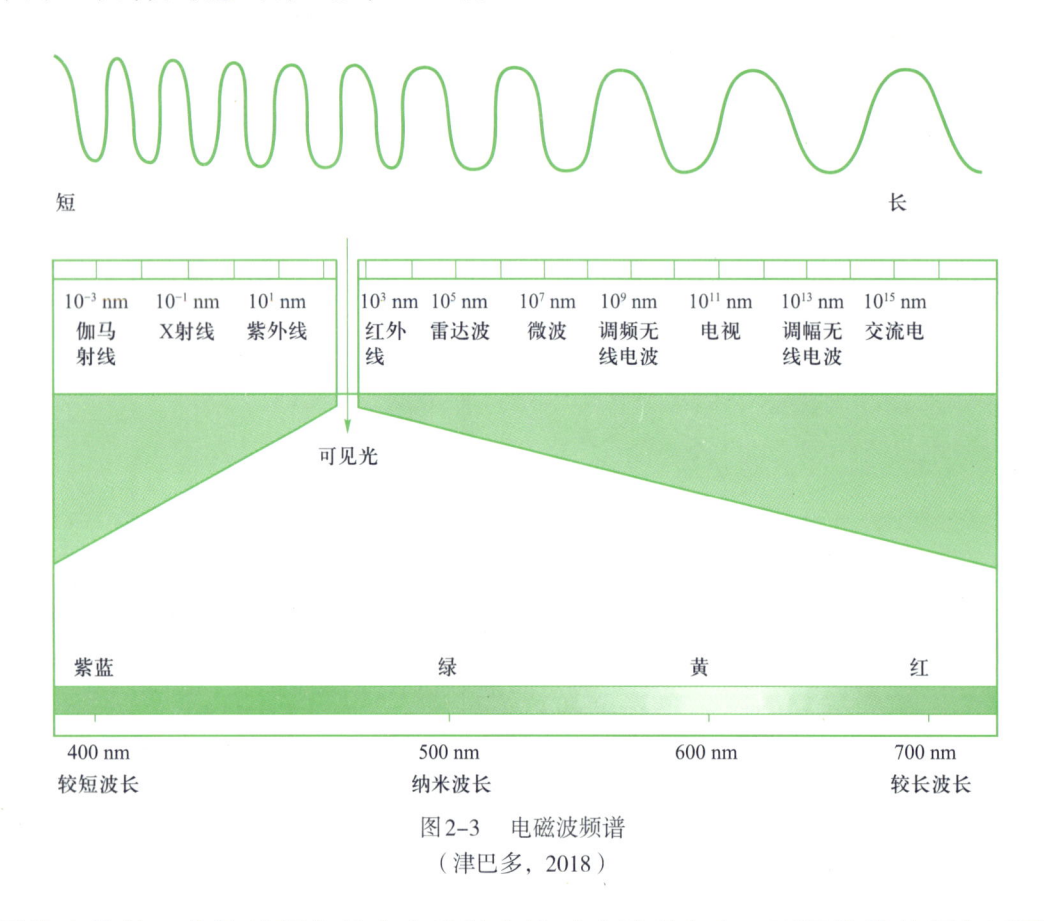

图2-3 电磁波频谱
（津巴多，2018）

除了发光体外，物体的颜色只有在反射光线时才呈现出来，而且物体的颜色还受光源条件的影响。因此，物体的颜色主要是在不同的光照条件下，由物体反射的光决定的。

所有的颜色可以分为彩色和非彩色两大类。彩色包括除了黑、白、灰以外的所有颜色。非彩色包括黑色、白色以及介于二者之间的灰色。

在日常生活中引发颜色视觉的光线绝大多数都是由不同波长的光混合在一起的混合光，各种混合光的颜色都是由红、绿、蓝这3种原色按不同比例混合而成的。

（2）体育运动中的视觉。视觉对球类运动员具有重要意义。训练和比赛时，球、对方队员、己方队员始终都在不停地运动,要准确地观察这些空间、方位和距离上的变化情况,才有可能建立正确的行动定向。优秀篮球运动员的闪光临界融合频率值高于一般运动员和普通人。该数值的高低反映了视觉对光刺激在时间变化上的分辨能力,数值越高,表明视敏度越高(张力为,任未多,毛志雄,李铂,1992)。

广阔的视野对于大场地的球类项目运动员是十分重要的。视野是指当头部不动,眼睛注视正前方某一点时所能知觉到的空间范围。实验表明,不同项目运动员瞬间知觉客体的数量不同,足球运动员为3.5个,体操运动员为2.9个,田径运动员为2.7个。另外,还有研究显示,橄榄球四分卫和篮球后卫的视野范围要大于场上其他位置的运动员。

2. 触压觉

(1)什么是触压觉。触压觉是皮肤感觉的一种,是由非均匀分布的压力在皮肤上引起的感觉。触压觉分为触觉和压觉。外界刺激接触皮肤表面,使皮肤轻微变形,这种感觉是触觉;外界刺激使皮肤明显变形,这种感觉是压觉。另外,振动觉和痒觉也属于触压觉的范围。

皮肤的不同部位具有不同的触觉感受性。一般来说,额头、眼皮、舌尖、指尖的触觉感受性较强,其次是手臂、腿的触觉感受性,胸腹部、躯干的触觉感受性较弱。

触觉敏感性的测量可采取两点阈测试。方法是排除受试者的视觉参与,同时给予受试者某一部位的皮肤强弱相等的两点刺激,这两点之间若达到一定距离,受试者就会知觉为两个点,但如果逐渐缩小这个刺激到某一程度,受试者就分辨不出是两点,而是产生一点的感觉。这一临界值(两点间的距离)就被称为两点阈(或两点阈限)。全身各部位的两点阈有很大差异(表2-2)。

表2-2 皮肤不同部位的两点阈

皮肤部位	触觉阈限/(mg/m^2)
指尖	3
前臂	8
腿	16
足底	250

(2)体育运动中的触觉。有些球类项目要求运动员熟悉"球性",这在很大程度上要依赖运动员的触觉敏感性。篮球、手球运动员的触觉敏感性体现在手掌和手指皮肤上,足球运动员的触觉敏感性体现在脚背和脚内侧上。皮肤触觉敏感性仅仅是基础,要经过长期专项训练才能有熟悉"球性"这样的专项能力。

3. 动觉

(1)什么是动觉。动觉是对身体各部位的位置和运动状况的感觉,也就是肌肉、肌腱和关节的感觉,即本体感觉。在肌肉、肌腱和关节里有动觉感受器,或称本体感受器,它可以觉察身体各部位的运动,并自动调节肌肉的活动。动觉是人从事正常活动的保证。例如,要拿桌上的东西就必须调整手臂动作;要上楼梯,就必须保证脚抬得足够高,落得足够稳,这些都需要动觉的帮助。

(2)体育运动中的动觉。一般人不能直接觉察到动觉信息,但优秀运动员对肌肉、肌腱和关节的运动十分敏感,对运动速度、动作准确性有精细的自我感受。动觉的敏感性是选拔运动员的重要指标之一。

4. 平衡觉

(1)什么是平衡觉。平衡觉涉及身体整体的位置感受和运动指导,提供躯体尤其是头部在环境中相对于重力的方向,提供身体是否旋转、加速、倾斜等信息。平衡觉的感受器在内耳,包括半规管和前庭两部分。半规管是反映身体旋转运动的器官,前庭是反映身体直线加速或减速的器官。

保持身体的平衡,关键在于具备精确知觉自己身体位置变化的能力。因此,平衡觉对于保持身体直立非常重要。失去平衡觉的人最初会难于调整姿势,易摔倒,还可能感到眩晕。但是,平衡觉可以依靠视觉信息得到补偿,经验和练习也有助于平衡的把握。

(2)体育运动中的平衡觉。在日常生活中,人的头部多是保持在与地面垂直的位置,即使偏离,也是短时间和小幅度的。但在一些难美类运动项目中,如体操、跳水、武术、花样滑冰和撑杆跳等,运动员经常要完成一些倒立、旋转和空翻等动作,并且在动作过程中,还需要使身体保持一定的姿势(图2-4)。这种改变头部日常习惯位置的活动,对运动员的平衡觉能力提出了极高的要求。

图2-4 体操运动员的平衡觉十分重要

二、知觉

(一)知觉的定义

知觉是人脑对直接作用于感觉器官的事物的整体属性的反映,知觉是在感觉的基础上产生的,是人对感觉信息的组织和解释的过程。

外部世界的大量刺激冲击人的感官,人倾向于有选择地输入信息,把感觉信息整合、组织起来,形成稳定的、清晰的、完整的影像。在日常生活中,人脑总是不断地对感觉信息加以组织。例如,听觉刺激是具有不同物理特性的声波,却被人知觉为言语、音乐和自然界的各种声音,即被组织成有意义的声音。对于其他感觉刺激,人脑也是将其组织成有意义的事物。这种组织主要依靠人的知识和过去的经验。

> **专栏 2-1**
>
> ### 知识和经验在人的知觉中的作用
>
> 知觉的产生不仅需要具体的客观对象，还要借助知识和经验的帮助。如果要把某一对象知觉为一个确定的客体，就需要掌握有关于这一确定客体的知识、经验。非洲的俾格米人居住在枝叶茂密的热带森林中。人类学家科林·特恩布尔（Turnbull，1961）曾描述过俾格米人及其生活方式。有些俾格米人从来没有离开过森林，没有见过开阔的原野。当特恩布尔带着一位名叫肯克的俾格米人第一次离开居住地来到一片高原时，他看见远处的一群水牛，惊奇地问："那些是什么虫子？"当告诉他是水牛时，他哈哈大笑说，不要说傻话。尽管他不相信，但还是仔细地凝视着，说："什么水牛会这样小"。当越走越近，这些"虫子"变得越来越大，他感到不可理解，说这些不是真正的水牛。

知觉是人对感觉信息的解释过程。在知觉一个客体时，人总是根据自己的知识和经验把它归为某一类，说出它的名称或赋予它某种意义。用语言文字标记知觉对象也就是知觉者对感觉信息进行组合，寻求解释的过程。以视觉图像来作比喻，如果"理解"的线索出现矛盾，就会出现不可能图形。人在知觉过程中能够识别不可能图形（图2-5），也证实了经验在知觉中的作用。

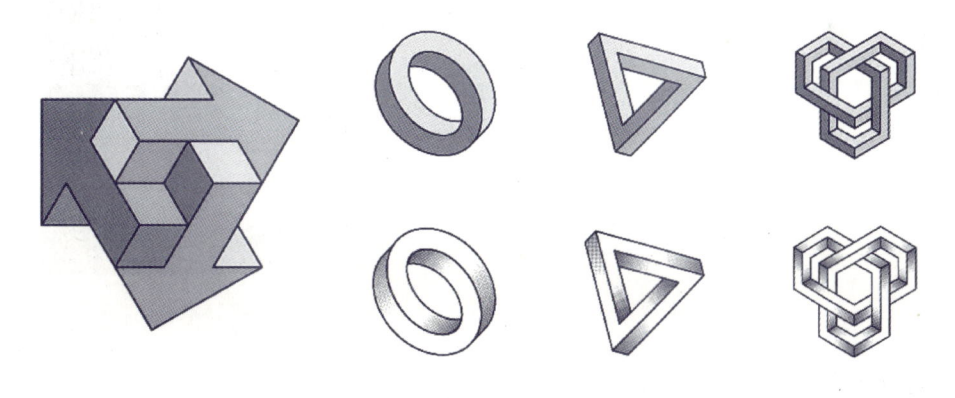

图 2-5　不可能图形

知觉的产生以头脑中的感觉信息为前提，并且与感觉同时进行，但知觉却不是各种感觉的简单相加。因为在知觉中除了包含感觉，还包含记忆、思维和言语活动等。知觉是高于感觉的感性认识阶段。

（二）知觉的特性

1. 知觉的整体性

知觉的整体性是指人在经验的基础上把由多种属性构成的事物知觉为一个统一整体的

特性。当人们把各个部分知觉为一个整体时,这个整体便具有新的、为各个部分所没有的意义。例如,一棵树上开有红花,绿叶是一部分刺激,红花也是一部分刺激,人们将红花绿叶合起来,在心理上所得到的美感知觉,超过了红与绿两种物理属性之和。这意味着,整体不是各个部分的简单堆积,整体通过各个部分的有机结合而表现出新的意义,即整体大于部分之和。

知觉的整体性不仅与对象本身的特性有关,也与知觉者的主观状态有关。例如,图2-6中的图形,尽管是不完整的,但人还是在图A中看到了白色的倒三角形,在图B中看到了绿色倒三角形,在图C和图D中看到了有弧度的三角形。

2. 知觉的选择性

客观事物是多种多样的,人总是有选择地以少数事物作为知觉的对象,对它们的知觉格外清晰。被知觉的对象好像是从其他事物中突出出来,出现在"前面"的,而其他事物就被推到"后面"。前者是知觉的对象,后者是知觉的背景。在知觉中,对象和背景可以相互转化(图2-7)。

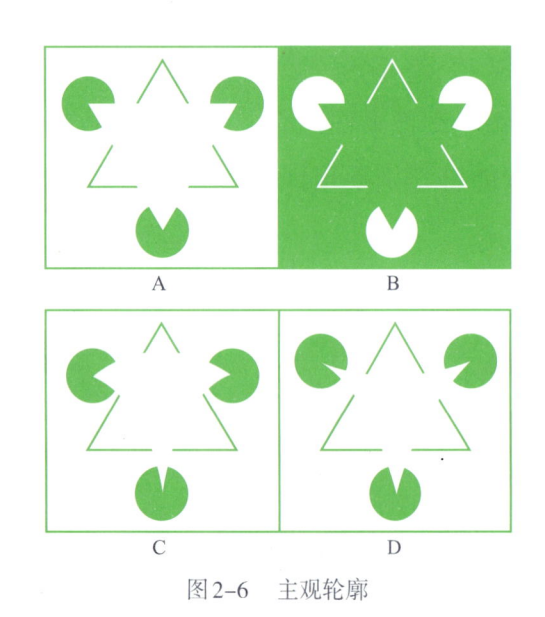

图2-6 主观轮廓　　　　图2-7 双关图

3. 知觉的理解性

人的知觉与记忆、思维等高级认识过程有着密切的联系。人在知觉过程中,不是被动地把知觉对象的特点"登记"下来,而是以知识和经验为依据,力求对知觉对象做出某种解释,使它有一定的意义(图2-8)。

4. 知觉的恒常性

由于知识和经验的参与,人能够更正确、更全面地反映客观世界的事物。当知觉的条件在一定范围内发生改变的时候,知觉的影像仍然保持相对不变。知觉恒常性表现在很多方面,如大小、形状、亮度、颜色等。这种稳定性使人在不同的情况下始终按照事物的真实面貌来反映，对人有效地适应环境是非常重要的。例如，篮球运动员在不同的位置投篮，对篮筐的知觉在大小和形状上是不变的，这对于运动员快速地适应不同位置，从而保持投篮的准确性非常重要。

（三）知觉与运动

空间和时间是物质存在的基本形式，一切事物都存在于空间和时间中。物体的移动也是在空间和时间内进行的。空间、时间和运动是相互联系、不可分割的。依据知觉所反映的事物的特性，可以分出3种比较复杂的知觉，即空间知觉、时间知觉和运动知觉。人对空间、时间和物体运动的知觉都是对客观存在的反映。

1. 空间知觉

空间知觉是反映物体空间特性的知觉，包括形状知觉、大小知觉、距离知觉、方位知觉等。人们看到一个篮球，就知道它是一个球体，比足球、排球、手球都大，还知道它距离自己有多远，在自己的什么方向。

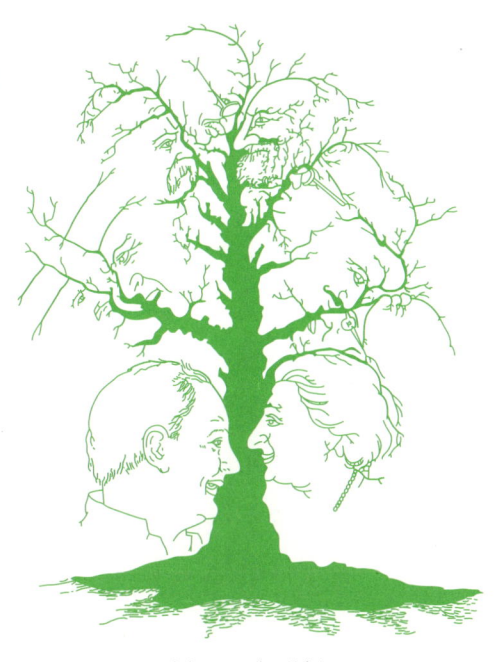

图2-8 知觉树
（你能从树上找出10个人的头像吗？）

运动员在场上的所有活动，如射门、投篮、击球、扣球、传球、抢断球、突破过人等，随时随地都需要在空间知觉的帮助下进行。在完成这些活动之前，运动员必须首先判断球、对方队员、己方队员、自己的空间特征以及彼此之间的关系。排球比赛中的多数进攻战术都是在网上空间错开对方拦网队员的防守。跳高、跳远和跨栏运动员为了保证栏间跑的最后一步准确地踏在预定位置上，在跑动过程中，要通过空间知觉来控制自己的步幅。在一些投掷项目中，运动员要在高速旋转后将器械按照一定的方向和角度投出去，运动员必须在旋转的过程中保持清晰和准确的空间知觉。在体操项目中，有一些动作要求运动员暂时离开器械，再迅速回抓器械（如高低杠），没有准确的空间知觉就无法完成这种高难度的动作。准确的空间知觉也是拳击、击剑、跳水、花样滑冰等项目运动员不可缺少的能力。

2. 时间知觉

时间知觉反映的是客观事物运动和变化的延续性和顺序性，是一种感知时间长短、快慢、节奏和先后次序关系的复杂知觉。自然界的周期性变化和人体内部的生理变化是人们产生时间知觉的依据。时间知觉在体育运动中的意义主要表现在以下3个方面。

（1）时机掌握和时间知觉　时机掌握是体育比赛中经常遇到的问题。排球中的扣球、篮球中的抢篮板球和盖帽、足球中的断球和突破过人等都需要运动员依靠准确的时间知觉来掌握最佳的行动时机。排球中的时间差进攻，就是利用对方拦网队员时间知觉的误差来达到技

心理学基础篇　039

战术的目的。

（2）时间估计与情绪、态度　人对时间估计所产生的误差常常与主体的情绪和态度有关。在篮球、足球、手球等以规定时间内的成绩判定胜负的比赛项目中，在比赛即将结束时，比分领先的运动员和比分落后的运动员对时间的估计不同。前者会觉得时间过得慢，后者则感到时间过得快。

（3）节奏知觉　节奏知觉也是一种时间知觉。在周期性运动项目中，如自行车、长跑、游泳、速度滑冰等，节奏知觉往往是运动员控制自己动作节奏的先决条件。人们习惯于伴随节拍性动作感知节奏，节拍性动作所产生的动觉刺激为衡量时间提供信号，补充和提高了知觉时间的能力。实践证明，当动觉分析器发生障碍的时候，人对节奏的知觉和再现便会发生困难，甚至完全不可能知觉节奏。

一些表现性的运动项目，如艺术体操、花样滑冰等有音乐伴奏，运动员就根据音乐的节奏来完成自己的动作。郭元奇（1991）曾为跳远运动员建立一种可随时调整的音响助跑节奏模式，经过8周的训练，用音响助跑节奏模式训练的实验组较对照组在速度、水平速度利用率、准确性和运动成绩等方面提高幅度更大，说明通过节奏知觉的帮助，可以收到良好的训练效果。

3. 运动知觉

运动知觉是人脑对外界物体是否移动、移动快慢、移动方向等的反映。运动知觉和空间知觉、时间知觉有着不可分割的关系，它依赖于对象运行的速度、对象距观察者的距离以及观察者本身所处的运动或静止状态。

无论是对一般人还是对运动员来说，运动知觉都是极为重要的。例如，在众多车辆疾驶的公路上，如果驾驶员缺乏运动知觉，就无法与周围移动中的车辆保持适度的距离。再如，在众多球员奔跑的足球场上，如果球员缺乏运动知觉，不但不能与队友适时地快速传球，而且也无法在对方球员的不断变阵中找到自己的位置。

体育运动中，运动员常常要同时知觉外界物体和自身的运动，如飞碟射击运动员在盯住快速移动碟靶的同时，还要完成举枪、抵肩、贴腮、瞄准和击发等一系列动作。这些动作能否准确到位，就需要自身运动知觉来控制了。

> **专栏2-2**
>
> ### 射击运动员是靠眼睛瞄准吗？
>
> 2019年10月21日，由张梦圆和熊亚瑄、林月美组成的中国队拿下了武汉军运会女子手枪25 m速射团体比赛金牌。这场比赛中，只有4个人各打出一次单组满环，其中就有张梦圆。令人难以置信的是，她居然有600度近视。
>
> 女子手枪25 m速射团体决赛暨个人预赛分为慢射、速射两个部分，运动员在每

部分都需要进行3组射击，每组为10发子弹，单组满环为100环。10月20日进行的慢射比赛中，张梦圆3组射击分别打出97环、98环、100环，是慢射比赛中唯一打出满环的选手。

600度的高度近视，真的不影响射击吗？在现场执裁的资深裁判庞毅回答道："一点都不。"他说："许海峰、王义夫、谭宗亮等射击名将中，有太多近视眼。参加过6届奥运会的王义夫，裸眼视力只有0.1。"

庞毅说："影响运动员射击精度的关键，是击发瞬间肌肉用力的稳定性和心理的平稳性，是眼、心、手的配合，而不是视力有多好。"

"射击时，运动员要看靶纸就完了，他们的所有视力都会聚焦在枪上。至于靶纸、10环，主要看感觉。这种感觉来自长年累月超乎寻常的刻苦训练。射击运动员都要达到'眼中无靶、心中有靶'的境界。"

（新华网，2019年10月26日）

三、专门化知觉

（一）什么是专门化知觉

感知觉是人们认识客观事物的开端，运动技能的形成也是由感知开始的。任何一门专项运动技能都是由很多细节所组成的复杂结构体系，都有自己的基本规律，并对运动员身体、生理和心理方面有一定的要求。专门化知觉就是专项运动对运动员心理要求的一个重要方面，它是运动员在运动实践中经长期专项训练所形成的一种精细的综合性知觉，能对自身运动和环境条件（器械、场地、运动媒介物质）做出敏锐、精确的识别和感知。

专门化知觉具有以下3个特点。

第一，专门化知觉具有综合性，往往依赖多种分析器的同时活动。例如，游泳运动员的水感，包括对环境的视觉，对水的触觉、温度觉，对自身运动的动觉以及速度知觉等。

第二，专门化知觉具有专项性，不同的分析器依专项特点在不同的专门化知觉中起不同作用。平衡觉对跳水、体操项目运动员具有重要作用，但对射击、射箭等项目运动员就不那么重要。

第三，在所有运动项目中（不含棋类），动觉都是专门化知觉的主要因素。冰上运动项目的"冰感"，球类项目的"球感"，各种使用专门器械的运动项目的"器械感"，射击、射箭、跳水等项目运动员的"动作感"等，都以高度发展的动觉为基础。

专栏2-3

范·巴斯滕是怎么用脚接到那个球的?

荷兰前"国脚"范·巴斯滕曾在一场球赛中助跑十几米，在小角度凌空抽射队友的一个高吊传球，球应声入网。这一套在几秒内完成的动作，不但使对手目瞪口呆，使球迷惊讶不已，也使知觉心理学家陷入沉思：究竟哪些视觉信息使运动员能够找到准确的接球时间与位置？

有知觉心理学家认为（Dannemiller等，1996），运动的球包括空中飞球包含的信息常量是：运动员会选择一个恰当的奔跑路线，使垂直方向的球速在自己的视野中保持不变。还有知觉心理学家认为（McBeath et al., 1995），运动员会选择一个恰当的奔跑路线，使球在移动过程中与自己形成的角度保持不变。检验这些假设的通常做法是：发出一个飞球，让运动员追球和接球，将整个过程录像，再对录像进行数学分析，找出一个数学函数，以拟合运动员对球进行视觉跟踪过程中试图保持的那个常量。研究结果表明（Jacobs等，1996；McBeath等，1996），运动员通常将接球过程分为两个阶段：第一个阶段是加速跑至恰当位置；第二阶段是当球迅速接近运动员时，充分利用位置线索和深度线索接球。

上述知觉心理学的研究重点是视觉线索问题，但整个问题给我们的另一个启示是：追接飞球实际上是在视觉引导下，视觉和动觉的协调整合过程，这一过程涉及空间知觉、时间知觉和运动知觉三个方面。这是专门化知觉综合性的典型体现（张力为、毛志雄，2007）。

（二）专门化知觉的测量

由于专门化知觉具有专项化特点，因此，对专门化知觉的测量也会因项目而异。这方面的研究虽不多，但仍提示了量化评定专门化知觉的思路。在对备战盐湖城冬奥会自由式滑雪空中技巧国家集训队运动员的一项研究中（郭云清、周成林、戈炳珠，2000），采用了3种方法测量运动员的助滑速度知觉。第一，受试者做完一套动作之后，自报助滑速度，再与实测速度比较，两者差距越小越好。第二，计算机实验：在一个光点从计算机屏幕上从左向右移向目标点的过程中，将移动光点隐去，让受试者估计该光点到达目标点的时间，估计光点到达目标点的时间与光点实际到达目标点的时间差别越小越好。第三，先让受试者跑300 m，再让受试者跑一次300 m，两次所用时间差别越小越好。研究结果表明，第一和第二项测验的成绩与运动水平显著相关，但第三项测验的成绩与运动水平无关；助滑速度知觉可以通过速度知觉训练得到提高；每个运动员的最佳助滑速度各不相同；最佳助滑速度的范围随动作难度系数增大而缩小。这一研究提示：第一，测量专门化知觉时，采取多种方法可能会比单一方法更为全面、有效。助滑的自报速度和实测速度之差属于有专项特征的测量指标，计算机实验中的光点移动估计值和实测值之差则属于无专项特征的测量指标,将两者结合使用,或许更为有效。第二,应当注意运动员知觉特征的个体差异。不同运动员有自己特殊的最佳速度范围,速度知觉的参照系应因人而异。

(三)专门化知觉的培养

篮球运动员的每次训练都是从熟悉球性的练习开始,每人一球,随意耍弄,以此达到熟悉球性的目的。足球运动员的"颠球"也是熟悉球性的练习。击剑教练贝克注重培养运动员的"距离感",利用距离的变化来控制对手和实施战术,利用"剑感"训练来提高队员快速、连贯的击剑能力。射击运动员能够在每发子弹射出后,根据自己的动作情况较准确地说出弹着位置,这种被称为"预报"的能力,就是一种对自我动作的精细专项感知觉。射击训练所采用的"夜训""盲训"等训练方法,也是着眼于培养运动员全身,特别是手臂、手腕及手指在持枪过程中的特殊动觉(图2-9)。有研究人员认为,"弧线助跑时间节奏、垂直空间及过杆时的身体弓桥感知觉"是背越式跳高项目的专门化知觉。在跳高教学与训练中通过培养这几方面的感知觉能力去帮助学生掌握专项运动技能,可以收到较好的教学效果(张忠秋,1992)。

图2-9 射击运动员在训练

苏联学者拉托夫提出的训练理论和方法是对传统运动训练的一场革命。传统的运动训练是以运动负荷对机体施以刺激,获得超量恢复,机体的力量水平提高,从而使运动员的运动成绩提高。但在有些项目中,如何使力量转化为速度一直是一个难以解决的问题。拉托夫的训练理论是运动员要提高速度,必须打破现有速度的动作感觉,建立一个新的、更高速度的动作感觉,力量才有可能发挥出来。他在跑道和泳道上空架设专门的设施,放下一根绳子,挂在运动员的身上,绳子可随运动员向前运动。绳子的目的是减轻一点运动员的体重,使运动员现有的肌肉力量能获得更高的速度,获得一个新的高于他原来速度的动作感觉。当新的动作感觉完全建立和巩固后,逐步减少外力帮助,直至最后恢复到运动员最初的体重。该理论强调动作感觉的重要性,以"感觉先导"的方式进行训练。在这种理论和方法的指导下,诞生了一批世界冠军。

任务三　注意与运动

一、什么是注意

注意是人的心理活动对一定事物的指向和集中。生活于大千世界，每一瞬间都有大量事物影响着我们，指向就是从众多的事物中选择某一事物作为反映的对象。集中是指在选择对象的同时，对其他事物的影响加以抑制，以保证对选择对象有清晰的反映。注意表现的是心理活动的紧张性或强度。例如，射击运动员举枪瞄准目标，全神贯注于靶心，这时运动员处于高度的注意力集中状态，整个心理活动指向和集中于射击目标。

二、注意的种类

根据引起注意的目的是否明确及维持注意的意志努力程度不同，可以把注意分为3类。

（一）无意注意

无意注意是一种没有预定目的、不需要付出意志努力的注意，也叫不随意注意。引起无意注意的原因包括刺激物本身的特点及人自身的状态。一般来说，刺激物强度较大、与周围环境成鲜明对比、有新异性、具有运动性或富于变化等，都易于引起人的注意。人们常将具有这些特点的元素应用于建筑、装潢、广告、服装、玩具的设计上，以吸引人的注意力。而人自身的主观状态，如需要、兴趣、情绪、态度及对事物所持的期待等，也影响着人的无意注意。当然，人的知识经验也是一个重要的因素。

（二）有意注意

有意注意是有预定目的、需要付出一定意志努力的注意，也称为随意注意。要学习一种新技能，完成某项工作，就需要把注意力积极投入到对象上去。为了能理解、掌握对象，或是顺利地完成工作，就要自觉地付出努力，甚至需要克服困难，以使注意指向、集中于当前的对象。

有意注意是在无意注意的基础上发展起来的。它是人特有的一种心理现象，是语言被纳入心理活动后的结果，是由语言来支配的。人们通过语言，根据一定的任务来指导注意活动。有意注意受多方面因素的影响，包括活动的目的和任务、活动的组织、对活动的兴趣和认识、人的知识经验、人的性格及意志品质等。

（三）有意后注意

有意后注意是一种有预定目的，但不需要付出意志努力的注意，又称为随意后注意。有意后注意兼有无意注意和有意注意的某些特点。例如，人在初学一项技能时，原本不感兴趣，但为了工作需要，不得不付出很大努力去学习。这时的注意是有意注意，但很快学习入了门，也有了兴趣，即使不用付出意志努力，也能继续这一学习，这时的注意就是有意后注意。

由于有意后注意兼有无意注意和有意注意的某些特点，它既服从于当前的活动目的与任务，又能节省意志的努力，因而对完成长期的、持续性的任务有很大益处。

三、注意的品质

注意的广度、注意的稳定性、注意的分配、注意的转移影响注意的品质。

（一）注意的广度

注意的广度是指在同一时间能够清楚把握的对象数量，即注意范围。注意范围的大小和知觉对象的特点有关系。被注意的对象越集中，排列越有规律，越能够成为相互联系的整体，注意范围也就越大，反之就越小。

注意范围有明显的个体差异。人的知识、经验不同，注意范围也不同。例如，在同一时间内，一个篮球裁判员观看一场篮球比赛，他的注意范围就要比普通观众的注意范围大。注意范围也反映人的知觉速度。注意范围广是许多体育项目运动员必备的特征，如足球、排球和棒球运动员等。

（二）注意的稳定性

注意的稳定性是指注意长时间保持在某一对象或活动上。这是注意在时间上的特征，可以用一定时间内工作效率的变化来表示。

由于人的感受性不能长时间保持不变，总是间歇地加强或减弱。因此，注意力也表现出时高时低的周期性变化，这叫作注意的起伏现象。这种现象即使在相对稳定的注意中也是存在的。

注意的稳定性受许多条件的影响，包括刺激物的强度和持续时间、刺激物在时间和空间上的确定性、活动内容和活动方式的多样化、对活动结果的了解及个体本身的身体状态与情绪、态度等（图2-10）。

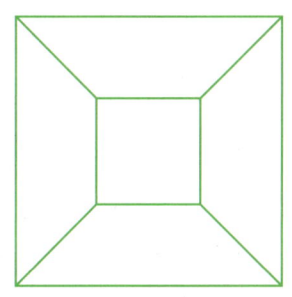

图2-10 注意的起伏（当人去注意图时，可以看到图中小的方形时而凸起，时而凹下，在不长的时间内，两种方式跳跃式地变更着）

（三）注意的分配

注意的分配是指在同一时间内，把注意分配到两种或几种不同的对象或活动上。

注意分配是生活和工作的实际需要。例如，学生上课时一边听讲一边记笔记，运动员一边听音乐一边完成动作，都是把注意分配到两种活动上。然而对注意进行分配是有条件的，即同时进行的几种活动达到一定的熟练程度或自动化程度，起码在几种活动之中只能有一种是主体不熟悉的。此外，注意分配与刺激的性质也有关。通常人们是在不同的感觉通道分配注意，如边听边写、边吃边看、边走边说等。如果两种任务要求用同一类心理操作来完成，就会出现注意分配困难，如一边背诵一边听讲，必然会顾此失彼，至少有一方面的活动要受到影响。

(四)注意的转移

注意的转移是指当环境或任务发生变化时，注意从一个对象或活动主动转移到另一个对象或活动上。注意转移的质量和速度依赖于前后活动的性质和人对前后活动的态度。如果人觉得后面的活动有趣，便容易转移，反之则困难。

四、注意方式的理论

普通心理学对注意问题的研究多是通过词语和数字图形的实验来进行的，其特点是注意对象是静态事物，变化有限，受试者也是处于静态，注意范围相对不大。实验情境和运动情境有很大的不同，所以实验研究结果不能直接引用到体育运动中。20世纪70年代开始，体育运动心理学家开始对注意问题进行研究，其中以奈德弗的研究工作最为著名。

奈德弗认为注意因素对于运动操作活动是十分重要的。他强调，集中注意某一事物而忽略其他事物的能力可能对操作活动效率产生重要影响。不论是在复杂的体育竞赛中，还是在大街上，或实际进行一个简单决策时，都是如此。奈德弗将注意能力分解为范围（狭窄到广阔）和方向（内部到外部）两个维度。范围是指在刺激域中人能够注意到的刺激数量，方向是指人的注意指向内部刺激还是外部刺激。图2-11是以这一理论为基础划分的4种注意类型。

图2-11 奈德弗的4种注意类型

(一)广阔—外部注意

这种注意对于把握复杂运动情境来说是合适的，常用于集体运动项目，如足球、冰球、篮球等。具有这种注意能力的运动员预测能力很强。

(二)狭窄—外部注意

运动员在短暂时间内做出反应时就运用这种注意，这时注意指向外部且范围狭窄，以便击球或对抗对手。

(三)广阔—内部注意

具备这种注意能力的运动员善于分析，因此，学习速度快，善于把各种信息纳入自己的知识储备中，并借此来制订训练和比赛计划，预测未来和回忆过去。

(四)狭窄—内部注意

进入这种注意状态对于敏感地把握各种身体感觉是最必要的，如射击、射箭、跳水、体操等项目中体验运动感觉及表现某一技能就要利用这种注意。

奈德弗认为，个人或集体运动项目都需要将注意范围和注意方向加以特殊组合，以产生最佳运动表现。一般来说，情境越复杂，变化越快，运动员就越需要利用外部注意方式。篮球、排球运动员需要广阔的外部注意，而棒球击球手则需要狭窄的外部注意。当分析或计划的要求提高了的时候，为改进技术动作，制订比赛战术时内部注意就变得至关重要了（图2-12）。

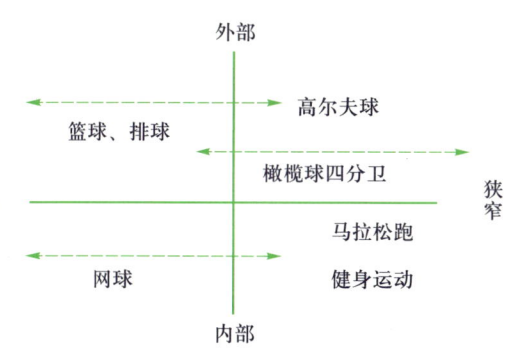

图2-12 奈德弗4种注意方式与运动项目

主题二 记 忆

记忆是人脑积累知识和经验的一种功能，它有"心灵的仓库"的美称。正因为人有记忆，所以才不会每时每刻都面对一个陌生的世界，也才有时间进行思考，有可能探索和改造这个世界。

任务一 什么是记忆

一、记忆的定义

记忆是人脑对经验的保持和提取。凡是人们感知过的事物、思考过的问题、体验过的情感及操作过的动作，都可以成为个体的经验，保留在人的头脑中，在必要的时候又可以把它们重现出来，这个过程就是记忆。

记忆与感知觉不同，感知觉反映的是当前作用于感官的事物，离开当前的客观事物，感知觉就不复存在。记忆是指向过去，是在感知发生之后出现的，是人脑对经历过的事物的反映。

二、记忆的过程

从信息加工的观点来看，记忆就是人脑对外界输入的信息进行编码、储存和提取的过程。

（一）编码

编码指个体在信息处理时，通过心理操作，将外在刺激的物理性特征（如声音、形状、颜色等）转换成人脑可以接受的形式，以便在记忆中储存并供以后提取用。编码有不同的层次或水平，而且是以不同的形式存在的，如听觉的信息编码、视觉的信息编码及语义的信息编码等。

（二）储存

储存指将已经编码的信息保存在记忆中，以备必要时可以提取出来。储存的时间可长可短。

（三）提取

提取指在必要时将储存在记忆中的信息取出应用的过程。编码是储存和提取的前提，已经编码的信息只有在头脑中保持并巩固了，以后才能提取出来，提取是对编码和储存的检验，通过提取又能加强信息的储存。

三、记忆的种类

根据记忆内容的不同，可把记忆分为形象记忆、情境记忆、语义记忆、情绪记忆和运动记忆。

（一）形象记忆

形象记忆是以感知过的事物的具体形象为内容的记忆，它保持事物的感性特征，具有鲜明的直观性。例如，我们所感知过的物体的颜色、形状、体积，人物的音容笑貌、仪表姿态，以及自然景观、音乐的旋律、各种气味和滋味等，它们以表象的形式储存着。一般人以视觉和听觉方面的形象记忆为主。作家、画家、音乐家、表演艺术家等都有惊人的形象记忆，他们储存的典型形象素材成为构思、创作和表演的基础。形象记忆与人的形象思维密切联系，是在实践活动中，随着形象思维的发展而发展的。

（二）情境记忆

情境记忆是对个人亲身经历的、发生在一定时间和地点的事件的记忆。情境记忆是以个人经历为参照的，或者说，情境记忆储存的是自传式的信息。例如，想起自己参加奥运会开幕式，那壮观的场面历历在目，对这一事件的记忆就是情境记忆。情境记忆由于受一定时空的限制，很容易受各种因素的干扰，因而难以储存，不易提取。

（三）语义记忆

语义记忆是用词语的形式，在头脑中以概念、判断和推理为内容的记忆。它具有概括性、理解性和逻辑性等特点。语义记忆是个体保存经验最简便、最经济的形式，它的内容无论在数量和质量上都超过了形象记忆。语义记忆是人类特有的记忆。人们对自然、社会和思维本身的规律性的知识都是通过语义记忆保存下来的。

（四）情绪记忆

情绪记忆是以体验过的情绪为内容的记忆。引起情绪的事件虽然已经过去，但深刻的体验和感受却保留在记忆中。在一定条件下，这种情绪又会被重新体验到，这就是情绪记忆。例如，与昔日的队友重逢，会沉浸在幸福的回忆中，愉悦的情绪油然而生。积极愉快的情绪记忆对人的活动有激励作用，而消极不愉快的情绪记忆会抑制人的活动。

（五）运动记忆

运动记忆是以人操作过的运动状态或动作形象为内容的记忆。运动记忆同运动表象有联系，运动表象是各种动作形象和运动情境在人脑中的表征过程，是人学习、模仿某些运动动作的凭借。一旦掌握并能熟练地操作运动技能，动作形象就连同这套动作的程序以及对骨骼、肌肉、关节活动的精细控制和调节一起储存在大脑中，成为运动记忆。运动记忆与其他类型的记忆相比，易保持和恢复，不易遗忘。如学会骑自行车后，即使多年不骑，也不会忘记，这正是运动记忆在起作用。人的生活、学习、劳动离不开运动记忆，各种生活技能的形成和发展都依靠运动记忆。

四、记忆的结构

心理学家已经探明，记忆是一个系统，可分为感觉记忆、短时记忆和长时记忆3个子系统。感觉记忆是感觉刺激（光、声音、气味和触压等）的瞬时影像，其保持时间不超过1 s。例如，在视觉信息输入后，视觉形象会保存十分之几秒。这种影像就是感觉记忆。如果对感觉记忆的信息进行注意，那么信息就会进入短时记忆。短时记忆的保持时间较短，如果信息得不到及时复述，能保持约20 s。经过复述的短时记忆的信息将进入长时记忆。长时记忆保持信息的时间较长，对记忆的存储时间为1 min以上。关于这两种记忆我们都有经验，如从电话本上找一个号码，用过之后，很快就忘记了，这就是短时记忆；而幼年的运动经历我们至今记忆犹新，这就是长时记忆。

感觉记忆、短时记忆和长时记忆不仅在信息保持时间、信息保持的量上有区别，在记忆系统的信息加工过程中所处的阶段也不相同。如图2-13所示，进入长时记忆的信息，首先必须经过感觉记忆和短时记忆。每一个阶段都进行适宜下一个阶段的加工。由于认识有主观能动性，因此，能够控制信息在这3个系统之间的传输和加工。

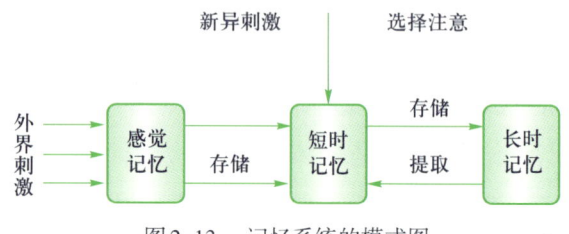

图2-13 记忆系统的模式图

（一）感觉记忆的过程

感觉记忆是指感觉刺激停止之后所保持的瞬间影像。它是人记忆信息加工的第一个阶段。进入各种感受器的信息，首先被登记在感觉记忆中。

1. 感觉记忆的编码

这一阶段的编码主要是将感受器所接收的刺激转化为心理信息，以便继续加工。

2. 感觉记忆的储存

心理学家研究较多的感觉记忆是图像记忆和音像记忆。感觉记忆在瞬间能储存大量信息，进入感受器的信息都会被储存，感觉记忆中的信息保持时间很短。视觉信息约在1 s内衰退，听觉信息约在4 s内衰退。感觉记忆中的一部分信息在模式识别过程中被传送到短时记忆中，并在那里被赋予意义。所谓模式识别就是从感觉记忆向短时记忆传递信息并赋予意义的过程。确定选择哪些信息传送到短时记忆，让哪些信息从感觉记忆中衰退，是注意的作用。注意使信息从感觉记忆传送到短时记忆，从而使信息得到进一步的加工，因此，感觉记忆中的信息是我们觉察不到的，一旦其中一些信息被觉察到了，这些信息也被传送到短时记忆之中了。

（二）短时记忆的过程

短时记忆是指信息一次呈现后，保持时间在1 min之内的记忆。短时记忆是操作性的、正在工作的、活动着的记忆。人们短时记忆某些信息，是为了对该信息进行某种操作，满足生活和工作的临时性需要，操作过后即刻遗忘。如果有长期保持的必要，就必须在这一系统内对信息进行加工编码，然后才能被储存在长时记忆中。

1. 短时记忆的编码

20世纪60年代以来，大量实验证实，短时记忆的编码主要是采用形象编码、听觉编码，少量的是语义编码。

2. 短时记忆的储存

短时记忆保持信息的时间一般是5~20 s，最长不超过1 min，信息如得不到复述，将迅速被遗忘。短时记忆容量的单位是组块，短时记忆的容量一般是7±2个组块。所谓组块是指主体的思维在过去经验中形成的相当熟悉的一个刺激独立体。一个组块可以是一个数字、一个字母，也可以是一个单词，还可以是一个短语。总之，它包含的信息可多可少，通常受主体原有知识经验的影响。

3. 短时记忆的提取

心理学家发现，短时记忆中储存的信息多少与提取所需时间呈正相关，即储存的信息越多，提取的时间就越长，反之亦然。

（三）长时记忆的过程

长时记忆是指信息经过充分的和有一定深度的加工后，在头脑中长久保持。

1. 长时记忆的编码

长时记忆的内容是通过识记获得的。长时记忆的识记，主要是通过对材料的复述、组织加工而完成的。长时记忆以语义编码为主，同时，表象编码也起很大的作用。

2. 长时记忆的储存

长时记忆是一个真正的信息库，记忆容量似乎没有限度，保持时间又长，为人的所有活动提供必要的知识基础。

信息经过编码加工之后，在头脑中储存，但这种储存并不是一成不变的。研究表明，随着时间的推移及后来经验的影响，储存的内容在质和量上均会发生变化。在质的方面，有以下变化：记忆的内容更简略、更概括、更完整、更合理了；记忆内容中的某些特点变得更加突出、夸张，变得更生动、离奇、更具有特色。在量的方面的变化显示出两种倾向：一种是记忆回涨，即记忆的恢复现象；另一种倾向是记忆的内容会随着时间的推移而减少。

> **专栏2-4**
>
> ### 象棋大师真的记忆超群吗？
>
> 美国学者西蒙和蔡斯（Simon，Chase，1967）曾进行过一个有趣的象棋复盘实验。国际象棋对弈双方各16个棋子，共32个棋子。实验中要求一位象棋大师和一位新手先对一盘随意摆放的无序棋子观察2 min后，两人分别复盘，结果发现两者恢复的棋子数并无差异，都是13个左右。然后，要求双方对一盘正规对局中的棋局观察后复盘，结果象棋大师约可正确恢复26个棋子，而新手成绩没有变化，仍是13个左右。这一结果说明，大师与新手的记忆力并无本质差别，不同之处可能在于：大师观察棋局时，将一组棋子作为一个组块，而新手只能将每个棋子作为一个组块。武术专家和体操专家对成套动作的观察也是如此，普通观众眼中眼花缭乱的动作，在他们看来或许十分简单（张力为，毛志雄，2007）。

3. 长时记忆的提取

再认和回忆都是从长时记忆中提取信息的过程。再认指人们对识记过的事物，当它再度出现时，仍能被人所认识的心理过程。回忆是指人们识记过的事物在脑中重现的过程。再认和回忆没有本质的区别。再认过程比回忆简单、容易。从个体心理发展来看，再认比回忆出现得早。

再认有感知和思维两种水平，并表现为压缩和开展的两种形式。感知水平的再认往往以压缩的形式表现出来，它的发生是迅速的、直接的。例如，对一首熟悉的歌，只要听见几个旋律就能立即确认是它无疑。思维水平的再认是以开展的形式进行的，依赖于某些再认的线索，并包含回忆、比较和推论等思维活动。

根据是否有目的，回忆可区分为有意回忆和无意回忆。有意回忆是指有回忆任务、自觉追忆以往经验的回忆。无意回忆是没有预定目的的回忆。

五、运动记忆的特征

总的来说，运动记忆的特征是形成难、遗忘慢。这两个特征决定了在青少年业余体育训练和专业运动队的初期训练中，要特别注意建立正确的、稳固的动觉表象。这个建立过程是先慢后快，先难后易的。教练员都十分重视让运动员从小练好基本功，加强基础训练。从技术角度出发，就是要加强运动员肌肉运动的感觉能力、记忆能力和控制能力。不同专项要采用不同的手段来增强这些能力，如足球训练，就要重点训练腿、踝、趾的肌肉感觉，肌肉记忆和肌肉控制能力。只有感觉清晰，分化精细，记忆才可能准确、持久。总之，运动记忆能力是可以通过训练得到提高的。如同背英文单词一样，其他条件不变，记第1组1000个单字可能要用两年时间，记到第10组时，有了9000个单词做基础，再记1000个单词可能只需一年。

任务二 遗忘的过程

一、什么是遗忘

遗忘是指识记过的内容既不能回忆也不能再认或发生错误的回忆和再认。遗忘是保持记忆的对立面，记忆丧失即意味着遗忘的出现。用信息加工的观点来说，遗忘就是信息提取不出来或提取出现错误。

根据遗忘的程度和性质的不同，可分为部分遗忘和完全遗忘，暂时遗忘和永久遗忘。如果识记过的内容在头脑中留下大部分，只是其中一部分不能回忆或再认，则属于部分遗忘；如果时过境迁全部回忆不起来，则属于完全遗忘；若已进入长时记忆的内容一时不能被提取，但在适宜条件下还可恢复，属于暂时遗忘，如提笔忘字，熟人相见叫不出对方的名字，话到嘴边说不出来；若识记过的内容，不经重新学习，记忆绝不可能再行恢复，属于永久遗忘。

遗忘是人的正常的心理现象，对于那些不必要的、应淘汰的信息的遗忘，是有积极意义的，这种遗忘既可减轻人们的脑力负担，又可使人避免被杂事所烦扰。但对必须保持记忆的信息来说，遗忘却是消极的。为此，心理学家对遗忘的规律进行研究，以便找出克服遗忘的方法。

二、遗忘的过程

德国心理学家艾宾浩斯最早研究了遗忘的发展过程，他在实验中选用的材料和方法都独具特色。表2-3是他的实验结果。

表2-3　不同时间间隔的保持成绩

次序	时距/h	保持的百分数/%	遗忘的百分数/%
1	0.33	58.2	41.8
2	1	44.2	55.8
3	8.8	35.8	64.2
4	24	33.7	66.3

续表

次序	时距/h	保持的百分数/%	遗忘的百分数/%
5	48	27.8	72.2
6	144	25.4	74.6
7	744	21.1	78.9

艾宾浩斯还根据实验结果绘制了曲线图（图2-14），这就是一直被广泛引用的经典的艾宾浩斯遗忘曲线。该曲线表明了遗忘与时间的关系，从曲线中可以看出遗忘的发展不是均衡的，在识记后的短时间内遗忘速度比较快，遗忘内容比较多，以后遗忘速度逐渐减慢，遗忘内容减少。可以说遗忘的规律是先快后慢，先多后少，但是不会忘光。

赫尔曼·艾宾浩斯

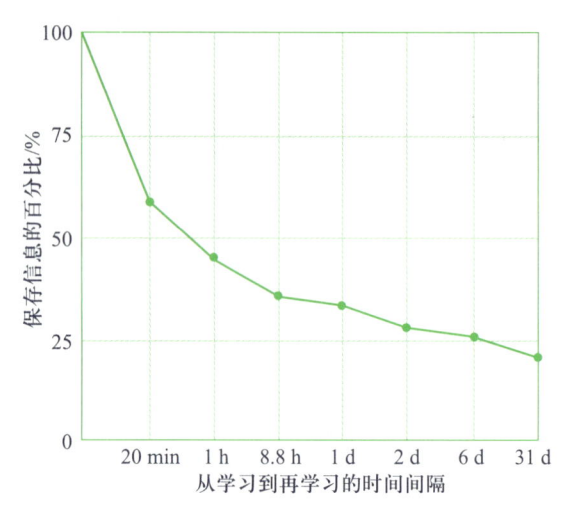

图2-14　艾宾浩斯的遗忘曲线

三、遗忘的影响因素

遗忘的过程不仅受时间因素的影响，还受到其他因素的影响，主要有以下4个方面。

（一）识记材料的性质与数量

人们对熟练的动作和形象材料遗忘得慢，而对无意义材料的遗忘要快得多。在学习程度相等的情况下，识记的材料越多，遗忘得越快；识记的材料越少，则遗忘越慢。因此，学习时要根据材料的性质来确定学习的数量，不要贪多求快。

（二）学习的程度

人对学习材料的识记没有一次能达到无误背诵，这种学习称为低度学习；如果达到恰能背诵之后还可以继续学习，这种学习称为过度学习。实验证明，低度学习的内容最容易被遗忘，而过度学习比恰能背诵的记忆效果要好一些。过度学习达到150%，保持的效果最佳；低于或超过这个限度，记忆的效果都将下降。

（三）识记材料的序列位置

人们发现在回忆系列材料时，回忆的顺序有一定的规律。例如，人们对26个英文字母的记忆，一般是对开头的字母A、B、C记得较好，对最后的几个字母X、Y、Z的记忆效果也很好，但对字母表的中间部分则容易遗忘。最先呈现的材料较易回忆，遗忘较少，叫首因效应。最后呈现的材料最易回忆，遗忘最少，叫近因效应。这种在回忆系列材料时发生的不均等现象叫作系列位置效应，已被许多实验所证实。

（四）识记者的心理状态

识记者对识记材料的需要、兴趣等，对遗忘速度也有影响。在人们的生活中不占主要地位的、不能引起人们兴趣的、不符合个体需要的事情，首先被忘掉；而人们需要的、感兴趣的、具有情绪作用的事物，则被遗忘得较慢。另外，经过人们的努力，积极加以组织的材料被遗忘得较少；而单纯地重复材料，识记的效果较差，遗忘得较快。

四、遗忘的原因

对于遗忘的原因，有各种不同的解释，但影响较大的有以下4种学说。

（一）记忆痕迹的衰退

衰退理论认为，遗忘是记忆的痕迹得不到强化而逐渐减弱，以致最后出现消退的结果。这种说法易为人们所接受。因为一些物理的、化学的痕迹有随时间而衰退甚至消失的现象。

在感觉记忆和短时记忆中，未经注意或复述的材料，可能由于痕迹衰退而被遗忘。但衰退说很难用实验来证实，因为在一段时间内保持量的下降，可能是由于其他原因的干扰，而不是痕迹衰退的结果。

（二）储存资料的干扰

这种理论认为遗忘是因为学习和回忆之间受到其他刺激干扰所致。一旦干扰排除，记忆就能恢复，而记忆痕迹并未发生任何变化。干扰说可用前摄抑制和倒摄抑制来说明。

前摄抑制是指先学习的材料对后学习材料识记和回忆的干扰作用。这种现象得到了安德伍德（Underwood，1949）的实验的证实。实验者要求两组受试者学习字表，第一组受试者在学习前进行了大量的类似学习和练习；第二组受试者没有进行这种学习和练习。结果表明，第一组受试者只记住了字表的25%，而第二组记住了70%。斯拉墨卡（Slamecka，1968）的实验也说明了先前学习的积累效应，实验受试者是36名大学生，材料是4个相当难的句子，每个句子都由20个字组成，而且内容很相似。结果表明，前摄抑制随前行学习材料数量的增加而增加，也随记忆保持时间的增加而增加。

后学习的材料对保持和回忆先学习的材料的干扰作用称为倒摄抑制。缪勒和皮尔扎克（Muller，Pizecker，1900）首先发现了这种现象，他们让受试者识记无意义音节后，休息5 min，再进行回忆，结果回忆率为50%，如果受试者在识记与回忆期间从事了其他活动，回忆率就只有26%。这说明了后面从事的活动对前面的学习起到了干扰作用，因而使成绩下降。另外，詹金斯和达伦巴赫（Jenkins，Dallenbach，1924）的实验也证实，后学习的材料干扰可能是遗忘的重要原因。他们要求受试者识记10个无意义音节，达到一次能背诵的程度。然后，一部分受试者立即入睡，另一部分受试者则照常进行日常工作。结果表明，照常工作对回忆所学的材料起了干扰作用，其回忆效果低于学习后立即入睡组。

倒摄抑制受前后两种学习材料的类似程度、难度、时间安排及识记的巩固程度等条件的影响。如果前后学习的材料完全相同，后学习即是复习，则不产生倒摄抑制。在学习材料逐步不同时，倒摄抑制开始逐渐增加，材料的相似性达到一定程度，抑制作用最大，以后抑制又逐渐减弱，直到先后识记的材料完全不同时，抑制的作用最小。

另外，序列位置效应产生的原因也与这两种抑制有关。材料的中间部分由于同时受到前摄抑制和倒摄抑制的影响，因而识记与回忆都比较困难，而首尾材料仅受到某一种抑制的影响，因而识记与回忆的效果较好。

（三）动机与情绪的影响

这种理论认为遗忘是由于情绪和动机的压抑作用引起的，如果这种压抑被解除，记忆也就能被唤醒，记忆也就能恢复。这种现象首先是弗洛伊德在临床实践中发现的，他在给精神病人实行催眠时发现许多人能回忆起早年生活中的许多事情，而这些事情是平时回忆不起来的。弗洛伊德认为这些经验之所以不能回忆，是因为回忆它们时，会使人产生痛苦、不愉快和忧愁，于是便拒绝它们进入意识，将其储存在无意识之中，也就是被无意识动机所压抑。只有当情绪联想减弱时，这种被遗忘的材料才能被回忆起来。在日常生活中，由于情绪紧张而引起遗忘的情况也是常有的，例如，考试时由于过度紧张，一些学过的内容，怎么也想不起来。

（四）提取失败

这种理论认为储存在长时记忆中的信息是永远不会丢失的，之所以有些事情不能回忆，是因为在提取有关信息的时候没有找到适当的提取线索，例如，明明知道对方的名字，但就是想不起来。提取失败的现象表明，从长时记忆中提取信息是一个复杂的过程，而不是一个简单的"全"或"无"的问题。

任务三 运动中的遗忘

一、遗忘的作用

在运动技能学习过程中，遗忘信息的作用十分重要。在任何运动项目的训练中，都存在纠正错误动作的情况。运动员的某些错误动作成为习惯后，就难以克服。如何抑制或遗忘这些错误动作是教练员、运动员的日常课题。有时，记忆是不以人的意志为转移的，想忘也忘不掉，想让错误不表现出来也做不到。一个错误的动力定型，可能伴随运动员的整个运动生涯。运动技能提高的过程，也就是一个记忆积极因素和遗忘消极因素的过程。

二、热身损耗

在运动技能学习过程中，经常会发生一个有趣的现象：前一天学会的动作已经达到一定的水平，但是在短暂的时间间隔以后，动作却不能立刻达到之前的水平，然而仅需几次练习，即可恢复至原来水平。这种已经掌握的运动技能在间歇后不能立刻恢复到原有表现水平的现象，是一种特殊的运动成绩下降的现象，叫作热身损耗。

亚当斯（Adams，1952，1961）曾做实验，让受试者完成追踪转盘的任务，实验共开展5天，每天30次，每次30 s，结果如图2-15所示。

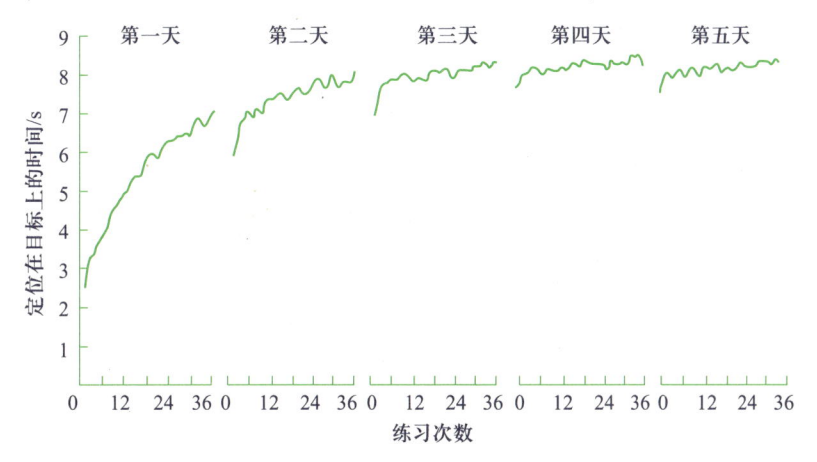

图2-15 转盘追踪任务的平均成绩

显而易见，随着练习次数、天数的增加，受试者平均成绩不断提高。但在经过较长时间，即经过一天的间歇再重新开始练习时，都出现较大的技能损失即热身损耗，其程度相当于3~4次练习后的提高程度。这种技能损失经过短短几次练习后很快就消除了。这种情况在运动训练中非常普遍，如足球上半场休息完，运动员下半场刚上场时总有一段时间达不到上半场末的水平；羽毛球运动员很少在前几分钟打出非常精彩的球等。

对这种状态的心理学解释有两种，生理学用进入工作状态来解释，但上述实验并不需要心肺功能达到高水平。一种解释认为，热身损耗是遗忘的一种表现，休息期间，发生了对原技能的遗忘。但许多运动员掌握某项技能已达到自动化程度，相当熟练，似乎不可能在短时间内产生遗忘。另一种解释是定势假说，认为技能水平下降是由某种暂时性的内部状态或定势受损、受阻引起的。这一假说得到了一些实验的支持，如1971年，纳森和舒密特（Nacson，Schmidt，1971）设计了一个右手握力作业实验，要求受试者以20.6 kg的力抓握一个握力计，共握20次（每次间隔10 s）后休息10 min，再做10次。在休息期间，A组不做任何活动，完全休息；B组则先休息5 min，后5 min做另一个力量估计作业，这个附加作业不是用右手而是用左手，是肘屈动作而不是抓握动作，力量是9.1 kg而不是20.6 kg。因此，附加作业对于右手抓握技能的记忆是无帮助的。B组对附加作业共练习18次，每次间隔也是10 s，每次也都告知结果，然后立即与A组受试者一起进行右手抓握作业的记忆测验，其结果如图2-16所示，在10 min间隔后，完全休息的A组表现出明显的热身损耗，而休息—练习的B组则几乎未产生热身损耗，这说明附加作业这种活动使得迅速消失的定势得以恢复，从而导致开始重新工作时保持原作业准确性。另外，许多类似实验也说明，休息期间定势和内部状态受损引起重新工作时的热身损耗。

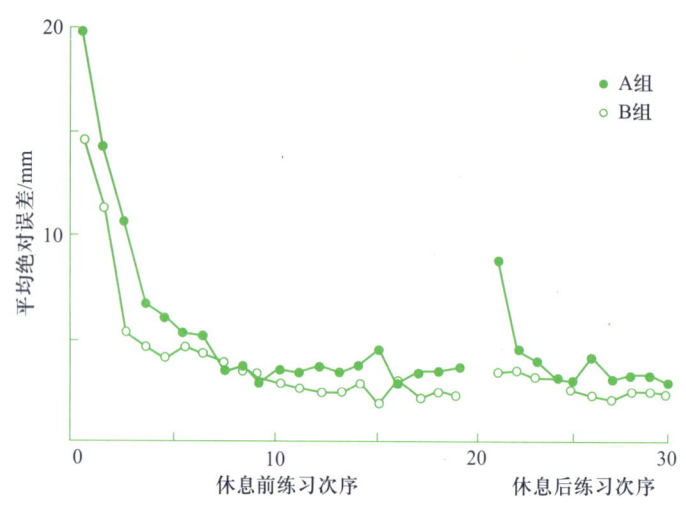

图2-16 初学时和10 min休息后力量估计作业的平均绝对误差

这种定势很可能与中枢神经运动区的兴奋性有关。中枢神经运动区本身具有一定惰性，它的兴奋需要一段加热过程，休息后兴奋性降低，恢复到原水平需要一定时间，这时便引起热身损耗。而在下一次活动开始前做一些辅助活动，可提高中枢神经运动区的兴奋水平，从而减少热身损耗。这一点在运动训练中有重要意义，它提示运动员：

第一，必须认真做上场前的准备活动，而且准备活动的动作结构、频率等应尽量与所要完成的动作技能相似；

第二，在比赛间歇过程中，如果利手、利脚需要放松休息，可利用非利手、非利脚在赛间间歇做热身活动，以保持利手、利脚的技能定势；

第三，当对方竞技状态极佳，势不可挡时，要采取措施，想方设法打乱对方的定势，如要求暂停，故意拍球以推迟发球时间等。

主题三 思 维

什么是生命？人是由猴子变来的吗？人为什么会衰老？要解决这些问题，仅在感知觉的水平上讨论是不能实现的，只有运用人们已有的知识经验进行推论，才能揭示事物的内部特征和规律，也就是说，必须运用高级心理活动——思维来揭示。

任务一　什么是思维

一、思维的定义

思维是人脑借助言语、表象和动作实现的对客观事物概括、间接的反映。它揭露事物的本质特征和内部联系，是认识的高级形式。思维主要表现在人们解决问题的活动中。思维不同于感知觉，但它又离不开感知觉活动所提供的感性材料。人只有在获取了大量感性材料的基础上，才能进行种种推论，做出种种假设，并检验这些假设，进而揭露感知觉所不能揭示的事物的本质特征和内部联系。同时，在思维过程中，经常伴有感性的直观形象，这些直观形象是思维活动的支柱，鲜明、生动的形象有助于思维活动的顺利进行。

二、思维的特点

（一）间接性

思维活动不反映直接作用于感觉器官的事物，而是借助于一定的媒介和一定的知识经验对客观事物进行间接的反映，这就是思维的间接性。例如，人不能直接感知电磁场的存在，但根据铁屑在电磁铁的周围，以磁力线的形式分布，便间接地认识了电磁场的存在。人不能直接感知天体运行的规律，但根据对各种天体的观察，能间接地认识天体运行的规律。由此可见，由于思维的间接性，人们才可能超越感知觉提供的信息，认识那些没有直接作用于人的各种事物的属性，揭露事物的本质、规律，预见事物的发展、变化的进程。从这个意义上讲，思维认识的领域要比感知觉认识的领域更广阔、更深刻。

（二）概括性

思维是在大量感性材料的基础上，把一类事物共同的本质特征和规律抽取出来，加以概括，这就是思维的概括性。例如，通过感知觉，只能感知铅笔、钢笔、圆珠笔、毛笔等各种具体的笔，而通过思维能把所有笔的本质属性（书写的工具）概括出来。概括在人的思维活动中有着重要的作用，使人的认识活动摆脱了具体事物的局限性和对事物的直接依赖关系，不仅扩大了人的认识范围，也加深了人对事物的了解。所以概括水平在一定程度上体现了思维水平。

三、思维的种类

根据所要解决问题的内容和方式，可以把思维分为动作思维、形象思维和逻辑思维。

（一）动作思维

通过实际操作解决直观而具体的问题的思维过程，就是动作思维。儿童在3岁以前只能在动作中思考，他们的思维基本上属于动作思维，如儿童将玩具拆开，又重新结合起来。动作停止，他们的思维也就停止了。成人有时也要运用动作思维的方式来解决问题，如修理工人和工程师经常运用动作思维来解决实践中遇到的问题。

（二）形象思维

利用头脑中的具体形象来解决问题的思维过程，就是形象思维。例如，在没有动手布置房间前，人们想象电脑应摆在哪里，写字台应摆在哪里，书柜应摆在哪里……在头脑中考虑如何布置室内的摆设。完成这个任务就是运用形象思维的过程。文学家和艺术家经常运用形象思维思考问题，通过形象来表达自己的思想和情感。学龄前的儿童经常运用形象思维，游戏是最好的例证。儿童模仿成人的活动，组织角色游戏，是因为他们头脑中所储存和加工的材料多系感性情景，他们所掌握的概念也处于感性水平。

（三）逻辑思维

运用抽象概念进行判断、推理，得出命题和规律的思维过程，就是逻辑思维。例如，学生学习各种科学知识，科学工作者进行某种推理、判断等都要运用这种思维。它是人类思维特有的形式。在个体思维发展中，只有到青年后期，才具有较发达的逻辑思维。

以上3种思维形式并不是截然分开的。在个体发展中，由于言语发生、发展得较晚，所以动作思维和形象思维出现得早一些，而逻辑思维出现得较晚。实际上，在成人的思维活动中，这3种思维活动经常相互联系，共同发挥它们的作用。

四、思维的元素

思维比感觉映象和肌肉运动更多地涉及脑的中枢过程，是大脑高级部位的机能活动。思维过程可能伴随着出声言语、内隐动作或感觉映象，但这些都不是思维。思维有更抽象的心理结构。

概念和命题表征的是思维的中枢过程。概念是以词标志的同类事物的归类，是同类事物根本属性概括。概念有不同的等级，不同的概念可分别容纳具体或抽象的事物。最初级的概念常常是某些事物的名称，但即使是初级概括的名称也不等同于具体事物的映象，而高度抽象的概念则更难以用映象来表征。例如，"价值观"这个概念能用什么心理映象来标志呢？

命题是以概念连接起来构成的一种陈述或一个判断。命题联系起来就构成了思想。例如，"狗"和"猫"都是具体概念，"狗咬猫"是一个命题、一种陈述，它表达的不再只是狗、猫，而是一件新事物，一种新情况，成为一个命题。这说明命题、思想不是由个别映象构成的。命题既已形成，就超出了具体映象、具体概念而具有新的确切含义。

五、思维的过程

思维是人的高级心理活动，是复杂的信息加工过程。人运用存储在长时记忆中的知识和经验，对外界输入的信息进行分析、综合、比较、抽象和概括的过程就是思维的过程。

1. 分析和综合

分析是把事物整体分解为各个部分、侧面、属性，分别加以研究，是认识事物整体的必要阶段。综合是把事物的各个部分、侧面、属性按内在联系有机地统一为整体，以掌握事物的本质和规律。例如，化学的分解和化合在观念里就是思维的分析和综合。人的认识、思考和解决问题往往是从分析开始的。分析是在整体各个部分、各个方面、各种属性的联系中进行的，综合是各个部分、各个方面、各种属性的联合，是通过分析才达到的。分析和综合是思维活动不可分割的两个方面。

2. 抽象和概括

抽象是对同类事物抽取其共同的本质属性或本质特征，舍弃其非本质特征的属性或特征的思维过程。把同类事物的共同属性联结起来，或把个别事物的某种属性推广到同类事物中去的思维方法就是概括。

概括以比较为前提。比较确定事物各种特征的异同及其关系。比较以分析为前提，只有被分解开来的特征才能被比较。比较中要确定不同特征的关系，又是在综合中进行的。

概括有不同的等级水平。初级概括是在知觉、表象基础上进行的，它只能抽取事物的外部共同特征，做出形象的概括。例如，"球"是从一般表象得出的具体概念。高级概括以抽取事物的本质特征为前提。被抽取的特征本身就已经是以概括的形式被思考着的。一切定理、定义等，都是高级概括的产物。

任务二 问题解决

一、什么是问题解决

问题解决是思维活动的方式之一。问题解决是由一定的问题情境引起的，是按一定的目标，运用各种认知活动、技能等，经过一系列心理活动阶段，寻求问题答案的心理过程。要解决问题就要分析问题的要求、条件，发现它们之间的联系与区别，寻找解决问题的方法。

问题一般分为两类，一类是有固定答案的问题，这类问题在现存知识中已有确定的答案，它因人而异，对某些人是问题，对某些人就不是问题，如数学题的解答。另一类是没有固定答案的问题，这类问题或者根本没有答案，或者有很多答案，或者到现在为止还没有找到答案。例如，"什么手段最有利于运动员的体能恢复"这个问题可能有很多答案，但没有唯一确定的答案。

二、问题解决的心理过程

从逻辑分析来看，问题解决包括一系列相互联系的阶段，分为发现问题、分析问题、提出假设和检验假设4个阶段。

发现问题是认识问题的存在，并产生解决问题的需要和动机。问题是客观存在的，有的问题较为明显，易于发现；有的问题则比较隐蔽或不易被人发现。有人善于提出问题，有人对问题熟视无睹。善于发现问题是思维发展水平的重要标志。

分析问题是解决问题的要求和条件，找出它们的联系和区别，把握问题的实质，确定问题解决的方向。这是解决问题的起点。例如，用6根火柴摆成彼此相连的4个等边三角形。解决这一问题，如果只从平面上去想，问题情境中所具备的条件显然不足。如果把平面的想法改为立体的想法，问题就会解决。分析某些复杂的问题，就要透过现象看本质，抓住主要问题进行分析，分析产生问题的原因，抓住解决问题的有利因素，克服不利因素，这样才有利于问题的解决。

提出假设是提出解决问题的方案、策略，根据一定原则、方法和途径去解决问题。这个阶段是具有创造性的阶段，也是解决问题的关键。

检验假设是通过一定的方法确定所提出的假设是否符合实际。检验方式主要有两种：一种是通过实践活动，进行实际操作；另一种是通过思维活动完成检验，如作战方案、医疗方案，不能在行动上立即进行检验，必须通过深思熟虑、周密思考来确定方案的可行性。

三、影响问题解决的心理因素

（一）认知结构

一个人的认知结构影响着问题解决的思维过程。认知结构是指个体的经验和知识结构。每当个体处于问题情境时，就会先以自己的认知结构来试探。如果问题情境与个人的认知结构完全符合，只要靠先前的经验就可以解决问题。如果问题情境远远超过个人的认知结构，就会感到困难。显然，在这种情况下，最重要的是人能因时、因地、因问题性质去调整甚至重组自己的认知结构。

如图2-17所示，有9个排列成方阵型的点，试用铅笔画成相连的4条直线，贯穿方阵中的9个点。

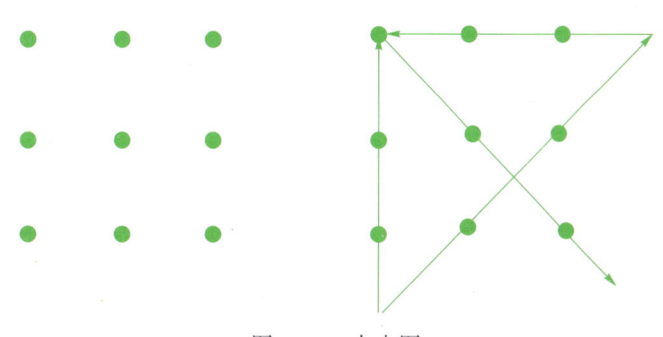

图2-17 九点图

（二）定势的影响

定势就是人们在过去经验的影响下，解决问题时的倾向性。它的影响可能是积极的，也可能是消极的。这种影响为陆钦斯（Luchins，1946）的实验所证实，实验要求受试者用大小不同的容器量出一定量的水，用数字进行计算。实验分为两组，实验组从第1题做到第8题，控制组只做第6、7、8题。结果表明，实验组在解第7、8题时，大多用B-A-2C的方法进行计算，而控制组在做第7、8题时采用了简便的计算公式：A-C或A+C。这说明，实验组在做第7、8题时，受到了做第1—5题时的定势影响，只有19%的人不受影响，而采用了简便方法（表2-4，表2-5）。

表2-4 陆钦斯定势实验材料

问题序号	容器的容量			要求量出的容量
	A	B	C	D
1	21	127	3	100
2	14	163	25	99
3	18	43	10	5

续表

问题序号	容器的容量 A	B	C	要求量出的容量 D
4	9	42	6	21
5	20	59	4	31
6	23	49	3	20
7	15	39	3	18
8	28	76	3	25

表2-5 陆钦斯定势实验结果

组别	人数	采用间接法正确解答/% (D=B-A-2C)	采用直接法正确解答/% (D=A+C或D=A-C)	方法错误者/%
实验组	79	81	17	2
控制组	57	0	100	0

（三）功能固着

人们把某种功能赋予某种物品的倾向称为功能固着，如盒子是盛东西的，笔是写字的。在解决问题的过程中，人们能否改变事物固有的功能以适应新的问题情境的需要，常常成为解决问题的关键。在功能固着的影响下，人们不易摆脱物品用途的固有观念，因而直接阻碍人们灵活地解决问题。杜克（Duncker，1945）的实验证实了这种影响，实验要求受试者用5种熟悉的工具解决5个新问题。实验组在解决问题之前以工具的习惯用法进行了练习，增加了功能固着的倾向。控制组直接解决问题。结果控制组的成绩大大超过实验组（表2-6）。

表2-6 功能固着对解决问题的影响

组别	工具	事先练习工作	变更使用、解决问题	人数	成绩/%
实验组	钻子	钻洞	支撑绳索	14	71
	箱子	装物品	做垫脚台	7	43
	钳子	打开铁丝结	支撑木板	9	44
	秤砣	称重量	击钉入木	12	75
	曲别针	夹纸	做挂钩	7	57
控制组	钻子		支撑绳索	10	100
	箱子		做垫脚台	7	100
	钳子		支撑木板	15	100
	秤砣		击钉入木	12	100
	曲别针		做挂钩	7	86

功能固着是思维活动刻板化现象，在日常生活中经常碰到，硬币好像只有一种用途，很少想到它还能用于导电；衣服好像也只有一种用途，很少想到它可以用于扑灭烈火。这类

现象使人们趋向于以习惯的方式运用物品，从而妨碍以新的方式去运用它来解决问题。

（四）动机

思维是从发现问题开始的。但是，只有当人具有解决问题的需要和动机时，才可能以进取的态度寻觅解决问题的方法和步骤。对问题持漠然的态度，既不能发现问题也不能解决问题。但是，如果动机过于强烈，人处于高度焦虑状态也会阻碍问题的解决。在模块一中，已经讨论过"耶克斯-多德森定律"，在比较容易的任务中，解决问题的效率有随动机提高而上升的倾向，但在比较困难的任务中，解决问题的效率反而会随动机水平的提高而显著下降。这也说明，动机强度在问题解决中所起的作用是不同的。

（五）策略

策略是影响问题解决的重要因素。解决问题可以有多种办法，人们能否采取最佳策略，这对解决问题有很大影响。例如，9+8+7+6+5+4+3+2+1 = ？人们可以按顺序进行计算，但用这种办法解决问题效率低，且易出现错误。如果采取凑10的办法，就能迅速地解决问题。

（六）情绪

情绪对问题解决有一定的影响，紧张、惶恐、烦躁、压抑等消极情绪会阻碍问题解决的速度，而乐观平静的积极情绪将有助于问题的解决。例如，学生考试时，情绪过分紧张，会阻碍思路，有时甚至面对很容易的问题也束手无策。如果学生以适宜的积极情绪应考，就会思路流畅，使问题得以顺利解决。

（七）人格差异

人格差异也会影响问题解决的效率。理想远大、意志坚强、情绪稳定、谦虚谨慎、勤奋刻苦、富有创造性精神等优良品质都会提高解决问题的效率。缺乏理想、意志薄弱、情绪不稳定、骄傲自满、懒惰等消极品质都会阻碍问题的解决。

智慧和人格品质明显影响解决问题的思维过程。遇到比较复杂的问题，富有创造性的人特别喜欢用设想、试验、推论来解决。墨守成规的人容易受倾向性的影响，容易感情用事而影响问题解决的效率。

影响问题解决的心理因素是多方面的，但它们不是孤立地起作用，而是互相联系、互相影响，综合地影响问题解决的效率。

任务三 运动中的决策

运动训练的一个重要任务是培养决策能力。决策是相当复杂的过程，所涉及的问题可能包括对特殊情境的知觉、注意、预测、判断以及在多种战术方案中进行选择等问题。这种能力在开放型运动项目中尤为重要。运动员在复杂的运动情境中搜索什么样的信息？如何进行信息搜索？在短暂的时间内如何进行加工和决策？这些问题成了运动心理学家关注的焦点。

一、运动决策的过程

运动员要完成决策任务必须做到什么？根据认知心理学的分析思路，运动员在战术决策时面临的各项任务是。

第一，为情境特征命名并查找这些特征。运动员必须具备足够的关于运动任务的知识，以便了解重要的提示性信息将会出现于何处。

第二，寻找和探测与运动任务有关的线索。运动员不仅需要了解有关的线索并形成关于这些线索外部特征的概念，还需要把有关线索和无关线索区分开来。也就是说，运动员应具备注意的灵活性，根据环境条件来调节注意的指向。

第三，确定线索模式。大多数集体运动项目比赛环境都较嘈杂，运动员需要在这种环境中选择有关线索，过滤各种干扰，确定线索模式。运动员不必对每一个事件进行编码，但应确认哪些情境是有利的，哪些情境是不利的。

第四，调整注意方向。头脑中负载什么信息以使后继的动作得以顺利完成呢？运动员的注意点应该放在他们最佳的活动上，放在为完成自己的活动计划所做的努力上。

第五，决策。信息加工最终要导致动作决策。由于知觉的复杂性和反应速度的重要性，做出决策所依据的常常是很有限的信息量。高水平的运动员是明智的信息加工者，能够利用预感、直觉或猜想来确认和加工那些必要的线索，并利用这些信息进行合理的冒险。同时，他们还必须在多种可供选择的战术行动中迅速选择一个与当前任务最匹配的战术行动。例如，篮球运动员比赛时需要根据预测而事先做出制约对方的动作。

心理学将决策视为对行动目标与手段的探索、判断、评价，直至最后选择的全过程（刘爱伦，水仁德，2002）。到波尔顿（Poulton，1957）首次提出体育运动中知觉预测的概念。运动中的决策研究沿袭了认知心理学的基本思路，主要针对决策过程中的信息收集、信息加工和动作产生特征进行研究。研究者依据不同阶段和兴趣点提出了诸多相关概念，包括知觉预测、运动直觉、运动决策等。

（一）知觉预测

波尔顿（1950，1957）认为，在某些情况下，运动成绩取决于对不完整信息或先行信息的加工过程。例如，为了使自己的动作能防住飞来的冰球，冰球守门员必须对攻方运动员的位置进行估计和判断，也许他不得不依靠不完整的信息进行判断，甚至利用统计推断来估计和判断射门的可能性。这一概念在国内被多数学者广泛采用并一直沿用至今。

（二）运动直觉

国内学者任未多等（1989）较早对运动直觉的概念、特征、本质和心理机制进行了系统论述，认为运动直觉是在运动情境中，运动者根据有限的信息，调动和挖掘已有的运动知识和经验，迅速地对运动中出现的各种事物、现象及它们发展的结果，做出直接的和整体的识别、判断和估计的一种认知方式。韩晨（2000）对棒球比赛中的投—击环节进行实验研究，首次验证了运动直觉现象的存在，开启了运动直觉研究的思路。王斌（2002）设计了手球运动情境中的认知决策和直觉决策两类任务，证实了手球运动中直觉决策现象的存在，初步构建了运动直觉的理论，并将运动直觉定义为：个体在复杂的运动情境中，根据有限的信息，对问题进行直接的和迅速的解决的思维。

（三）运动决策

运动决策包含个体在运动情境中感知、判断、分析并做出指令的全过程（张振海，邱新宇，2001），涵盖知觉预测和运动直觉的研究范围。20世纪90年代，国际运动心理学对关于信息加工和决策的研究达到了高潮。里波尔（Ripoll，1991）在总结了实验室和现场研究的基础上，提出了一个运动情境中信息加工和决策倾向模型，概括和解释了复杂情境中运动员的决策过程和影响因素（图2-18）。

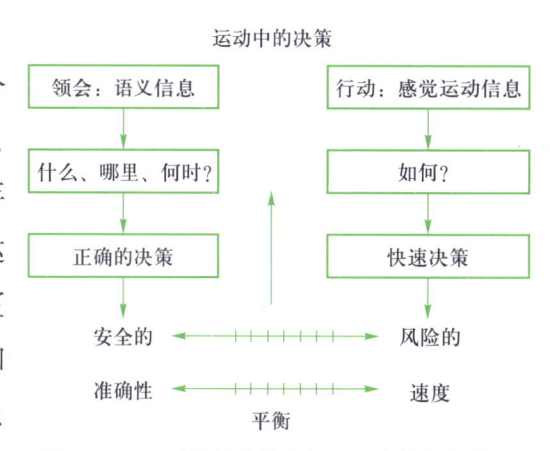

图2-18 运动情境中信息加工和决策倾向模型

进入21世纪，我国学者在对抗性运动项目中开展了关于运动决策的系列研究。付全（2004）在总结前人研究成果的基础上指出，关于运动决策的研究在理论上尚未形成完整的运动决策过程观，多数研究未把运动决策看作一个连续过程进行研究，而是集中在决策过程的某一阶段，或将决策过程分解到知觉水平进行研究。在实证研究的基础上，付全对运动决策重新进行了定义，即运动员在特定目标的指导下，在运动情境中感知信息、加工信息和采取选择行动的过程。

无论是知觉预测、运动直觉，还是运动决策，本质上都是高级的认知过程，即思维过程。直觉既有知觉的成分也有思维的成分，是未经充分逻辑推理的直观，表现为直接、迅捷和本能意识等特点。在运动情境中，知觉和直觉都是信息加工过程，是运动决策的前提。

二、影响运动决策的因素

按照运动决策的定义，其影响因素可以概括为注意和视觉搜索、信息量和工作记忆、自我效能和情绪与压力几个方面。

（一）注意和视觉搜索

注意是运动决策过程中个体感知信息阶段的重要机制。注意对决策的影响具体表现在视觉搜索方式上。早期的研究证实了专家与新手的显著差异：专家注视的信息明显区别于新手，视觉搜索的时间少；在决策速度和准确性上，专家较新手表现出了更高效能。巴德和鲁利（Bard，Fleury，1981）考察了冰球守门员在进攻队员射门时的眼动情况，结果表明：当进攻队员击射时，专家有65%的注视是在球杆上，即从球杆上获取射门速度和方向的信息；而新手有70%的注视集中在冰球上。彼得拉克斯（Petrakis，1993）对网球选手的研究发现，观看正手击球和发球时，专家对运动员身体的中间部位（臀部和胸部）注视次数较多，新手对运动员身体的靠上部位注视次数较多；在观看发球时，专家注视主要集中在运动员的头部、肩部和球拍，新手则主要集中在运动员的头部和球拍，专家的扫描轨迹比新手更集中。里波尔等在对拳击运动员的研究中发现，专家在注视时常常在几个部位之间反复注视，形成了一个环形的注视模式，即在身体的重要部位之间反复循环注视，而新手则是一种线性注视模式（阎国利，白学军，1997）。以上研究可以看出，专家与新手的注意和视觉搜索之间表现出了显著差异。有效线索的使用可以提高个体的决策速度和准确性，专家运动员对线索的利用能力强于新手卡纳尔-布鲁兰（Cañal-Bruland，2009；黄琳，2014）。

（二）信息量和工作记忆

运动情境的信息量包含两个方面：一是客观上提供信息的多少；二是个体在决策过程中主观上利用信息的多少。信息量的大小会影响到个体信息加工的效率和决策的效果。付全（2004）专门考察了信息量对击剑运动员决策速度、准确性和稳定性的影响。结果发现，在大信息量情况下，一般水平花剑运动员决策速度明显减慢，而信息量对顶尖花剑运动员影响不大；重剑运动员在大信息量情况下决策稳定性较差。事实上，客观信息量对决策结果的影响取决于个体利用信息的能力。

（三）自我效能

运动领域关于自我效能的早期研究多集中在任务自我效能上。任务自我效能的确能较好地预测实际的运动表现。自我效能对决策的影响不仅表现在决策结果上，还表现在对决策过程的影响上。高自我效能的个体在决策过程中更多地采用首选项，同时产生的其他决策选项更少（泰丽，黛博拉，2012）。这恰好解释了自我效能对决策速度的预测作用。

（四）情绪与压力

情绪是影响运动决策的重要因素。在积极情绪下，个体的决策速度快、正确率高；在消极情绪下，个体的决策速度慢、正确率低。在消极情绪下，个体的认知决策表现受到的影响可能更大。迟立忠等人（2012）的研究发现，在积极情绪下，受试者认知决策的正确率显著高于直觉决策的正确率；而在消极情绪下，受试者认知决策与直觉决策的正确率没有显著差异。不同水平的运动员在不同压力情境下的决策准确性有显著的不同。专家在高压情境下决策的准确性要低于低压情境，新手在高压下决策的准确性要优于低压情境（王利，迟立忠，何文文，

2010）。此外，心理唤醒（王世璞，2012）和疲劳（凯莉，达米安等，2006）也是影响决策效果的因素。

上述研究成果提示，在开放型运动项目中，优秀运动员与一般运动员在观察和注意哪些线索、什么时间观察和注意这些线索、如何做出判断和决策等方面差异显著，而这些方面体现了运动员的信息加工能力，也是运动训练的重点。另外，增加自我效能感，学会管理情绪和压力，掌握更多的心理技能，有助于运动技能的学习和提高。

模块总结

1. 认知过程是人获得知识和经验的过程，是人最基本的心理过程，包括感觉、知觉、注意、记忆、想象、思维和言语过程。
2. 感觉是人脑对直接作用于感觉器官的客观事物的个别属性的反映。感觉是人认识客观世界的开端，是知识的源泉。
3. 依据刺激物的来源不同和产生感觉的分析器不同，可以把感觉分为外部感觉和内部感觉。外部感觉包括视觉、听觉、嗅觉、味觉和肤觉（包括温度觉、触觉和痛觉等）。内部感觉包括机体觉、运动觉和平衡觉。
4. 知觉是人脑对直接作用于感觉器官的事物的整体属性的反映，知觉是在感觉的基础上产生的，是人对感觉信息的组织和解释的过程。
5. 知觉有4种特性：知觉的整体性、知觉的选择性、知觉的理解性、知觉的恒常性。
6. 依据知觉所反映的事物的特性，可以分出3种比较复杂的知觉：空间知觉、时间知觉和运动知觉。空间知觉是反映物体空间特性的知觉，包括形状知觉、大小知觉、距离知觉、方位知觉等。时间知觉反映客观事物运动和变化的延续性和顺序性，是一种感知时间长短、快慢、节奏和先后次序关系的复杂知觉。运动知觉是人脑对自身和外界物体是否移动、移动快慢、移动方向等的反映。
7. 注意是人的心理活动对一定事物的指向和集中。影响注意质量的因素包括注意的广度、注意的稳定性、注意的分配、注意的转移。
8. 记忆是人脑对经验的保持和提取。从信息加工的观点来看，记忆就是人脑对外界输入的信息进行编码、储存和提取的过程。根据记忆内容的不同，可把记忆分为形象记忆、情境记忆、语义记忆、情绪记忆和运动记忆。
9. 记忆是一个系统，它可分为3个子系统，即感觉记忆、短时记忆和长时记忆。感觉记忆、短时记忆和长时记忆不是非此即彼的记忆种类，它们不仅在信息保持时间的长短或信息保持的量上有区别，在记忆系统的信息加工过程中所处的阶段也不相同。
10. 总的来说，运动记忆的特征是形成难、遗忘慢。这提示在青少年业余体育训练和专业运动队的初期训练中，要特别注意建立正确的、稳固的动觉表象。
11. 遗忘是指识记过的内容既不能回忆也不能再认或发生错误的回忆和再认。遗忘是保持记忆的对立面，记忆的丧失即意味着遗忘的出现。
12. 艾宾浩斯遗忘曲线提示的规律是：先快后慢，先多后少，但是不会忘光。
13. 遗忘的过程不仅受时间因素的影响，还受到其他因素的影响，如识记材料的性质与数量、学习的程度、识记材料的序列位置、识记者的心理状态等。
14. 对于遗忘的原因，影响较大的有4种学说：记忆痕迹的衰退、储存资料的干扰、动机与情绪的影响、提取失败。
15. 已经掌握的运动技能在间歇后不能立刻恢复到原有表现水平的现象，叫作热身损耗。热身损耗的原因可能同遗忘有关，更可能同心理定势有关。
16. 思维是人脑借助言语、表象和动作实现的对客观事物概括的、间接的反映。思维揭露事物的本质特征和内部联系，是认识的高级形式。思维主要表现在人们解决问题的活动中。
17. 根据所要解决问题的内容和方式，可把思维分为动作思维、形象思维和逻辑思维。
18. 对外界输入的信息进行分析、综合、比较、抽象和概括的过程就是思维的过程。
19. 问题解决是思维活动的方式之一。它是由一定的问题情境引起的，按一定的目标，运用各种认知活动、技能等，经过一系列心理活动阶段，寻求问题答案的心理过程。
20. 问题解决包括一系列相互联系的阶段，分为发现问题、分析问题、提出假设和检验假设4个阶段。
21. 影响问题解决的心理因素有认知结构、定势的影响、功能固着、动机、策略、情绪、人格差异。
22. 知觉预测、运动直觉、运动决策，本质上都是高级的认知过程，是思维过程。运动决策包含个体在运动情境中感知、判断、分析并做出指令的全过程，涵盖知觉预测和运动直觉的研究范围。
23. 影响运动决策的因素包括注意和视觉搜索、信息量和工作记忆、自我效能、情绪与压力。

讨论问题

1. 感觉与知觉有什么相同点和不同点？
2. 为什么说知觉是人对感觉信息的组织和解释过程？
3. 注意对心理活动有何意义？
4. 为什么不能把感觉记忆、短时记忆和长时记忆看成3种不同种类的记忆？
5. 艾宾浩斯遗忘曲线揭示的遗忘规律是什么？遗忘的原因是什么？
6. 什么是热身损耗？热身损耗给运动员的提示是什么？
7. 举例说明影响问题解决的心理因素有哪些。
8. 你认为运动记忆与语义记忆有哪些不同？
9. 哪些方法可以帮助你记住并重现一个最佳动作？
10. 哪些方法可以帮助你遗忘或者消除一个错误动作？
11. 就某一项或几项技术，谈谈哪些先行信息对于你的知觉预测和运动决策是至关重要的。

推荐阅读

[1] 马启伟，张力为.体育运动心理学［M］.杭州：浙江教育出版社，1998.（该

书是我国运动心理学的经典教材，内容通俗易懂，可作为入门级读物。）

［2］ 叶奕乾.心理学［M］.上海：华东师范大学出版社，2010.（本书用语简练、生动，请阅读感觉、知觉、记忆和思维等相关章节。）

［3］ 张绍礼.我国优秀男子400米栏运动员若干心理能力检查与评定的研究［J］.体育科学，1993.（该研究用心理实验等方法，对我国优秀男子400米栏运动员的心理能力和个性特征进行测试。结果显示：400米栏运动员的认知能力由协调能力、快速反应能力、"栏感""节奏"能力构成，其中有6项认知指标对400米栏成绩影响最大。这6项指标被确定为检查指标，并建立了标准分数表，制定了心理能力综合发展水平的评定标准和等级。）

［4］ 周成林.我国15—18岁优秀速滑运动员心理素质检查与评定的追踪研究［J］.体育科学，1998，5：91-93.（该研究运用心理实验、心理测定和实践法，对参加1993年全国青少年速滑锦标赛的37名优秀速滑运动员进行了心理素质检查与评定，并做了追踪研究。结果表明：我国15—18岁优秀速滑运动员专项心理素质是由协调能力、心理控制能力、节奏感、快速反应能力4种能力构成，其中协调能力最为主要。）

模块三 运动参与者的个体差异

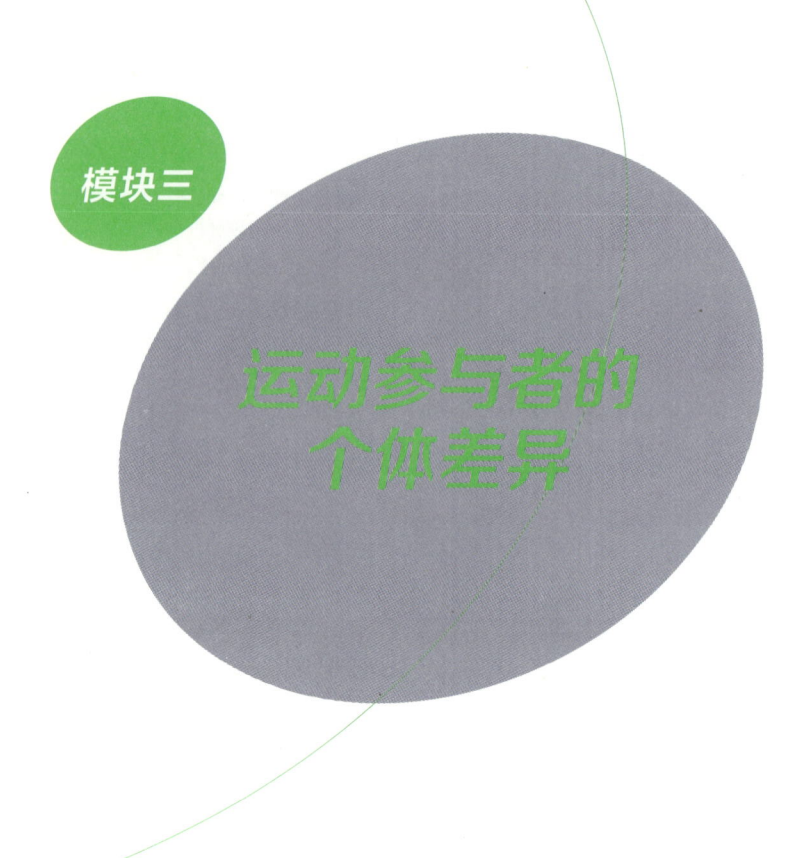

扫码观看本模块微课

通过对前面内容的学习，我们知道了人和人在很多方面是相同的，我们都会看、会听、会说、会记，在高兴的时候笑，在愤怒的时候生气，在伤心的时候流泪……正是因为这样，人与人才能交流、沟通。但是人和人又是那么的不同，有的人热情如火，有的人冷若冰霜；有的人稳重老练，有的人天真烂漫；有的人坚韧不拔，有的人知难而退……正是因为这样，世界才千变万化，丰富多彩。

我们究竟和别人有什么不同？我们为什么会和别人不同？世界上真的不会有两个完全相同的人吗？类似于这样的问题你可以提出很多。专门把个体差异作为研究对象的心理学，叫作差异心理学，主要研究人格和智力的个体差异问题。在以下学习内容中，将分别探讨个体的这些差异。

通过本模块的学习，希望同学们理解并掌握人格的基本概念以及人格测量的基本方法，了解运动员的人格特点，对运动在人格养成过程中的独特作用进行深入思考。

主题一 人 格

任务一 什么是人格

身高、体重、长相等生理特点的组合被称为人的"生理面貌",脾气、性格、态度等反映人的心理特点的组合称为人的"心理面貌"。在心理学上,人的心理面貌有一个专用的词语,叫人格。

一、人格的概念

人格的英文为"personality",这个词源于拉丁文的"persona",原意是指戏剧演员在舞台上戴的面具,用来表现人物的角色和身份。在日常生活中,人们常把人格看作人的道德品质、品格、人品等。例如,有人拾金不昧、舍身救人,大家会说他"人格高尚";有人不择手段捞取钱财或向权贵阿谀奉承时,人们会说他们"出卖人格",但这里所说的人格和心理学中的人格是有一定区别的。

心理学中的人格指的是个人具有的稳定的心理品质,它反映一个人区别于其他人的心理面貌,是每个人在心理活动过程中表现出的自己独特的风格。

二、人格的特性

(一)人格的整体性和可分解性

人格有多种成分和特质,如性格、气质、能力,它们并不是独立地存在于个人的身上,而是彼此密切联系,共同组成一个有机的整体。这些不同的成分对人的行为产生不同的影响。如果将人格比作一支乐队的话,那么性格、气质、能力等就相当于各种乐器,只有协调地演奏各种乐器,才能演绎完美的人格乐曲,但在练习的时候,各种乐器还是可以分开独立演奏的。

(二)人格的稳定性和可变性

人格的稳定性一方面是指人格在时间上的持续性,另一方面是指人格在不同情境中表现的一致性。人格不是在短时间内形成的，一旦形成以后就有一定的稳定性，那些偶尔表现出来的心理特征不能代表一个人的人格特征。例如，一个一贯严谨的人，偶尔忘了一件事情，不能说他健忘或粗心；一个容易冲动、喜欢冒险的人，偶尔表现出稳重或谨慎的行为，不能说他为人谨慎、稳重。人格的稳定性并不是说人格是一成不变的，随着年龄的增长和环境的改变，人格也会有所变化。正是因为这样，教育才会对人的人格发展产生作用。

（三）人格的独特性和共同性

每个人不仅有不同的生理面貌，而且有自己独特的心理面貌，人格正是体现了每个人与别人不同的心理面貌，使每个人区别于他人。但是，在同一个阶级、同一个民族、同一个集团当中，由于有共同的文化传统、生活习惯等，每个人的人格当中就会有阶级性、民族性和职业性等特征，这些就是人格的共同性。

（四）人格的生物制约性和社会制约性

人格的形成离不开一定的生物遗传基础，生化物质和神经系统（尤其是脑）是人格形成的基础。人的身体形态、生理机能等因素也对人格的形成也有一定影响。人格受到生物特性的制约，同时也受到社会条件的制约。人格的形成和表现都离不开人所生存的环境，人格的形成和表现是人的遗传与环境交互作用的结果。

任务二 和人格有关的几个概念

一、气质

（一）什么是气质

在日常生活中，人们说的气质通常是指一个人的气派、风度，这和心理学所说的气质是不同的。在心理学中，气质是指一个人具有的典型而稳定的心理活动动力特征，是人在进行心理活动时或在行为方式上表现出来的强度、速度、稳定性和灵活性等动态的人格心理特征。它既表现在情绪产生的快慢、情绪体验的强弱、情绪状态的稳定及情绪变化的幅度上，也表现在行为动作和言语的速度和灵活性上，人的气质形成既受到遗传因素的影响，也受到教育和社会生活的影响。

（二）气质的分类

常见的气质类型有体液说、体型说、激素说、活动特性说等。

1. 体液说

古希腊时候的医生认为人的体内有血液、黏液、黄胆汁和黑胆汁，当这4种体液分别在人的体内占优势时，就形成了多血质、黏液质、胆汁质和抑郁质4种不同的气质（图3-1）。这4种气质类型的典型心理特征如下。

多血质：活泼好动、行动敏捷、反应迅速，喜欢交际，适应性强，注意力容易转移，兴趣容易变化，情绪体验不深刻，具有外倾性。这类人心理活动的显著特点就是十分灵活，善于适应变化的生活环境。

黏液质：安静稳重、反应缓慢、沉默寡言，情绪内向，不易激动，注意稳定且难转移，沉着坚定，善于自制，具有内倾性。这类人心理活动的显著特点就是安静、平衡。

胆汁质：直率热情、精力旺盛、性情急躁，反应迅速，思维敏捷，情绪兴奋性高，心境变化剧烈，具有外倾性。这类人心理活动的显著特点就是兴奋性高、不均衡。

抑郁质：行为孤僻，反应迟缓，对事物的感受性高，善于捕捉别人容易忽略的细节，情绪体验深刻，具有内倾性。这类人心理活动的显著特点就是缓慢、内倾。

体液理论		
体液	来源	气质
血液	心脏	乐观
黏液	大脑	冷漠
黄胆汁	肝脏	易怒
黑胆汁	脾脏	忧郁

图3-1 体液说
（津巴多，2018）

苏联心理学家巴甫洛夫通过实验研究认为，神经过程有3个特性，即神经过程的强度、神经过程的平衡性和神经过程的灵活性。人在神经过程的这3个特性方面存在差异，神经过程的强度有强型和弱型，神经过程的平衡性有平衡型和不平衡型，神经过程的灵活性有灵活型和不灵活型。巴甫洛夫认为，根据这3种特性可以组合形成不同的气质，他从中找出4种最主要的组合，即强、平衡、灵活型被称为活泼型，相当于多血质；强、平衡、不灵活型被称为安静型，相当于黏液质；强、不平衡、灵活型被称为不可遏制型，相当于胆汁质；弱、不平衡、不灵活被称为抑制型，相当于抑郁质（表3-1）。

表3-1 气质类型分类

高级神经活动类型		神经过程的特性			气质类型
		强度	平衡性	灵活性	
强型	活泼型	强	平衡	灵活	多血质
	安静型	强	平衡	不灵活	黏液质
	兴奋型（不可遏制型）	强	不平衡	灵活	胆汁质
弱型	抑制型	弱	不平衡	不灵活	抑郁质

在现实当中，很少有人具有以上这些典型的心理特征，人往往都是和某种气质类型接近，而同时又具有其他气质类型的某些特点。

2. 体形学说

德国精神病学家克瑞齐米尔通过临床观察精神病人，将人的体格特点作为标准，把人的气质分为肥胖型、瘦长型、强壮型和瘦弱型。他认为不同体形的人气质不同，如肥胖型的人亲切热情、善于交际、易动感情、喜怒无常，这一类人容易患躁狂抑郁型精神病；而瘦长型的人孤僻、沉静、多思虑、不善交际，容易患精神分裂症。克瑞齐米尔这一学说的基础是对临床病人的观察，而把这些结果推广到正常人身上，似乎不具有说服力。

美国心理学家谢尔顿（W.H.Sheldon，1942）在《气质的差异》一书中，把人的气质分为内胚叶型（又称内脏型）、中胚叶型（又称躯体型）、外胚叶型（又称大脑型）。内胚叶型的人乐观、悠闲、宽容、反应缓慢、贪吃、喜爱社交；中胚叶型的人健壮、好动、大胆、自信、精力充沛、喜欢竞争；外胚叶型的人拘谨、敏感、怕事、内倾、深思熟虑、不善交际。

3. 激素说

生理学研究表明，内分泌腺的活动的确与人的气质特征有关系。柏尔曼等人认为，人的哪种内分泌腺占优势就决定了这个人的气质，据此把人的气质分为甲状腺、脑下垂体、肾上腺、副甲状腺和性腺5种类型，每种类型都代表着不同的气质特点。

4. 活动特性说

这一学说的分类依据是人们在参加活动时不同的反应特性，美国心理学家巴斯按照这个依据将人分为活动型、情绪型、社交型和冲动型。活动型的人精力充沛，活动能力强；情绪型的人对自己的情绪缺乏控制，喜怒无常；社交型的人善于与人交往，有良好的人际关系。冲动型的人缺乏抑制能力，容易被激怒、与他人发生争执或冲突，行动缺乏目的性和计划性。

5. 血型说

有些心理学家认为气质和血型有关。日本学者古川竹二根据血型把人的气质分为A型、B型、AB型、O型4种类型。A型的人谨慎、细心、重感情，对环境的变化比较敏感；B型的人乐观、积极，喜欢社交，容易改变兴趣；AB型的人谨慎细心、富有同情心、感觉敏锐、适应性强；O型的人自信、理智、坚定、客观，忠于感情。

（三）气质与人的活动

从以上列举的气质分类情况来看，不能简单地说哪种气质好或不好，气质本身并无好坏之分。但是当人们从事某种职业时，气质可能就会对人的活动效率或活动效果产生影响。例如，财务工作要求准确、细致，并且持续专注的时间比较长，那么粘液质、抑郁质的人比较适合这种工作；飞行员长期精神高度紧张仍然要保持机敏的反应，保证飞行的安全，这种工作比较适合多血质或胆汁质的人。就运动项目而言，不同运动项目对运动员气质的要求也是不一样的，比如棋类项目和射击类项目，要求运动员安静沉稳、注意稳定、心境平和。因此，在选拔运动员时应该考虑项目所需的气质特点显然也是不合适的。

二、性格

（一）什么是性格

性格是人格的重要组成部分，是人的态度和行为方面的较稳定的心理特征，是一个人对现实稳定的态度和与之相适应的行为。人不可能脱离一定的环境生活，环境总是以这样或那样的方式对个体产生影响，人们总是以这样或那样的方式做出反应，久而久之，就形成了个体对待客观事物的看法，这些看法又作用于个体的行动，日积月累形成了性格。因为每个人所处的环境都不一样，自然就会形成对客观事物不同的看法，落实到行动上也是各不相同，所以人和人之间的性格千差万别，也正是因为这样，世界才多姿多彩。

（二）性格的分类

如果了解了一类人的性格特点，那么就能预测他们在不同情况下可能有的行为，从而在教育过程中为他们提供合适的条件，在工作中"知人善用"，所以对性格进行分类很有必要。很多心理学家都从自己研究的立场出发，按照自己的研究观点，对性格进行了分类，下面就介绍一些常见的分类。

1. 机能类型说

英国心理学家培英和法国心理学家李波根据理智、情绪、意志在性格中哪一个占优势，把人的性格分为理智型、情绪型和意志型。理智型的人在处理问题的时候较少掺杂情感的成分，对问题深思熟虑，行动理智；情绪型的人遇事易感情用事，情绪体验深刻，对问题缺乏冷静的思考；意志型的人目标明确，自制力强，遇到困难不气馁，意志坚定。

2. 向性说

瑞士心理学家荣格根据人的心理活动是倾向于内部还是外部，将人的性格分为内倾型和外倾型。内倾型也叫内向型，这一类的人沉静、孤僻，不善交际，遇事谨慎，优柔寡断；外倾型也叫外向型，这一类的人活泼、开朗，善于交际，不拘小节，适应能力强。荣格认为，个人性格的不同还体现在思维、情感、感觉和直觉4个方面，所以他把倾向性和这4个方面结合，列举了8种人格模式，即外倾思维型、外倾情感型、外倾感觉型、外倾直觉型、内倾思维型、内倾情感型、内倾感觉型和内倾直觉型。

3. 独立性说

按照个体的独立程度，可以将人的性格分为独立型和顺从型。独立型的人遇事有主见，不容易听别人的摆布，能够自主地完成自己的事情，但往往会独断专行，固执己见；顺从型的人容易受周围环境和他人的影响，没有主见，习惯照别人的意思去办事。

4. 特质说

人们常说一个人"江山易改，本性难移"，"本性"就是特质，是一个人在不同情境下表现出来的行为的一致性，是一个人区别于他人的特别之处，如聪慧、孤僻、开朗、敏感、直率、内向等都是人格特质。有关特质理论，将在后文人格理论的部分介绍。

（三）性格的形成与发展

人的性格受到个体生物学因素的影响，有研究（Rowe，Fulton，1979）表明，如果人的大脑的额叶受到损伤的话，性格会发生明显的变化，说明大脑的额叶与人的性格有关。同时，人的性格也是社会环境自身努力共同作用的结果。

1. 自然环境

自然环境对人的性格的形成与发展会有影响。例如，长期在人迹罕至的深山老林里生活的人，性格往往孤僻、不善社交；在一望无际的大草原上生活的人，性格大多豪爽、直率、乐观、热情。

2. 社会环境

对人的性格起决定作用的是社会环境。社会环境对人的性格的影响主要是通过家庭、学校、工作单位、社会团体和社会关系来实现的。社会环境是一个大概念，每个人都生活在其中，可又摸不着、看不见它，但社会的经济制度、法律规范、风俗文化等因素无不渗透在实际生活之中，时时刻刻对人产生影响。

家庭是社会的基本单位，也是每个人最先接触的社会环境。家庭的社会地位、经济收入，父母的言传身教，家庭成员的性格特征和交往方式，以及家庭氛围都在不经意中对人的性格产生影响。

学校的育人体制、班级的风气、同学之间的交往、老师的为人师表对人性格的形成也有很大影响。进入社会以后，经济条件的改变、社会关系的扩大，又为个人性格的发展提供了新的机会。

从广泛的意义上来讲，人一生都在不停地改变着态度和行为方式，为适应新的环境和新的角色，人的性格也会发生变化。

通过前面的学习我们可以知道性格有时会对人的发展产生重要影响，无论外在的客观条件怎么变化，最终还是需要人把这些条件内化为自己的要求，落实在行动上。也就是说，人应该清楚地知道哪些性格因素有利于自己的发展，在成长的过程中要积极主动、有意识地去培养良好的性格。

专栏3-1

气质与性格

气质与性格反映了人的人格心理特征，它们都是在人的成长过程中形成和发展起来的，既相互联系又相互区别。

气质可以影响性格的表现形式。例如，多血质的运动员在赛场上表现为精力充沛，胆汁质的运动员在赛场上表现为充满激情。性格也可以掩盖、改造气质，例如，医生或飞行员，他们在工作中都必须沉稳、冷静，不能急躁、冲动。另外，不同气质的人可以有相同的性格，同一气质的人又可以有不同的性格。

气质和性格在人的身上错综复杂地交织在一起，但它们又都具有各自的特点。气质更多地受先天条件的影响，因而改变起来就比较困难，而性格的形成更多地受后天条件，如学校、家庭环境等因素的制约。相对于气质来讲，性格比较容易改变。气质本身没有好坏之分，但性格的好坏对一个人生活的影响显而易见，好的性格不仅影响到个人的家庭幸福、身体健康、事业成功，还能创造出和谐的人际关系、安定团结的社会氛围，于人于己都有益无害，所以要注重对自己良好性格的培养，提高自己的生活质量。

任务三 人格理论

人格理论主要包括精神分析理论、特质理论、学习理论和人本主义理论。

一、精神分析理论

精神分析学派包括古典精神分析学派和新精神分析学派，精神分析理论是指以弗洛伊德为代表的古典精神分析学派的有关理论，主要包括弗洛伊德的人格理论、荣格的分析心理学和阿德勒的个体心理学。

（一）弗洛伊德的人格理论

弗洛伊德的人格理论涉及范围很广，主要包括人格结构、人格动力以及人格发展3个方面。

1. 人格结构

弗洛伊德认为，人格是由本我、自我、超我3个部分组成的整体。这3个部分相互影响，在不同时间对人的行为产生作用（图3-2）。

本我（有时也译作伊底）通过遗传获得，主要成分是人的基本需求，如饥饿、口渴等。弗洛伊德将这些基本需求称为生之本能，是推动人进行活动的内在力量，叫作力比多（或者叫作欲力）。与生之本能相对应的是死之本能，它是促使人破坏和攻击的内在力量。当本我中的需求产生时，个体就会按照"快乐至上"的原则进行活动，满足自己的需要。所谓"快乐至上"的原则是指想要什么就要什么，想什么时候要就什么时候要，一点也不顾及现实。

自我是在现实环境中发展起来的，它受现实原则的支配，不会像本我那样毫无顾忌地追求满足，而是考虑到现实的情况，如果不能在现实中立即满足，它就会迁就现实，在现实允许的条件中获得需求的满足。

超我是人格结构中传统价值观和社会理想的部分，它包括自我理想和良心两个重要成分。超我的作用是指导和控制行为，使自己的行为符合社会准则。支配超我的是完美原则，也就是要求自己至善至美。

可见，本我追求快乐，自我追求现实，超我追求完美。自我才是人格的实际执行者，具有自我保护作用。但弗洛伊德也强调人格结构中，这三者相互调节，只有保持平衡才能保证人格的健全。

弗洛伊德把人的心理比作冰山。因为心理只有一小部分露在"冰山"之上，即进入意识水平，而更多的潜意识心理潜藏在人们无法意识到的"冰山"之下。他认为自我属于意识，超我属于前意识，本我属于潜意识。就像图3-2中的冰山一样，露出水面，能被我们清醒意识到的只是很少的一部分，前意识中的内容只要稍加注意就能觉察到，而潜意识的内容是不易觉察到的，它是人格结构中最基本、最初级、最简单的因素，也是对人的行为起着强劲作用的部分。意识的内容可以不断地改变，有时是受到外部的影响，而大多是从底部（潜意识）升上来的。

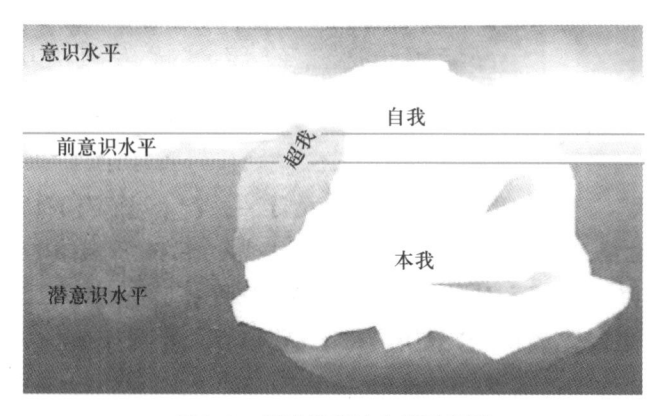

图3-2 弗洛伊德的人格示意图

2. 人格发展

弗洛伊德将人格的发展顺序依次分为5个阶段，即口腔期、肛门期、性器期、潜伏期、生殖期。

0—1岁是口腔期，这个时期需要的满足主要是通过口腔的活动来进行的。如果这一时期的口腔活动受到限制，可能会对将来产生影响，比如易产生贪吃、咬指甲等行为，或性格上容易悲观、依赖等。

1—3岁是肛门期，这一时期个体主要是通过大小便排泄的快感来获得满足。如果发展不好，将来就有可能表现出冷酷、顽固、吝啬等性格。

3—6岁是性器期，这时儿童已经知道两性器官上的差异，个人的兴奋和紧张都集中在生殖器官上，并产生恋父情结、恋母情结、认同等现象。

在弗洛伊德看来，以上3个时期是人生发展的最重要阶段。

6—12岁为潜伏期。潜伏期的性力受到了压抑，由于道德感、美感、羞耻心和害怕被别人厌恶等心理发展，儿童中止对异性的兴趣，倾向于和同性者来往，性冲动暂时停止活动，但性力的冲动并没有消失，而是正在升华转向其他活动，如体育、游戏、歌舞等。

生殖期又叫成年期或者两性期，也就是生理发育成熟的阶段，生殖期是人格发展的最后阶段。这两个阶段在弗洛伊德看来，对人格基本结构的发展并不重要。

3. 人格动力

弗洛伊德认为人格动力过程的核心概念是本能和焦虑。

本能是生理需求的心理表现，是人的所有活动的最终原因。它来自人的需要或冲动，最终目的是要获得需要的满足，不同的需要指向不同的对象，如饿的时候指向食物，渴的时候指向水等，它的强度取决于需要或冲动的程度。

焦虑是由于本我和超我之间的矛盾产生的，是一种模糊不清、让人不安的情绪，当这种情绪产生时，个体就会产生防卫机制，以保护自己，减少超我与本我之间的冲突。这些防卫机制包括：① 压抑作用，是指当个人产生紧张、痛苦的想法或者自己的欲望和冲动不能被自己所接受时，个体会把自己的想法压入潜意识中，让自己觉察不到；② 转移作用，是指当需要不能立即满足的时候，个体将自己的需要转移到其他对象上；③ 升华作用，是指个体将不符合社会要求的想法变成符合社会要求的想法，并且在行为上表现出来；④ 退化作用，是指个体遇到挫折时，将自己的行为用幼稚的方式表现出来，以应付困境；⑤ 认同作用，是指个体在潜意识里模仿别人的过程；⑥ 合理化作用，是指用大家都能接受的理由来代替自己真实的想法，如酸葡萄效应，吃不到的葡萄都是酸的；甜柠檬效应，因为吃不到葡萄，所以改吃的柠檬也是甜的了；⑦ 投射作用，是指把自己内心不允许的态度、行为和欲望推加到别人身上，认为那是别人而不是自己的行为和想法；⑧ 固着作用，是指个体的行为不能随年龄的增长而变化，或者总是用同样的方式来应对某一种挫折；⑨ 反向作用，是指个体为了掩藏自己的真实想法而采取相反的行为。

（二）荣格的分析心理学

荣格的分析心理学在基本框架上和弗洛伊德是一致的，但他在自己的理论中反对弗洛伊德以性本能解释行为的观点，认为性只是人的内驱力的一部分，而且在儿童性成熟以后才有作用。荣格的分析心理学还强调种族在人格发展中所起到的作用，认为种族遗传的经验对人格的发展也起到重要的作用。

（三）阿德勒的个体心理学

阿德勒认为人格是一个统一的整体，具有不可分割性，意识是人格的核心。人的行为是由社会力量决定的，强调未来对人的影响。每个人对未来都有期许，多数人会定下目标来实现自己对未来的期许，但每个人达到目标的方式并不相同，因而形成了不同的生活风格，个体按照自己独特的生活风格决定自己的行为方式，体现创造性的自我。

二、特质理论

有的学者主张用可观察、可重复测量的方法来研究人格，他们认为就像化学家将研究对象化解为化学元素、生物学家通过细胞来分析研究对象一样，人格也可以分解成人格的单位来进行研究，这个单位就是人格特质。人格特质是所有人都共同拥有的，只不过每种特质在某个人身上的数量不同，因此，形成了人格上的差异。人格特质的差异理论主要有奥尔波特的人格特质理论、卡特尔的人格特质理论和艾森克的人格特质理论等。

（一）奥尔波特的人格特质理论

奥尔波特认为人格特质是一种神经—心理结构，它能主动地指挥人的行为。人格特质可以分为共同特质和特有特质。共同特质是指在相同的环境下，"一群人"所具有的心理倾向性，分为表现性特质和态度性特质；特有特质指的是个人所具有的倾向性。根据特有特质在个人生活中重要性的不同，奥尔波特又把它分为重要特质、中心特质和次要特质。

（二）卡特尔的人格特质理论

卡特尔收集了大量的资料，把相关的材料进行归类，得到了35种表面特质，然后又对这些资料进行因素分析，得出16种根源特质：乐群性、聪慧性、稳定性、对峙性、兴奋性、有恒性、敢为性、敏感性、怀疑性、幻想性、世故性、忧虑性、实验性、独立性、自制性和紧张性。他认为表面特质只能说明现象，根源特质才能说明一个人的本质。如果根源特质是细胞的话，表面特质就是组织。

在多年研究的基础上，卡特尔编制了"16人格因素问卷"，这一问卷是目前测量人格时经常被使用的问卷之一。

（三）艾森克的人格特质理论

艾森克是当代著名的心理学家之一，他通过对大量问卷调查和实验室实验结果的分析，提出了决定人格的3个最基本因素，即内外倾性、情绪稳定性（又称情绪性，它的两极是情绪稳定和神经过敏）、精神性（又称倔强性）。这3个因素构成了人格的相互垂直的3个维度。人们在这3个方面的不同倾向和不同表现程度，构成了他们不同的人格特征。

艾森克曾这样形象地描述不同人格在3个维度上的不同表现，内倾性的人的特点是"我不愿意与其他人来往"；神经过敏的人的特点是"我害怕与人来往"；精神性的人的特点是"我恨其他人"。

（四）人格的五大模型

近年来，研究者通过词汇学的方法将人格心理学家经过漫长的研究发现总结的人格特质概括为5种模型，即开放性（O）、意识性（C）、外向性（E）、随和性（A）、神经质（N），这5个维度的英文首字母构成了单词"OCEAN"，因此，被称为人格的海洋。开放性是指具有想象、审美、情感丰富、求异、创造、智能等特质；意识性显示的是胜任、公正、条理、尽职、成就、自律、谨慎、克制等特点；外向性表现的是热情、社交、果断、活跃、冒险、乐观等特质；随和性是指具有信任、利他、直率、依从、谦虚、移情等特质；神经质表现为难以平衡焦虑、敌对、压抑、自我意识、冲动、脆弱等情绪的特质，即不具有保持情绪稳定的能力。

三、学习理论

这里所说的学习主要是指行为上的学习，既有外显行为的学习，也有认知、情感、态度、信念等内隐行为的学习。以下主要介绍斯金纳的操作学习理论和班杜拉的社会学习理论。

（一）斯金纳的操作学习理论

斯金纳认为人格是一系列行为的集合，人们行为的原因主要来自当前的刺激和个体在过去类似情境中的经验。如果在某个刺激情境中，个体的某种反应结果能增加这种反应出现的频率，就叫作强化。能起到强化作用的反应后果就叫作强化物。一个人在某种情境下经常表现出来的行为集合就可以看作是这个人的人格。一个人人格的形成和发展是由环境当中的强化物所决定的。当强化物能增加反应的发生时，这个强化物叫作正强化物，强化作用叫作正强化；如果强化物的消失能增加反应的发生，这个强化物叫作负强化物，强化作用叫作负强化。通过不同的强化方式，可以形成不同的行为。

（二）班杜拉的社会学习理论

观察学习是班杜拉社会学习理论的核心。所谓观察学习，是指通过对他人行为及结果的观察来获得自己新的反应，或者改正已经有的行为反应。班杜拉十分强调观察活动的作用，认为人的思想、感情和行为可以像直接经验一样受观察活动的影响。他还认为对人的行为的解释应当考虑到环境、行为、人三者之间的关系，在通过社会学习形成人格的过程当中，个体通过对具体生活环境中所喜欢的楷模或榜样进行模仿，如果模仿得到了认可，那么就得到了强化，以后再碰到类似的情况，就会按照模仿来的行为行动。

四、人本主义理论

人本主义理论主张将个体的意识经验作为心理学的首要研究对象，在人格的研究中坚持整体论的观点，用现象学的方法研究人的意识经验。在对人性的看法上，人本主义心理学家认为人性本善，人是自主的，可以对自己的未来进行选择。因为强调心理学研究应当以人为本，因此，人本主义心理学研究了与人类生活息息相关的问题，如爱、恨、自我实现等。

马斯洛是人本主义理论的著名代表之一，他的有关理论已经在模块一有所介绍，在此就不再赘述了。

任务四 人格的差异与测量

一、人格的差异

在人格的形成和发展过程中遗传因素和环境因素都发挥着作用。通过遗传，个体获得了"生理面貌"，如果"生理面貌"是健康、正常的，那么人格发展就有了一个良好的基础，如果"生理面貌"有缺陷，那么就有可能对人格发展不利。当然，这也并非绝对，生理条件优越的人如果骄矜自恃，目中无人，人格发展肯定不会健全；相反，生理条件有缺陷的人如果能正视自己的缺陷，自强不息，并不影响他们拥有健全的人格，如张海迪、海伦·凯勒虽身有残缺，但她们克服困难，形成积极乐观的性格，她们的精神也鼓舞影响着很多人。"生理面貌"影响人的主观观念。

阿普丽尔·法伦和保罗·罗津（April Fallon，Paul Rozin，1985）询问女性大学生，让她们给出当前的体重、理想体重与她们认为男性喜欢的体重。结果发现，女性普遍认为自己比理想体重要重。似乎倾向于高估自己的体重（Thompson，1986）。当男性被问及类似问题的时候，并没有表现出这种倾向。当问到他们喜欢的女性体重时，他们选择的体重低于女性认为男性喜欢的体重（图3-3）。这似乎解释了为什么女性比男性进行了更多的节食，更可能出现进食障碍（Mintze，Betz，1986；Striegel-Moore等，1993）。

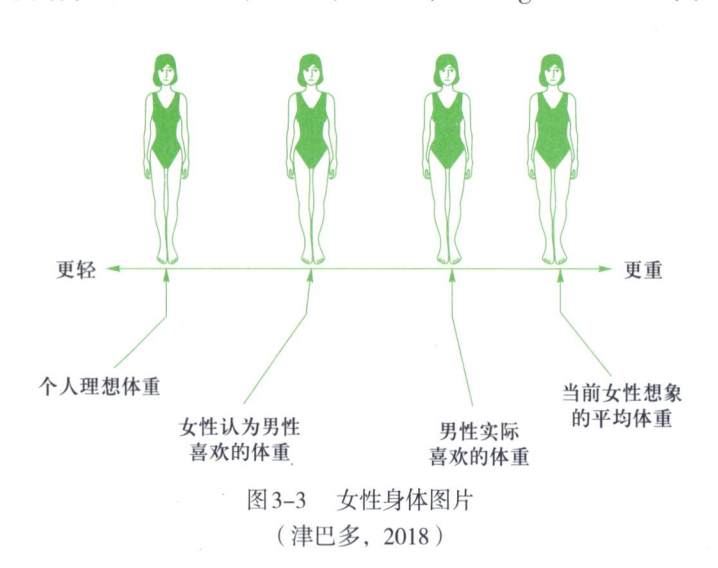

图3-3 女性身体图片
（津巴多，2018）

对人格产生影响的环境主要来自家庭、学校、社会团体、工作单位。前面关于性格和气质的发展问题已经有所阐述，在这里就不再赘述了。

人格差异是建立在对人格分类的基础上的。关于人格的理论和学说，研究者从自己的研究立场和观点出发，对人格进行了分类，可以看出，分类标准并不统一，分类有相互重叠的情况。其实，这就相当于将一个总体从不同的角度进行了分类，打个比方来说，一个班级的学生既可以从性别上分为男和女，也可以从视力上分为近视或不近视的，那么男同学中有近视或不近视的，女同学中也有近视或不近视的。由此看来，有一个适当的分类标准对人格研究来说是十分重要的，心理学家们也正朝着这个方向不断地努力。

二、人格的测量

人格测量有很多方法，既可以通过观察一个人的穿着、语言、表情等判断这个人的性格，也可以用测验的方法来了解这个人的人格。人格测验常用的方法有人格问卷和人格投射测验两种。

（一）人格问卷

人格问卷有两种，一种叫自陈量表，要求受试者按问卷要求回答问题；另一种叫评定量表，是由他人（熟悉的人，如家长、老师等）按照问卷的问题对受试者加以评定。比较常用的明尼苏达多相人格测验（简称MMPI）、卡特尔16人格因素问卷（简称16PF）、爱德华个人倾向量表（简称EPPS）和艾森克人格问卷（简称EPQ）。

1. 明尼苏达多相人格测验

明尼苏达多相人格测验是美国明尼苏达大学临床心理系主任哈兹威和临床心理学家莫肯利于20世纪40年代制定的。明尼苏达多相人格测验一共有566个题目（其中有16个是重复的），分为14个量表，其中包括10个临床量表和4个效度量表。10个临床量表涉及人对身体、精神状态以及对婚姻、家庭、宗教、法律、社会等态度，不仅能鉴别一个人有无精神疾病，还可以反映一个人的人格特征。效度量表的作用是为了保证测验结果的可靠性。我国从1980年起对该测验进行了修订，目前已被广泛使用（图3-4）。

2. 卡特尔16人格因素问卷

卡特尔16人格因素问卷是美国伊利诺伊大学的卡特尔教授编制的。问卷共有187道题，每一题都有"是""不一定""不是"3个答案，根据受试者的回答计算出受试者16种人格特征的不同得分，然后转换成标准分数，就可以对受试者的人格进行解释了。

卡特尔16人格因素问卷和明尼苏达多相人格测验一样，都适用于16岁以上有阅读能力的受试者。

MMPI-2 临床量表

疑病症 (Hs)：过分关注自己的身体机能

抑郁症 (D)：悲观、绝望，行动和思想缓慢

转换型癔症 (Hy)：无意识地使用心理问题来避免冲突或承担责任

心理病态偏离 (Pd)：漠视社会风俗，冷漠的情感，无法从经验中获利

男性—女性 (Mf)：男人和女人间的区别

妄想症 (Pa)：疑虑、幻想美好或者迫害妄想

强迫性精神衰弱 (Pt)：疑虑、恐惧、自卑、内疚、犹豫不决

精神分裂症 (Sc)：想法或行为古怪、不同寻常、消沉、幻觉、妄想

轻度躁狂 (Ma)：情绪激动、奔逸的想法、过度活跃

社会内倾 (Si)：害羞、对别人不感兴趣、缺乏安全感

图 3-4　MMPI 示例
（津巴多，2018）

3. 爱德华个人倾向量表

爱德华个人倾向量表共有 225 道题，包括 15 个分量表和 1 个一致性分量表，其中 15 道题是重复的，用来考查受试者回答的认真程度，实际题目是 210 道。

爱德华个人倾向量表中每一题都有两个陈述句，要求受试者按自己的实际情况选择最符合的一句，这样就得到 15 个量表分数，分别反映受试者在 15 种需要上的相对程度。

4. 艾森克人格问卷

艾森克人格问卷分为成人问卷（适用 16 岁以上的人）和少年问卷（适用 10—16 岁的人），成人问卷共 90 道题，少年问卷共 88 道题，问卷各包含 4 个分量表，即 E、N、P、L。前 3 个量表都是测量受试者人格特点和类型的量表，L 量表是效度量表。

（二）人格投射测验

受试者在完成人格测验的时候，往往会回避涉及个人隐私或价值判断的问题，不按自己的真实情况作答。为了避免这种情况的发生，心理学家在考虑设置测谎题的同时，还想到了一种间接的测试方法，就是投射测验。这里主要介绍主题统觉测验（简称 TAT）、罗夏墨迹测验和霍兰职业爱好问卷（简称 VPI）。

1. 主题统觉测验

主题统觉测验是美国哈佛大学默里和摩根于 1935 年编制的。这个测验有 30 张主题不明确的黑白图片和一张空白卡片。测试的时候，主试根据受试者的年龄和性别，选取其中的 19 张黑白图片（图 3-5），按顺序呈现给受试者看，要求受试者根据每张图片说一个故事，越具体越好。另外，还要求受试者在空白卡片上想象一幅图画，然后根据图画编一个故事。最后，主试与受试者进行依次谈话，深入了解故事的内容。

2. 罗夏墨迹测验

罗夏墨迹测验是瑞士精神病学家罗夏编制的。测验共有10张墨迹图片（图3-6），图片上的图形基本对称，其中5张由浓淡墨色组成，2张在浓淡墨色上加红色斑点，3张由彩色构成。测验时，主试依次呈现图片，问受试者图片上的墨迹看上去像什么，主试详细记录下受试者的回答及完成的时间，然后依据一定的标准对受试者的反应结果进行评分，解释受试者的人格。

图3-5　主题统觉测验图例　　　　图3-6　罗夏墨迹测验题目示例

3. 霍兰职业爱好问卷

霍兰职业爱好问卷包括160个职业名称，每个职业都有"有兴趣和愿意从事""不喜欢和没兴趣""不知道"3个选项，受试者对着160个职业在这三者之间做出选择，结果可以得到现实型、智力型、事业型、艺术型、怪异型等11个分量表的分数，从而反映出一个人的人格特点。

专栏3-2

如何看待人格测验的结果

就像不能简单地从一次考试结果去评价一个人的知识水平一样，不能用某一个人格测验的结果就去判定一个人的人格，因为：

第一，人格至今仍没有一个统一的定义，任何一个人格测验的编制都是根据研究者个人的研究角度和立场出发的，他们在研究上各有侧重，使用的分类标准也各不相同，测验内容自然就大相径庭，测验结果之间也没有办法进行比较。

第二，受试者在回答过程中遇到和自己"隐私"有关的问题，往往采取回避的态度，因此，在测验中设置了测谎题或保证结果可靠性的效度分量表，即使这样，也仍难确定测验的结果是受试者的真实情况。比如，受试者在回答有关道德方面的问题时，往往按照大家认可的道德标准去回答，把"是怎么样"理解成"应该怎么样"。另外，受试者的年龄、文化程度，受试者对测验题目的理解，受试者回答问题时的情绪等都会对测验结果产生影响。

第三，即使是最全面的测验，主试也只能根据受试者的回答情况来对结果进行解释，实际上对人格的了解途径不仅仅局限于此，日常的行为表现也是了解一个人人格的好办法。

第四，测验的跨文化问题。在不同的文化背景下生活的人，对同一个问题的理解也许会完全不一样。比如，对"我希望我能为自己赢得更多尊重"这句话的理解，美国人理解该条目时，潜台词可能是"我现在还没有得到应有的尊重"，含消极意义，而中国人理解该条目的时候，潜台词可能是"我会为自己赢得更多的尊重"，含积极意义，这可能就是因为东西方文化差异造成人们对该条目理解不同。目前，我国研究者所使用的人格测验量表大都是翻译并修订的国外研究者研制的量表。因此，在使用的时候，应当慎重。

第五，对人格测验的结果，有的是根据测验得分进行解释，有的是主试根据受试者的反应结果按照一定的标准进行评定，无论是哪种形式，都难以完全避免主试对测验结果的影响。主试的训练背景、主试对测验本身的理解、主试的职业道德等都会对测验结果产生影响。

心理学家也清楚地意识到以上问题，并积极努力改进。所以，对待人格测验的结果应持谨慎态度。

任务五 运动员的人格特征

运动员的人格差异是运动员心理选材的一个重要方面，运动员心理选材就是运用现代心理学的理论、方法和手段，从心理素质方面选拔优秀的后备运动员。一位优秀的运动员不但需要超群的身体素质、极大的生理潜力和遗传方面的优势，而且还需要运用、动员和发挥这些优势的心理能力。

我国学者田麦久和姚家新指出，运动员心理选材的内容应该和运动项目紧密地结合起来。他们认为运动员心理选材的内容应该包括3个方面：第一是心理机能方面的一般心理素质；第二是不同运动项目所要求的专项心理素质；第三是从事运动训练和竞赛所必需的良好的个性心理品质，如运动员的气质类型或神经类型、运动员的智力发展水平、运动员的意志品质、运动员的情绪特征等。

我国学者邱宜均认为，从运动员的心理表现和运动心理学研究的基本内容来看，运动员心理选材的内容主要包括运动员的心理过程（特别是认知过程）和人格差异两个方面。运动员的人格差异表现在性格、气质、兴趣和能力等方面。气质的生理机制神经类型可以用生理学和其他测试方法进行测定，如"80.8神经类型测试表""精神运动特性的测验"等测试工具。测试气质类型也有多种方法，如"内田气质类型测定法""气质类型检查法""Y、G性格气质类型测定法"。而对运动员的意志特征、运动员的兴趣及运动员的某些情绪表现，目前多用定性分析。

在人格测定的方法上，国内已经得到广泛应用的主要有明尼苏达多相人格测定、卡特尔16人格因素问卷、艾森克人格问卷、棒框测试、镶嵌图形测试、精神运动特性的测定（中国）、80.8神经类型测试表（中国）。精神运动特性的测定、80.8神经类型测试表、WT智力测试系统、WT神经类型测试系统以及运动员性格调查表等已经在体育领域得到广泛的应用。

武汉体育学院曾在1982年至1984年选用了精神运动类型测试法、卡特尔16人格因素问卷、艾森克人格问卷、镶嵌图形测试法和棒框测试等5种测试方法，对我国优秀短跑、划船、体操和跳水运动员的心理特征进行了比较研究，并对这些测试工具进行了检验。结果发现，棒框测试与镶嵌图形测试的测试结果符合率较差，但棒框测试与国内外的测试结果比较一致，镶嵌图形测试必须在具有一定文化水平的人中间应用，究竟取用哪个还需继续研究；艾森克人格问卷在短跑和体操项目中应用效果较好，如果在其他领域也有相同结果，则通过修改可成为评定运动员的一种测试工具；精神运动类型测定法能客观地反映运动员的实际情况，与前人的研究成果相符；卡塔尔16人格因素问卷在短跑、跳水和划船项目中的运用效果比较好，如果进一步修改，可以用来建立符合我国实际情况的运动员16种人格差异的模式。但是，这些工具还不能完全满足运动员心理选材的需要，还需进一步研制符合我国国情和运动员选材需要的测量工具和方法。

主题二　智　力

智力是一个人一般能力的综合，往往是评价一个人能力最直接的指标。能力是人们经常使用的一个词，可似乎又很难对其进行清晰的定义。这两者有时会被混淆。下面，先对这两个概念进行简要介绍。

任务一　什么是智力

智力这个概念经常被使用，但是不同的人在不同的情境中往往使用智力的不同含义。比如夸奖学习好的学生"很聪明"，可能说的是善于理解和接受老师教授的学习内容；夸奖事业有成的人"精明能干"，是说善于把握机会，坚决果断；夸奖运动员"机智、灵活、善于应变"，指的是能适应比赛中瞬息万变的环境，及时地调整自己的战术。到目前为止，心理学家对智力的看法也没有完全统一。有的心理学家认为智力是一种学习能力；有的认为它是适应新环境的能力；有的认为它是以抽象思维能力为核心的多种认知能力的综合，也有的心理学家认为智力是一个人为了某些目标而思考、行动和有效地适应环境这三种能力的综合体现；还有的认为智力就是智力测验所测量的东西，也就是解决某种智力问题的能力。虽然现在智力还没有统一的定义，但是大多数心理学家都倾向于把智力看作是不同能力构成的、综合的、整体的结构。

在我国，多数学者认为智力是使人能够顺利地从事某种活动所必需的认知能力的有机结合，其中尤其以抽象思维能力为核心。

任务二　智力的结构

智力的组成因素也是心理学家热衷探讨的问题。一开始人们认为智力是一种单一的机能，后来随着对智力问题认识的逐渐加深，又出现了关于智力的新理论。目前，几种主要的智力结构理论有斯皮尔曼的二因素论、桑代克的多因素论、瑟斯顿的群因素论和吉尔福特的三维结构理论等。下面来了解一下这几个理论的基本内容。

一、二因素论

二因素论是英国心理学家斯皮尔曼1904年发表的一种理论，他通过因素分析对智力测验进行了研究，得出结果认为智力有两种，一种叫G因素，一种叫S因素。G因素也叫一般因素，是指所有智力活动所共同具有的因素，是一切智力活动的主体。S因素也叫特殊因素，是指每个智力活动中的特殊因素，如跳舞、唱歌或运动。人的所有活动都是由G因素和S因素共同作用的。对于一个人来讲，聪明程度取决于G因素的多少，G因素越多就越聪明，智力水平就越高。有的学者把G因素形象地比作各种酒类共同含有的水和酒精，而S因素就是不同的添加成分，如果S因素是果汁，那就和G因素组成果酒；如果S因素是葡萄汁，就和G因素组成葡萄酒；如果S是中药，那就和G因素组成药酒。每个人在进行智力活动的时候，都有一种或几种S因素与G因素共同起作用。

二、多因素论

美国心理学家桑代克反对二因素论，他认为不存在一般因素，提出智力是由多种成分构成的，各种成分在不同的智力活动当中起着不同的作用，而且它们彼此之间有着一定的联系。根据这个理论，他在20世纪20年代编制了抽象智力测验（简称CAVD测验），用来测量人的抽象智力。后来他的学生凯利概括出5种智力因素，正式提出了智力的多因素论，这5种智力因素包括理解空间关系的能力、计算能力、言语流畅性、记忆能力和反应速度。

三、群因素论

在二因素论的基础上，许多学者又进行了进一步的研究，发现智力的组成因素不止两种。20世纪30年代，美国心理学家瑟斯顿通过对56种智力测验的统计处理，提出了群因素论。他认为，智力是由一群彼此没什么联系的原始心理能力或因素组成的，他把智力归纳为7种基本因素，即语词理解、语词流畅、数字运算、空间关系、记忆、知觉速度和推理。

语词理解指的是对词义及词语之间关系的理解。

语词流畅指的是受试者的词语应用能力，如让受试者在规定的时间里写出尽可能多的女孩名字。

数字运算指的是简单数字运算的速度和准确性。

空间关系指的是对物体空间关系的知觉能力和对物体运动变化的辨别能力。

记忆主要指的是迅速强记的能力，如对无意义音节的识记。

知觉速度指的是迅速、准确地把握观察对象细节的能力。

推理指的是发现已有材料的规律并进行推理的能力。

瑟斯顿根据以上7种基本因素编制了"基本能力测验"，是著名的能力测验之一。

四、三维结构理论

三维结构理论是美国心理学家吉尔福特提出的智力结构理论。最初，他将人的智力活动分为3个维度，即内容、操作和成果，把智力分为120种。1977年，他根据智力测验研究结果的因素分析，在原有智力结构理论的基础上，将智力活动内容中的形状分为听觉的和视觉的两类。因此，智力也由原来的120种变成150种，见图3-7吉尔福特智力三维结构。

内容是指我们思维的东西，智力活动所作用的对象，包括视觉、听觉、符号、语义和行为5个方面。

成果是指智力活动的产物，也就是运用智力解决问题得到的结果，包括单元、类别、关系、系统、转换和应用。

操作是指智力行为的反应方式，包括认知、记忆、扩散思维、聚敛思维和评价5种基本方式。

吉尔福特设想每一种内容都可以运用不同的操作产生不同的效果，因此，把3个维度结合在一起就可以得到5×5×6=150种特殊的智力因素。他运用了一个三维的立体结构模型来描述智力的结构，在这个模型上，每一种特殊的智力因素都可以找到自己的位置。

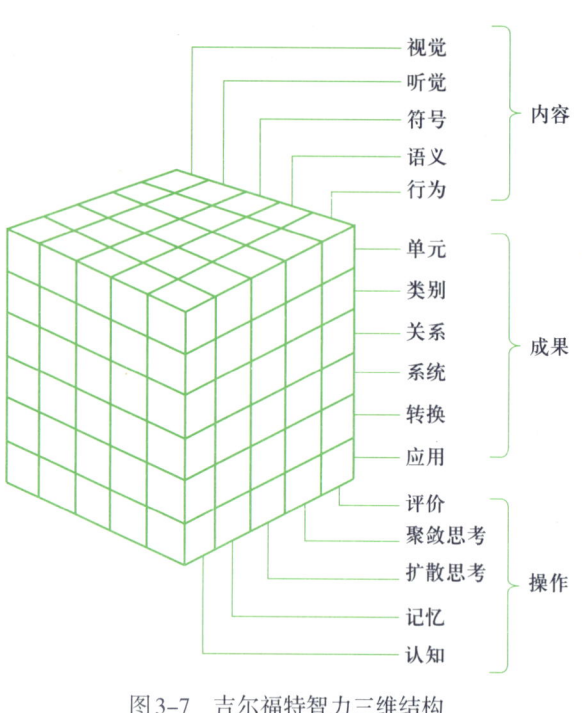

图3-7　吉尔福特智力三维结构

任务三　智力的测量

一讲到智力的测量，大家就会立刻想到各种各样的外国智力测验方法，如比纳智力测验、韦克斯勒智力测验、瑞文标准推理测验等。其实，智力测量在我国也有着悠久的历史。

一、智力测量的发展

我国对智力测量一直很注重，而且有着悠久的历史。北齐时代的刘昼提出"使左手画方，右手画圆，令一时俱成"的分心实验可能是世界上最早的单项特殊能力测试。在《颜氏家训》中也提到了民间测试婴儿感觉与运动发展特点的方法，另外还有流传至今的七巧板、九连环等民间游戏，也是很好的智力测试工具。

在西方国家，心理学家对智力的测试也很感兴趣。近代心理测验起始于19世纪，西方近代心理测验的代表人物有冯特、高尔顿和卡特尔。冯特是现代心理学的创始人，他于1879年在德国莱比锡成立了世界上第一个正式的心理学实验室，在研究过程当中，他发现人们对同一个刺激会有不同的反应，这个现象的发现促使他对个体差异的测量进行研究，从而引发了心理测量运动。

19世纪80年代，高尔顿在对遗传问题的研究中意识到，对生理、心理进行测量十分必要，于是他开办了一个实验室，即"人类学测量实验室"，用来测量人的生理差异及人在简单心理过程方面的不同。经过6年的大量实验，他认为感觉辨别力是智力中的最重要成分。也就是说，如果一个人的感觉辨别力越强，他的智力就越高。高尔顿不仅首先研究了智力的差异，而且还首先提出了"测验"和"心理测量"的概念。

到了19世纪90年代，卡特尔在1890年发表了《心理测验与测量》一文，他提出了一些编制心理测验的重要观念，并且他在哥伦比亚大学执教期间建立了哥伦比亚大学心理实验室，还编制了很多心理测验，用来测量人的肌肉力量、运动速度、疼痛感受、视听敏度、反应时、记忆力等。

然而，不论是高尔顿还是卡特尔的测验，测量的都是人的简单心理过程，而对人的高级心理活动涉及的很少，所以不能算是真正意义上的智力测量。心理学界一般都以法国心理学家比纳和医生西蒙设计的智力测验作为智力测量真正的开始。比纳和西蒙设计的智力测验的最初目的是为了根据实际需要对心理有缺陷的儿童进行识别，并根据诊断的结果确定对他们的护理标准。

二、智力的差异

智力的差异不仅有个体差异，还有群体差异。智力的个体差异是指人与人之间的智力差异；智力的群体差异指的是不同群体之间的差异，包括智力的性别差异、年龄差异、种族差异、社会阶层差异等。

在表现形式上，智力的差异可以表现为水平的差异，也可以表现为结构的差异。

（一）智力水平的差异

人的智力水平是呈正态分布的，也就是说，大多数人的智力水平属于中等，智力超常和低常的人只占人群中一小部分，但人和人之间的确存在着智力上的差异。智力测验最早是为了区分智力低常儿童，将他们从人群中区分出来，提供适合他们智力水平的教育和其他活动，因材施教，让他们能够自食其力，从事他们自己能胜任的工作，从而减轻家庭和社会的负担。对于那些智力超常的人，如果后天没有接受良好的教育，没有充分施展才华的机会，那么超常智力也许会被埋没。智力测验也可以将超常人群区别出来，采取各种措施，让他们能够将优势保持下去。

中等智力水平的人也存在差异，比如有的人学东西很快，有的人善于接受新鲜的事物，还有的人善于控制自己的情绪，有的人有着较高的成就动机，执着地追求自己的事业。

（二）智力结构的差异

智力结构的差异主要是指由于构成智力的基本因素不同而产生的不同智力类型、认知风格和特殊才能。

1. 智力类型

根据人们智力活动的不同特点，可以将智力分为不同的类型。

根据人们在知觉过程中的特点，把人分为分析型、综合型与分析—综合型。分析型的人在知觉过程中，注重细节，但是往往忽略了事物的整体；综合型的人富于概括性和整体性，但对细节不大注意；分析—综合型的人具有以上两个类型的优点，既能够对细节加以注意，又有较强的综合性，是一种较理想的知觉类型。

根据人们在记忆过程中某种感觉系统的记忆效果最好，把人分成视觉型、听觉型、运动觉型和混合型。视觉型的人视觉记忆效果最好；听觉型的人听觉记忆效果最好；运动觉型的人在有运动觉参与记忆时效果最好；混合型的人用多种感觉通道时识记效果最显著。

根据信号系统谁占优势，将人划分为艺术型、思维型和中间型。艺术型的人在感知方面有印象鲜明的特点，善于记忆图形、颜色、声音等直观材料，在思维方面善于形象思维，想象丰富；思维型的人在感知方面注重对事物的分析、概括，在记忆方面善于记忆词义、数字、概念等材料，在思维方面善于抽象、分析和推理等；中间型的人则介于两者之间。

2. 认知风格

认知风格是指人们在认知活动中偏爱的信息加工的方式。例如，有的人在对事物进行判断的时候，主要依据外部的线索，而有的人则主要依据自己的知识、经验等。前一种人在进行认知活动的时候容易受到外界环境或者他人的影响，往往缺乏独立性，而后一种人在进行认知活动的时候往往比较独立，不容易受到别人的影响。

3. 特殊才能

在日常生活中，有些人总是以数学眼光来看待世界，比如在学习音乐时用数学方式来解释和记忆音乐作品；在练习素描时，用数学方式来解释尺寸、比例；看到建筑物就会计算它的体积；乘车就会计算它的速度；买彩票就会计算中奖的概率。这些喜欢进行数学思考的人是有"数学气质"的人，对数学到了着迷的地步，对生活中的问题也力图用数学方式加以解决。

生活中还有一些人，在某些领域内很早就表现出较高的能力，这叫作早慧。例如，奥地利作曲家莫扎特，3岁已经能弹奏简单的和弦，5岁开始作曲，12岁开始创作大型的歌剧；我国唐代的王勃，10岁能赋；明末的夏淳，9岁善诗文。还有些人，才能要很晚才能发挥出来，这种情况往往被称为"大器晚成"。例如，著名画家齐白石直到40岁才表现出他的绘画才能，达尔文50岁才开始有研究成果。

还有些被认为智力低下的人，他们在某些方面却有着惊人的表现，这一类人被称作"白痴学者"。例如，奥斯卡金像奖获奖影片《雨人》描述的就是这类人的一个代表。虽然男主角的总体智力水平低下，但他却在运算和记忆方面有着特殊才能。"白痴学者"常见的特殊才能有推算日期、拼音、判别音高、算术运算、机械记忆等。国内外都发现过"白痴学者"的存在，至于"白痴学者"的形成原因，至今还没有一个统一的说法。

> **专栏 3-3**
>
> ### 智力有性别差异吗？
>
> 男性和女性共同组成了多姿多彩的世界，在有的领域里，男性比女性干得更出色，在有的行业中，女性比男性做得更优秀。那么是不是男性和女性在智力上的差异导致了这种现象呢？男性和女性在智力上真的存在差异吗？
>
> 当代生理学、心理学及其他科学的大量研究证明，男女除了在解剖和生理上有重大区别以外，他们的智力水平总体上大致相等。英国学者麦米肯曾用团体智力测验去测量整个苏格兰8 700名同年出生的儿童，结果发现，两性间没有显著差异。后来又用个别施测的斯坦福—比纳量表测量同一天出生的婴儿，发现两性间的智力也没有显著的差异。因此可以说，如果样本量足够大，并有充分的代表性，使用的测验工具对两性都是公平的，那么男女的智力就没有差异。
>
> 以上的结果是针对男性、女性总体的智力水平而言的，具体来讲，男性、女性还是有一定的差异的。这种差异主要表现在几个方面：第一，在智力分布上，男性比女性的离散程度大，也就是说，很聪明的男性和很笨的男性都要比女性多得多，而女性的智力水平大多集中在中等水平，男女在智力上的这种差异在学业上表现得尤为显著；第二，男性、女性在不同的方面各有优势，如男性的空间知觉能力强于女性，女性的听觉能力优于男性。男性偏重于抽象思维，女性偏重于形象思维，男性善于言语理解和言语推理，女性善于言语表达；第三，男性、女性的智力在不同年龄阶段上有区别，在儿童期，女性的智力水平高于男性，到了青春期，男性的智力水平提高很快，男性的智力的增长水平超过女性，特别表现为言语智力的提高。
>
> 由此看来，简单地说男性比女性聪明，或者女性智力没有男性高都是没有科学根据的。

三、几种常见的智力测验

（一）比纳智力测验（Stanford-Binet Test）

比纳很早就开始对个体差异、智力测验进行研究。1905年，他受法国教育部委托，解决需要特殊教育的低能儿童的入学问题，为此，他和自己的助手医生西蒙共同编制了一套智力测验。1908年，这一测验被应用于美国。1908年和1911年比纳与西蒙曾两次对这个量表进行了修订。1916年，美国斯坦福大学教授推孟根据美国儿童的施测结果又对这个量表进行了修订，称为斯坦福—比纳量表，在这个修订本中，第一次采用了智商计分。

随着儿童智力测验的兴起，成人的智力测验也发展起来。第一次世界大战期间，美国面临在短期内召集数百万士兵的任务，为了保证入伍的新兵不仅身体健康而且心理健康，智力测验被派上了用场。在第一次世界大战期间，大约有两百万人接受了测试，用以决定受试者是否能够入伍，以及新兵入伍后担任什么样的任务。第二次世界大战期间，接受测验的人数更是达到了数百万。比纳智力测验在1922年传入我国，我国学者分别在1924年和1982年对其进行过修订。

（二）韦克斯勒智力测验（Wechsler Adult Intelligence Scale，WAIS）

1949年，美国韦克斯勒又发明了智力测验，简称韦氏智力测验。韦氏智力测验有不同的智力量表，分别适用于学龄前儿童、学龄儿童和成人。这3个量表于20世纪70年代末、80年代初由我国心理学家引进、修订，出版了中文版本。韦氏智力测验的内容几经修订，测验成绩的计算方法也有了改进，目前已被广泛使用。

韦克斯勒智力测验的优点在于它可以同时提供总智商分数、言语智商分数以及操作智商分数3个智商分数。这为全面了解一个人提供了依据，不仅能通过测验知道被测试者的智力水平，了解在总体中的位置，还可以了解智力发展的许多侧面。这也是韦克斯勒智力测验受到欢迎的原因之一。

（三）瑞文标准推理测验（Raven's Standard Progressive Matrices Test）

英国人瑞文在1938年设计了瑞文标准推理测验，简称瑞文测验，这是一套至今仍为心理学家所使用的智力测验工具（图3-8）。和比纳测验、韦氏测验不同，瑞文测验的特点在

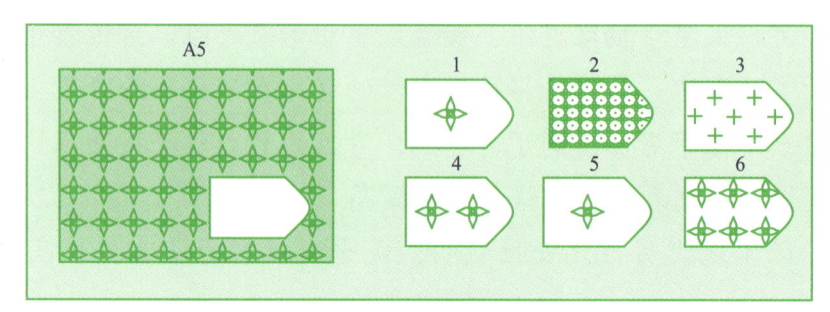

图3-8 瑞文标准推理测验中的试题
（要求受试者从右边的图中选择一个最佳图形填充左图的空白处，使左图成为一个完整图形）

于它是纯粹的非文字智力测验，在使用的时候可以避免由于受试者在文化方面的差异所造成的差别，因此，也被称为"文化公平测验"。它使用方便，适用范围广泛（6岁以上的人都能使用），既能用于个体的测验，又能用于团体测验，颇受心理学研究者的青睐。引进后，我国的心理学家也对瑞文标准推理测验进行过修订。

四、和智力测验有关的概念

（一）智龄和智商

每个人不仅有生理年龄，而且有智力年龄，也就是智龄。如果想知道自己的智龄，可以做一套事先安排好的智力测验题目，能答对哪个年龄组的问题，那么智龄就属于哪个年龄组。比如说一个人在测验中答对了7岁儿童能答对的题，那么智龄就是7岁。如果不仅答对了7岁儿童能答对的题，而且还答对了8岁儿童能答对的题的一半，那么智龄就是7岁6个月，以此类推。但是仅仅这样，还不足以说明一个人的智力水平，也就是说，还不知道这个人是不是"聪明"。于是人们用智龄与实际年龄的差来表示人的聪明程度，但很快发现这个方法并不好，因为实际年龄越大，智龄与实际年龄出现很大差距的可能性就越小，所以不容易显示出一个人真正的聪明程度。比如一个两岁的儿童，如果他的智龄与实际年龄差1岁，那么说明他非常聪明，但一个20岁的人，他的智龄与实际年龄差1岁就算不了什么了。于是人们又想到一个更好的办法，就是将这个人的智力年龄除他的实际年龄，再乘以100，用所得的商数来表示人的聪明程度。这个商数就叫智力商数，简称智商，用英文字母IQ来表示。智商的计算公式：

$$IQ = \frac{\text{智力年龄}}{\text{生理年龄}} \times 100$$

按照这个公式，如果一个人的智龄与他的实际年龄相等，那么智商等于100，说明这个人的智力水平中等。以此类推，智商在100以上的，智力水平就在中等以上，智商在100以下的，智力水平在中等以下。

（二）比率智商和离差智商

用上面这个公式计算出来的智商叫作比率智商，用来表示一个人智力发展的相对水平。刚开始的时候，比率智商不仅在许多领域里很快被人们所接受，而且也被广泛地应用。但是，渐渐地人们发现了它的缺陷，那就是比率智商假定人的智力年龄随着实际年龄不断增长。但实际上，到一定年龄以后，人的智力年龄就不再增长，并且到了老年的时候还有衰退的可能，按照上面的公式，就会得出人越大智力水平越低的结论。然而，实际生活的情况并非如此。这时，一种新的智商计算公式出现了，它弥补了比率智商的这个缺陷，这就是离差智商。离差智商其实不是商数，它不是智龄和实际年龄的比值，而是采用年龄组的平均分得到的分值，人们只是出于习惯仍然把它叫作商数。离差智商的计算公式为：

$$IQ=100+15Z=100+15\frac{(X-\overline{X})}{S}$$

Z是标准分数，X是某个受试者的得分，$\overline{X}$是受试者所在年龄组的平均得分，S是这个年龄组的标准差。

美国心理学家韦克斯勒在他编制的智力测验量表中使用了离差智商，用它来表示一个人在同年龄组当中所处的位置。除此以外，离差智商还可以用来比较不同年龄受试者的"聪明"程度。例如，两个不同年龄的人，其中一个人的测验得分高于他所在年龄组的平均得分，而另一个人的测验得分却低于他所在年龄组的平均得分，那么就可以说，前一个人的智商比后一个人的智商高。

（三）正态分布

在这里，有必要对统计学中的一个概念进行介绍，那就是正态分布。对它的了解有助于理解以上所谈到的问题，以及后面将要讨论的智力差异的问题。

图3-9是一个标准正态分布图，它是一条连续平滑的曲线，从形状上看，又像是钟的形象，因此又叫作钟形曲线。标准正态分布图的作用就在于可以在横轴上找到一个特别的值，看看会不会有比它更极端的值出现及出现这种极端值的可能性。

图中可以看到，这条曲线是对称的，曲线的大部分面积集中在钟的"腹部"，对应的Z值在-2和2之间，只有很少的Z值大于3或小于-3。当知道一个人智商的时候，就可以根据统计学的正态分布原理，查正态曲线面积表，从而知道这个人在同年龄人当中智力水平到底处于什么样的位置。例如，如果知道同年龄组的平均智商是100，某个人在智力测验中得到了120分，根据统计学的计算和使用统计分布图，就可以说，他比90%的人聪明，而如果他的智商值是80，就可以说90%的人比他聪明。这涉及统计学的有关内容，具体的计算过程和方法，在这里就不详细地说明了。

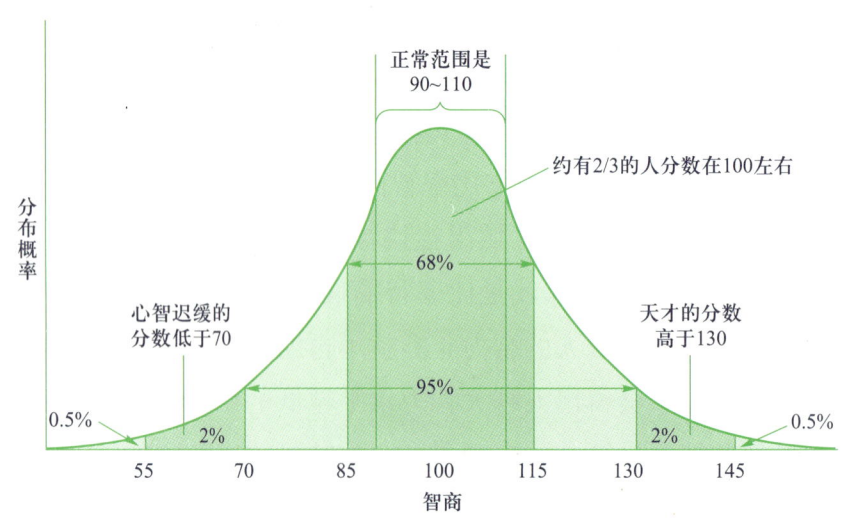

图3-9 基于大样本的智力正态分布
（津巴多，2018）

心理学研究表明，人的智力分布是正态分布，也就是说，大部分人的智力都集中在中等水平，极其聪明和极其愚笨的人都很少。如果把智商在80~120看作是中等智力水平的话，那么有80%左右的人都包括在其中，那些智力超常（智商在140以上）和智力低常（智商在70以下）的只占人群的小部分。

> **专栏3-4**
>
> ### 智力测验和考试是一回事吗？
>
> 人们常把智力测验也当成是一种考试，这样的说法有一定的道理，但并不科学。许多智力测验都采用纸笔测试的方法，这在形式上和一般的考试是一致的，这正是人们容易将两者混淆的主要原因。
>
> 具体地说，智力测验和一般的考试有以下几点区别：第一，考察的目的不同，考试通常是经过一段时间的学习以后对学习成果进行考察，目的是为了检验学习者对学习内容的记忆、理解和运用情况，而智力测验的根本目的是为了评价智力水平，在这个基础上，智力测验还可以被用于其他用途，如选拔人才、为因材施教提供依据等。第二，考察对象与内容不同，一般的考试都以学生对知识的掌握情况作为考察的对象，而智力测验考察的对象则是学习者的一般认知能力，如知觉、语言能力、数字能力、记忆能力等，而且多数测验只适合于特定的对象，例如，韦氏儿童智力量表英文版的对象是英语国家6~16岁的儿童，该量表中文版本还有城市版和农村版，分别适用于中国城市和农村6~16岁的儿童。一般的考试以阶段性的学习材料作为考察的内容。而一般说来，任何一组运用不同形式的智力技能来回答的题量较大的测试都可以被称为智力测验。第三，考察的手段不同，一般的考试通常采取纸笔测验，通过文字的方式进行，智力测验大多采用纸笔测验的方式，此外还有非文字测验和混合测验。例如，韦氏测验就是混合型测验，3个智力量表包括言语量表和操作量表两个部分，《韦氏儿童智力量表》的言语测验包括常识测验、背数测验、词汇测验、理解测验、类同测验和算术测验；操作测验包括填图测验、图画排列测验、积木图案测验、拼图测验、译码测验和迷津测验。瑞文测验则是纯粹的非文字测验，因为它是非文字的，所以使用的时候不仅方便，而且可以避免因为年龄和文化带来的影响，所以心理学研究者对它特别喜爱，至今仍在心理学界和医学界使用。第四，考察的作用不同，作为人才的选拔依据，两者都有共同的功效，但也有不同之处，一般的考试可以考查学生对知识的掌握与运用程度，还可以考察学生的学习态度。智力测验不仅可以用于人才的选拔，还可以用于人才的任用、心理咨询及教育评价等。

> **专栏 3-5**

如何选择智力测验?

前面谈到，如果你想知道自己的智力水平，最好到专业机构测试与分析。这样做是为了保证所接受的测验是"好"的测验，测验所得的结果是真实有效的。那么，什么是"好"的测验呢？"好"的测验有以下几条标准：

第一，好的测验是客观、可靠的，也就是说无论在任何时间、任何地点、对任何人进行测量，测验成绩不会因为这些条件的变化发生改变，始终保持着一致性。在心理学上，把测量工具的客观性和可靠性叫作"信度"。

第二，好的测验是有效的，例如，有一把刻度十分精确的尺子，按照第一条说到的，它对测量距离是"客观""可靠"的，是有"信度"的，但如果拿它来测量一个人的体重，显然就不合适了。因此，尺子对测量体重不是一个有效的工具。在心理学上，测量工具的有效性和实用性有一个专用的名词，叫作"效度"。

第三，好的测验要有一定的难度和区分度，能将不同的受试者区分开来。题目太难，所有的人都不通过，太简单，所有的人都过关，显然不能反映受试者的实际情况，达不到测验的目的，对于选拔性的测验来说，根本就达不到区别受试者水平的意义，更别说选拔人才了。

另外，对于测验的施测人员来说，好的测验还应省时、省力、方便易行。

五、如何看待测验的结果

智力测验的确为人们了解自身、为社会选拔人才、为在教育过程中因材施教、为心理缺陷者提供帮助等提供了有力的工具，它的实际应用价值毋庸置疑。但是，对待智力测验及智力测验的结果仍应采取谨慎的态度。这是因为：首先，测验工具本身并不完善，尽管心理学研究者进行了大量的研究，目前仍不能保证一般智力测验的全面性，不能保证某个智力测验对所有的人都适用，更不能保证智力测验能发现人在智力某些方面的特殊性；其次，智力测验都需要由受过心理学专业训练的人士来进行，即使这样，对测验结果的解释仍应采取谨慎的态度，因为测试过程中难免产生误差；再次，人的一生是一个发展的过程，智力也不是一成不变的，仅仅用一次或几次测验就对一个人智力的发展下定论也是不合适的，应该用发展的眼光来看待智力问题；最后，正如前文已经提到过的那样，一个人的成功不仅仅是靠智力，兴趣、意志和情绪等也会对一个人的成就产生影响。

《 *任务四* **运动员的智力**

一提起运动员和智力的关系，人们就会想到"四肢发达，头脑简单"这句话。其实这是对运动员智力的误解，也是对运动员能力的否定。造成这种误解的一个重要原因，就是人们总是习惯于把学习成绩当作是考核、评价智力水平的重要工具。事实上，智力测验和学校文化课的考试并不是一回事，不能仅仅用文化课的成绩来代表一个人的智力水平。而且智力的结构并不是单一的，任何一个智力测验都不能把人的智力的特殊方面或特长全部体现出来，而运动是需要特殊智力的，用一般的智力测验只能说明运动员作为普通人，他的智力水平是怎样的，但测验的结果并不能预测他们在训练和比赛中的表现。许多研究表明（李少丹，1998；刘淑慧，韩桂凤，1989；张力为，1994；祝蓓里，方兴初，1988），采用一般智力测验测到的高水平运动员智商分数和一般人相比，他们为中等或偏上。据此，马启伟，张力为（1996）得出结论：高水平运动员具备中等或中等以上水平的智商。这就为运动心理学的研究提出了课题：不同的运动项目需要什么样的特殊智力？如何考察运动员的运动智力水平？如何在运动员选材的时候发现运动专项所需要的特殊能力？对于这些问题的研究，不仅有助于消除人们对运动员智力问题的误解，而且有助于提高运动员的训练和比赛水平。

一、什么是运动智力

运动员的智力问题一直是运动员选材和培养的关注热点。但是，到目前为止，运动员智力的概念尚无确切的定义。研究者在对运动员的智力进行研究时，常使用"运动智力""运动员智力""运动专项智力""运动中的智力"等概念，或在研究中使用一般智力的概念。

运动项目的差异与运动员智力的关系复杂，是造成运动员智力界定模糊的原因之一。运动项目不同、场上位置不同、运动技能类型不同，都对运动员的智力提出了不同的挑战。目前倾向于用"运动智力"这一术语来界定运动员智力。张力为（1993）强调应当在具体运动情境条件下来理解运动智力，他提出运动智力是"人们在掌握运动技能和表现运动技能的过程中必须具备的心理条件或特征"。

二、运动智力的结构

在运动智力的构成方面，徐培（1999）认为，运动员专项智力结构中既要包括感觉、知觉和记忆等基本的认知过程，也要包括思维、表象、问题解决和决策等高级认知过程，同时还应当把自我监控作为运动智力结构的重要内容。认为自我监控是运动员智力因素和非智力因素相互作用的核心系统。

郑富和肖洁（2003）运用斯腾伯格的智力三元结构理论，提出运动智力应包括运动智力成分、运动智力经验和运动智力情境，其中运动智力成分是运动智力结构的核心。

张禹（2005）对排球运动员进行研究发现，高智力排球运动员的智力特征应该包括认知特征、元认知特征和非认知特征3个方面。认知特征和元认知特征是排球运动员智力观念中的重要成分，也是评价运动员智力水平的重要方面。认知特征中有注意、记忆、推理、决策；元认知特征，即自我监控；而非认知特征包括生理因素和人格因素。

荣敦国和王德新（2017）指出，运动员的运动智力包括运动注意力、运动观察力、运动记忆力、运动想象力和运动思维力5大因素。

国内研究者针对羽毛球、摔跤、跆拳道、乒乓球等不同专项运动员进行考察，发现运动员智力结构主要包括智力的认知特征和非认知特征两个方面，其中智力的认知特征，如注意、记忆、推理、决策等更受到研究者的青睐。

三、运动智力的特征

运动员是否"聪明"，是否"比普通人更聪明"，是否"优秀的运动员更聪明"，这一系列让人感兴趣的话题吸引着研究者的视线。在体育运动领域中常见的做法之一，是研究者采用一般智力测验对运动员进行测量，希望发现运动员与普通人之间在智力上的差异，以及优秀运动员与一般运动员之间是否有差异。常用的智力测验有瑞文标准推理测验和《韦氏成人智力量表》。我国研究者用不同的智力测验进行了多项研究，结果发现，运动员的智力、运动成绩、运动年限三者之间的关系并不确定。

另一类常见的做法是从运动员应付特殊运动情境和运动任务的能力出发，把运动智力看作是一种以特殊的智力表现为基础的在特定时间内的操作。这种操作是一种动态的过程，包含一系列连续阶段的信息加工过程。葛春林（1997，2003）对我国优秀少年排球运动员智能特征进行研究后认为，运动员的智能包括一般智力和专项智能。一般智力是基础，专项智能是运动员在参加比赛过程中表现的信息加工速度、认知策略及反应认知方式的心理特征。

传统的智力测验多数是纸笔测验，文字多，与运动情境鲜有联系。目前，尚没有针对运动员的智力测评工具。开发出适于运动员的测量工具，才能体现高水平运动员在运动中表现出的智力水平，区别高水平运动员与一般运动员的智力差异，区别运动项目、运动年限对运动智力的影响。

综合运动员智力测验的研究和国内外同类研究的结果，可以看出，运动员一般智力的特征有以下一些趋势（张力为，毛志雄，2007）：

第一，高水平运动员具备中等或中等以上水平的智商。

第二，体育专业学生的智力发展水平与文理科学生的智力发展水平无显著差异。

第三，运动专项不同，取得优异成绩所要求的智力特征也不相同。

第四，运动技能的类型不同、水平不同，智力因素对技能获得的影响也不相同。

第五，运动技能学习的阶段不同，智力因素对掌握运动技能的影响也不相同。

第六，智力缺陷儿童的智商分数越低，技能操作成绩也越差，掌握运动技能也越困难。

第七，在所完成的操作任务难度和智商分数之间有一定程度的相关性。

最后，需要强调的是，运动员加强文化课的学习对训练、比赛和今后人生的发展都是有益的，运动员应该注重提高文化素质，提升知识修养。

模块总结

1. 心理学中的人格指的是个人具有的稳定的心理品质，它反映一个人区别于其他人的心理面貌。
2. 人格理论主要包括精神分析理论、特质理论、学习理论和人本主义理论。
3. 遗传因素和环境因素在人格的形成和发展过程中都发挥着作用。
4. 常用的人格测量方法有人格问卷和人格投射测验。常用的人格问卷有明尼苏达多相人格测验、卡特尔16人格因素问卷、爱德华个人倾向量表、艾森克人格问卷；常用的人格投射测验有主题统觉测验、罗夏墨迹测验、霍兰职业爱好问卷。每种人格测验都有优点和不足，对待测验的结果应当慎重。
5. 运动员的人格差异是运动员心理选材的一个重要方面。
6. 大多数心理学家都倾向于把智力看作是不同能力构成的、综合的、整体的结构。
7. 目前，智力的结构理论主要有斯皮尔曼的二因素论、桑代克的多因素论、瑟斯顿的群因素论和吉尔福特的三维结构理论等。
8. 智力测量在我国有着悠久的历史。近代西方比较著名的智力测验有比纳智力测验、韦克斯勒智力测验和瑞文标准推理测验等。尽管智力测验在很多领域都有实际应用价值，但对待智力测验及智力测验的结果仍应采取谨慎的态度。
9. 智力的差异包括个体差异和群体差异。群体差异包括性别差异、年龄差异、种族差异、社会阶层差异等。在表现形式上，智力的差异可以表现为水平的差异、结构的差异。
10. 遗传和环境都对人的智力发展起作用，遗传是基础，而环境为智力的发展提供了条件。
11. 运动水平与运动员智力的关系复杂，目前没有定论。
12. 运动员智力结构主要包括智力的认知特征和非认知特征两个方面，研究者更青睐智力的认知特征，如注意、记忆、推理、决策等。
13. 运动员一般智力的特征有一些共同的趋势。

讨论问题

1. "人心不同,各如其面",这句话对不对,为什么?
2. 人的心理面貌可以在哪些方面体现?有哪些方法可以了解人与人的不同之处?
3. 影响训练和比赛水平的人格因素有哪些?从人格养成的角度考虑,如果你是教练员,你将怎么做?如果你是运动员,你觉得自己可以从哪些方面提高训练和比赛水平?
4. 如果想量化自己的智力水平,可以进行哪些测试?
5. 智力测验的分数能说明什么?可以用智力测验的分数做哪些事情?
6. 什么是运动智力?运动员与普通人智力有差别吗?如何测量这些差别?

推荐阅读

[1] 谢小庆,张治灿,杨立谦,等.洞察人生—心理测量学[M].济南:山东教育出版社,1992.(这本书介绍了心理测量的基本常识并对一些常见的心理测验做了介绍,通俗易懂。)

[2] 马建青.辅导人生—心理咨询学.济南:山东教育出版社,1992.(这本书的最后一章介绍了心理测验的基本常识,并介绍了常用的智力测验和人格测验,文字简练,对测验的介绍比较详细,部分测验附有测验原文和评分标准,有助于读者的理解。)

运动心理学篇

模块四

运动技能学习的心理基础

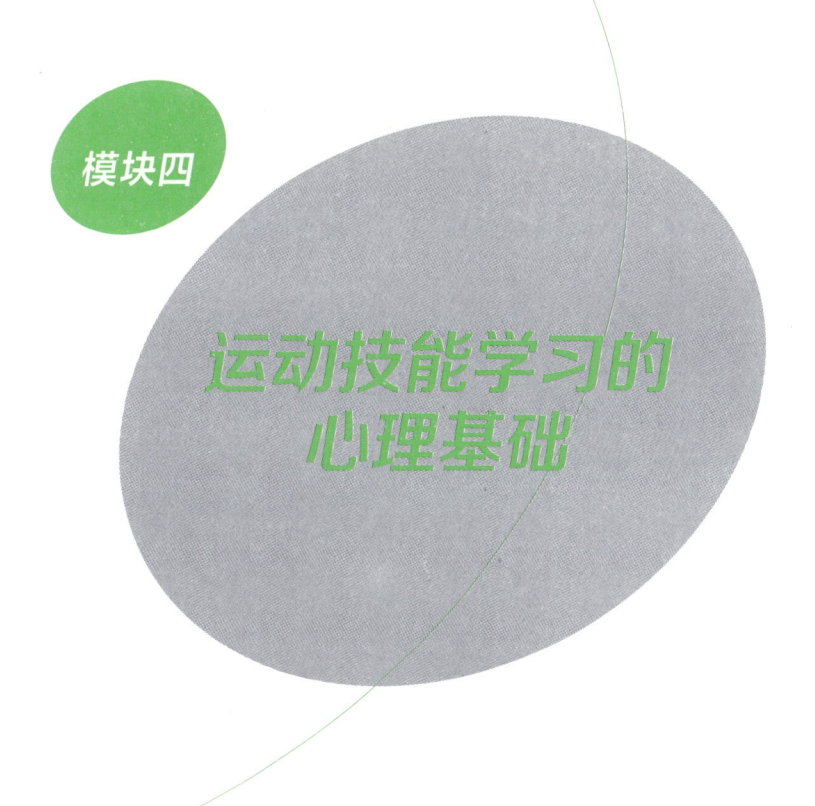

不论是在日常生活中的动作技能，如骑车、织毛衣、拿筷子吃饭，还是运动技能，如游泳、滑雪、打篮球，这些动作都是靠脑指挥和控制的。脑指挥和控制动作的质量，对技能水平有着决定性的影响。因此，从这个意义上或许可以说，技能训练更重要的是训练脑、训练脑和身体的有机配合，而不是单纯地训练身体。

扫码观看本模块微课

本模块仅从心理学的角度讨论运动技能训练的部分问题。主要分两部分进行，首先讨论技能训练的动机和目标问题，其次讨论技能掌握的一般原理及促进运动技能形成的可能途径。

强烈的训练欲望和合理的训练目标可以帮助运动员更快地实现自己的理想。理解这一问题时可参照模块一中"动机"的有关内容，以便更好地理解动机和目标在运动技能训练中的意义。有了强烈的训练欲望和合理的训练目标，还需要解决如何进行运动技能训练才能更加有效的问题。结合模块二"运动参与的认知过程"，有助于更好地理解运动技能的形成过程。

通过本模块的学习，希望同学们从运动技能学习的动机定向、学习基础以及掌握过程理解运动技能的获得和迁移，并在实践中活学活用，激发自己的学习动机，提高运动技能学习效率，实现运动技能的迁移。

主题一　运动技能学习的动机定向

从心理学的角度分析，运动训练过程首先要解决"是否做"的动机问题，然后才解决"如何做"的方法问题。动机问题好比是汽车的发动机和方向盘，是推动一辆汽车前进的基本要素。以下将从外部动机与内部动机、任务定向与自我定向及目标设置3个方面，讨论如何更加有效地发动自己投入运动训练。

《任务一　外部动机与内部动机

一、外部动机和内部动机的含义

模块一介绍了外部动机和内部动机，来源于客观外部原因的动机称为外部动机，来源于主观内部原因的动机称为内部动机。

外部动机以社会性需要为基础，是汲取外部力量的动机，是从外部对行为的驱动。例如，某运动员参加体育运动并取得成功可能是为了获取赞扬和公众的承认，或是为了获取奖杯和奖金，或是为了通过参加运动队来满足自己归属的需要。行为的动力来自外部的动员力量。

内部动机以生物性需要为基础，通过积极参加某种活动，应对各种挑战，从中展示自己的能力，实现自己的价值，体验到莫大的快乐和效能感。它是汲取内部力量的动机，是从内部对行为的驱动。如果在活动中取得成功，则这种活动和成功本身就构成一种内部奖励，对人起到激发作用。例如，某运动员因为热爱自己的运动专项而参加训练和比赛，参赛是为了满足内在的自尊，这促使他在比赛中即使没有观众也会竭尽全力去拼搏，或在训练中能够不厌其烦地千百次重复某一动作。行为的动力来自内部的自我动员。

一般说来，运动员参加体育运动可能既有内部动机，也有外部动机，也就是说运动员的运动表现同时受到这两种因素的影响（图4-1）。这两种动机对于体育运动都是有意义的。体育运动使人在迎接挑战中产生兴奋感，能力不断提高让人产生满足感，因此从这个意义上说，内部动机或许具有更重要的作用。

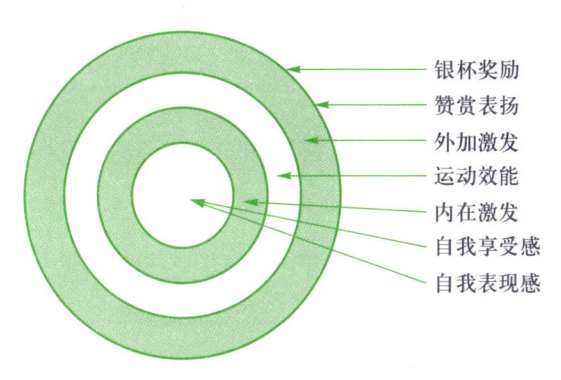

图4-1　内部动机和外部动机的产生及其相互作用
（马启伟，张力为，1998）

（从外到内标注：银杯奖励、赞赏表扬、外加激发、运动效能、内在激发、自我享受感、自我表现感）

二、外部动机与内部动机的关系

外部动机对内部动机的影响既可以是积极的，也可以是消极的，这主要取决于外部奖励的方式及运动员对内部奖励和外部奖励重要程度的认识。如果奖惩得当，则外部奖励甚至小范围内的惩罚可以激发运动员的正确行为，并促进外部动机向内部动机的转化；反之，则有可能破坏内部动机，得到相反的效果。

关于外部动机和内部动机的关系，美国心理学家德西做过一系列的实验（刘淑慧等，1993）。将受试者分为3组，让他们去完成一些十分有意思的题目。甲组受试者在开始解题之前就被告知每解出一道题就付给多少酬金，乙组受试者是在完成规定的解题任务之后宣布解出一题的酬金，丙组受试者不给任何报酬。在规定的解题时间结束之后，3组受试者留在各自的房间里，所有房间里放有杂志和另外一些同样类型的问题。他们可以在房间内随意从事任何活动，没有其他人在场，也不对他们提出任何要求。实验的假设是：此时仍去解题的人，是纯粹由于兴趣即内部动机所驱使。实验结果表明，不给任何报酬的丙组和实验后才给报酬的乙组要比实验前就告知给予报酬的甲组中，有更多的人在实验后自由活动的时间里继续解题。因此，德西得出这样的结论：奖励会产生使内在动机削弱的效应。这种效应以后就被称为德西效应。

德西效应提醒我们，一开始由于对某项活动本身感兴趣从事该项活动时，如果对从事该项活动本身或者对从事该项活动产生的结果（如名次）施以外部奖励（如奖金），有可能会降低继续从事该项活动的兴趣。控制这种因外部奖励而降低内部动机的消极效应的方法之一是，在给予外部奖励的同时，明确说明这种外部奖励是对活动者能力提高的承认和赞许。因为当人们了解到自己从事该项活动的能力有了提高时，会维持或提高从事该项活动的兴趣。

> 专栏 4-1

就是一个穷光蛋——石智勇雅典奥运会夺冠心理分析

实战案例

为了在奥运会中夺冠，石智勇背负了5年的思想包袱，付出了5年鲜为人知的艰辛努力。

也许是老天故意刁难，石智勇在2000年悉尼奥运会前因训练过度，伤病加重，无缘奥运会。

"我把希望全部寄托在悉尼，根本没有想过2004年、2008年，所以才特别难受。""幸好我身边有一群好人，他们用自身的经历教会我减压的方法。陈导也反复找我谈话，慢慢我找到了自己背负压力的重要原因——太想要冠军，太在乎冠军所带来的利益。"回想起当年稚嫩的想法，石智勇失笑出声。"陈导常说，我老把还不属于我的东西硬放在口袋里牢牢护住，生怕别人抢走，防卫心态很重，给自己平添许多没必要的压力。现在我想明白了，其实我跟大家一样，都是两手空空的，就是一个穷光蛋，就是去争那个东西的，心态变了，整个人都轻松了。"2004年8月，他如愿以偿，在雅典奥运会勇夺金牌。

心理分析

争得金牌，实现自我，是许多运动员参与竞技比赛的重要原因之一。正确地对待冠军头衔、成绩和荣誉，可以激发斗志，有效地提高训练和比赛成绩。但是，如果对待金牌的方式有误，甚至单纯地将成绩、名次及由此带来的物质利益作为参加运动竞赛的原因，则会给运动员带来负面影响。石智勇正是经历了对冠军从过分重视到正确认识的转变，才最终实现了自己的奥运冠军梦。

中国射击队有这样一句广为人知的口号，"打一枪，甩一枪，枪枪从零开始"。对于每位射击队员而言，这是要求大家不要背包袱，或者被自己之前成绩所影响。其实仔细斟酌，这句话背后，不正描述了面对成绩和荣誉时所应该具备的心态吗？当成绩和荣誉到来的那一刻，其实它已经成为历史，成为一个新的起点。面对成绩和荣誉，每位运动员都应该做出自己的选择，选择淡然地面对，认真地总结，关注在获得成绩的比赛中自己注意了哪些问题，运用了哪些正确的战术和技术；同时，还有哪些问题急需解决以获得更加完美的表现。具备这样的心态和境界往往可以帮助运动员走得更远。对于教练而言，要帮助运动员树立正确的人生观和价值观，树立高尚的荣誉感和责任感，帮助运动员学会从新的高度审视冠军的含义（张力为，2008）。

任务二 任务定向与自我定向

一、任务定向与自我定向的含义

任务定向指学习的目标是掌握运动技能，提高个人成绩，强调同自己的过去比较而建立成绩标准并注重个人的努力程度，只要自己全力以赴并刷新自己的个人记录，就会产生成功感。自我定向指学习的目标是体现自己与众不同的能力，在同他人比较的基础上建立成绩标准，只要自己比别人具有优势，就会产生成功感。也就是说，任务定向的人通过自我改进和掌握技能来界定成功，而自我定向的人则通过在竞争中获胜或证明比别人具有优势来界定成功。威廉姆斯（Williams，1994）对152名高中运动员（男78人，女74人）进行过一项调查，让这些运动员填写《体育运动中任务定向和自我定向问卷》（TEOSQ）和《运动能力信息量表》（SCIS）。结果发现，自我定向得分高的人更偏好于比赛结果、他人评价及同伴比较，而任务定向得分高的人更偏好于同学习、努力和改善有关的信息。杜达和尼克尔斯（Duda，Nicholls，1989）也曾进行过一项研究，让高中生填写《体育运动中任务定向和自我定向问卷》，还让他们指出对一系列体育活动中成功的原因的同意程度。这些原因可以分为4个方面，即动机/努力、能力、欺骗和外部因素。结果表明，任务定向的人倾向于认为体育活动中的成功是通过后天努力获得的，而自我定向的人倾向于认为体育活动中的成功是由于先天能力造成的。

二、任务定向与自我定向的意义

杜达的目标定向理论指出，任务定向与自我定向会造成不同的行为效果，而任务定向的目标是更好的目标。例如，杜达和尼克尔斯（Duda，Nicholls，1989）的研究发现，任务定向与兴趣感、乐趣感呈正相关，与枯燥感呈负相关。他们的研究还发现，让受试者以次最大强度进行自行车练习时，高任务定向/低自我定向的受试者，主观努力水平更高，积极情绪更多。威勒兰德等人（Vallerand等，1986）的研究表明，受试者如果先从事一项竞争定向的活动而不是任务定向的活动，在以后可自由支配的时间内，他们花在该项活动的时间更少。特里舍和罗伯茨（Treasure，Roberts，1994）的研究表明，任务定向与积极的社会行为和适宜的运动成就动机相关，而自我定向与消极的社会行为和不适宜的运动成就动机相关。孙延林（1997）曾对我国初中学生体育课中的动机气氛对学生的动机水平、目标定向、能力知觉和运动成绩的影响做了研究。结果发现，体育课中，任务定向的气氛能够提高学生的动机水平，使学生喜欢上体育课，还能提高学生对自己运动能力的认识。而自我定向的气氛会降低学生的动机水平，使大多数学生对体育课产生厌烦情绪。但有趣的是，动机气氛对运动成绩没有影响。

表4-1对照比较了任务定向和自我定向的不同效果，这种差异提示，在体育教学中，教师应当尽量营造一种高任务定向的气氛，以帮助学生培养良好人格（马启伟，1996）。具体来说，应当：

第一，鼓励学生设置任务定向的目标；

第二，尽量多地以学生本人体育成绩的提高程度作为评价学生进步的基础，即多进行个人比较的评价，少进行社会比较的评价；

第三，强调个人努力的重要性，而不是仅仅强调个人能力的重要性。

表4-1 目标设置中任务定向与自我定向的效果差异

因素	高任务定向	高能力高自我定向	低能力高自我定向
努力的程度	较高	较高	较低
选择任务的倾向	富于挑战性的	?	不具竞争优势时选择过易或过难的任务
自信心	容易提高	容易波动	容易受损
对待挫折和困难的态度	坚持不懈	?	?
参加体育活动的乐趣感、满意感和内在兴趣	更为强烈	更低	更低
对成功原因的看法	更相信努力	更相信能力	更相信能力
对采用欺骗和不正当战术获取比赛胜利的看法	更不赞成	更倾向于认可	更倾向于认可
对运动目的的看法	努力、合作、好公民	高声望、自我重要性、竞争意识	高声望、自我重要性、竞争意识
学习方法	做更多不同的尝试	不愿做不同的尝试	不愿做不同的尝试
对运动成绩的关注	更少，焦虑程度更低	更多，焦虑程度更高	更多，焦虑程度更高

任务三 目标设置

一、长期目标和短期目标

长期目标和短期目标并无公认的时间分割点。但一般来讲，长期目标指一年甚至更长时间的目标，有时是指没有明确时间限度的目标。短期目标指以月、周、日等时间单位计量的目标，通常是指有明确时间限度的目标。

生活中人人都有某些愿意实现的希望和梦想，但目标则与这些长期的、一般性的希望和梦想不同。希望与梦想可能使我们体验到生活的意义，保持生活的勇气，并使行为具有一定的方向，而目标则是将这种可能转变为现实的第一个重要环节：它将希望和梦想变为切实可行的计划。计划有长有短，因此，在目标设置中，长期目标和短期目标的设置都很重要。一般来说，人们都会有自己的长期目标，但有相当一部分人不善于将长期的目标化整为零，变为中期和短期的目标。而恰恰是这一将长期目标转化为短期目标的过程才是长时间维持高动机和自信心的关键。因为每实现一个小的子目标都可以使人相对较快地、较明显地看到自己的进步，看到自己的努力和成绩进步的因果关系，并产生不断克服困难以达到下一个子目标的欲望和动机（图4-2）。

一般说来，短期目标最有效，对人的行动最容易产生立竿见影的推动作用，但必须有长期目标的引导，行动才能更加自觉、坚持不懈。例如，"我每周做3次，每次做3组，每组做20次负重深蹲练习，一个月内提高腿部力量10%"，就是短期目标；"我争取3年内通过国家锻炼标准"，就是长期目标。

图4-2 登山者需将长期目标和短期目标相结合

二、具体目标和模糊目标

具体目标通常指可以量化并且予以量化了的目标。模糊目标通常指无法量化或没有予以量化的目标。明确、具体、可进行数量分析的目标，是精确的目标，它对于激发动机最有效；模糊的、无法进行数量分析的目标则少有激发动机的作用。

许多实验表明，设置具体的、可测量的目标会比仅仅设置模糊的、一般性的目标（如"尽最大努力"）产生更大的动机推动作用并获取更好的成绩（Hall, Byrne, 1988; Burton, 1989; Frierman, Weinberg, Jackson, 1990; Tenenbaum, Pinchas, Elbaz, Bar-Eli,

Weinberg, 1991; Boyce, 1992)。比如,在一项实验中,255名男女儿童被随机分为进行仰卧起坐训练的短期目标组(每次练习测验提高4%)、长期目标组(10周训练提高20%)、短期目标加长期目标组和尽最大努力组共4个组,然后每天进行仰卧起坐训练,每周进行一次练习测验,每两周进行一次正式测验,共进行10周。结果表明,有具体目标的各组,其成绩提高幅度比只有模糊目标的组("尽最大努力")更大(Weinberg, Bruya, Longino, Jackson, 1988)。

也有研究表明,对于简单任务,设置具体目标比模糊目标要更有效,取得的成绩更好。但对于复杂任务,则没有这种效应,即具体目标和模糊目标对成绩的影响无可靠差异(Burton, 1989)。

三、现实目标和不现实目标

现实目标是指通过艰苦努力仍可达到的目标。不现实目标指不论通过多少努力也根本不可能实现的目标。在现实目标的指导下,通过一段时间的努力,获取一定的成功,自然会加强人们从事体育活动的兴趣和自信心。富有挑战性的、困难的但经过努力完全可以达到的现实目标,对于激发动机更有效。也就是说,应该为自己设立难度适当的目标。因为超过现实可能性的目标过高,会使人产生挫折感,怀疑自己,放弃努力;容易达到的目标又不可能充分动员、激发人的活动,挖掘人的潜力。

班杜拉认为(Bandura, 1982),人的自信心受4种因素影响,即过去成功的经验(直接经验)、对别人成功的了解(替代经验)、言语劝说(言语暗示)以及生理状态(情绪唤醒)。其中最重要的就是过去成功的经验。成功就是目标的实现。例如,学生所达到的目标越多,所体验到的成功感就越强,自信心也就越强,因此,在体育课的学习中将长期目标转化为现实的、具体的中期目标和短期目标是极其重要的。再例如,一个体校学生在平衡木的比赛中总是失败,如果只是自叹"看来我是过不了平衡木这一关了",当然于事无补。她应当在教练的指导下制订一个中、短期计划,如进行3个月的训练,第一个月将成功率提高到80%,第二个月提高到90%,第三个月提高到95%。然后,再相应地制订每周的训练目标。这样,她便可以开始做出切实的努力来解决这一问题了。

四、内隐目标和外显目标

内隐目标指藏于心中并不外露的目标。外显目标指公之于众的目标。一个人人皆知的目标,有利于社会监督,形成社会推动力,促使目标制订者加倍努力,这是从外部对动机的激发。例如,我国著名乒乓球运动员容国团(图4-3)曾公开了

图4-3 容国团获得单打世界冠军

自己要在第25届奥运会中获得男子单打冠军的目标，这个目标激励他为维护祖国的荣誉和个人的自尊心而奋勇拼搏。在竞争环境中，大多数人都有维护自己声誉的强烈需要，这种需要构成一种极强的外部动机，促使人加倍努力。

五、单一目标和多级目标

单一目标指目标只有一个，不分差异。多级目标指同时具有多个目标，成为一组分级目标。在一些形势复杂、竞争激烈的领域中，为减轻心理压力，人们常常设立多级目标。所谓"多级"，一般也不会超过如下三级：

第一级，最理想的目标：超水平发挥时应达到的目标；

第二级，最现实的目标：正常发挥时应达到的目标；

第三级，最低目标：无论出现什么意外情况，也应奋力达到的目标。

这样做避免了那种"不成功便成仁"式的单一目标所造成的心理负担，更有利于现实目标的实现。但是，如果目标级数太多，目标本身也就失去了动机作用。在体育测验或体育比赛时，对于那些已经处于高度激活状态的学生，测验前和比赛前尤其应制订多级目标，以使其成就动机保持在适宜水平。

主题二 运动技能的学习基础

人们用以适应生活的几乎所有技能，都是在后天实践中逐渐习得的。学习是个体在一定情境下由于反复地经验而产生的行为或行为潜能的比较持久的变化过程。学习是人类适应环境的重要方式，且遵循着一定的规律和法则，运动技能的学习也不例外。下面将介绍两种解释学习的理论，第一种理论是学习的连结理论，包括经典条件作用和操作条件作用；第二种理论是学习的认知理论，包括顿悟学习和认知地图与潜在学习。

任务一 经典条件作用

20世纪，俄国生理学家巴甫洛夫通过使用条件反射实验方法，研究了大脑皮层的机能，开辟了高级神经活动生理学的研究领域，创立了高级神经活动学说。它对人们理解心理现象的生理机制及理解人类的学习过程，具有重要意义。

巴甫洛夫认为大脑皮层的机能主要包括两个方面：一是协调全身的无条件反射活动，它是无条件反射活动的高级中枢部位；二是建立各种条件反射，它是条件反射的主要中枢部位。巴甫洛夫选择了唾液腺作为一种方便的容易观察的实例，研究了动物的中枢神经系统活动，并根据研究成果把反射分为两种，即无条件反射和条件反射。

一、无条件反射

无条件反射是先天的，不学而能的一种反射，如婴儿有3种无条件反射，当把奶头放进婴儿嘴里，他就会自动吸吮，若把食物放在嘴里，就引起唾液分泌等，这便是食物反射；用东西刺激眼睛就眨眼，细小的东西侵入鼻孔就打喷嚏，火烫着手，手就缩回等，这是防御反射；把眼和头转向刺激的光源，这是朝向反射。这些反射是一种简单的，无须附加任何条件的反射。这类反射是人和动物所共有的。求偶筑巢都是动物的一种本能行为，是动物在长期适应环境过程中形成，并在遗传中固定下来传递给后代的一种无条件反射本能，是一种无意识活动，不随条件变化而变化。例如，蜜蜂不懂蜂巢破了会漏蜜，而照样往里贮蜜；燕子也不懂鸟蛋已换成小马铃薯而照样孵化。引起无条件反射的刺激物叫无条件刺激物。无条件反射的神经通路是与生俱来的固定神经联系，它是由中枢神经系统的低级部位（脑干或脊髓）来实现。当然，高等动物的无条件反射，也受大脑皮层的支配和调节。对人类而言，只有在出生后第一次出现的反射，才真正具有无条件反射的意义，以后的反射则都有条件反射的参与。

无条件反射是动物生长的先天基础，但只能使动物适应固定的环境，不能使动物适应变化的环境，因为如果只有把食物放在嘴里才吃，火烧到身上才逃，就会被环境所淘汰。要想生存，必须发展新的反应形式。

二、条件反射

条件反射是在有机体生活中形成的，随条件变化的反射；是一定条件下无关刺激成为无条件刺激物的信号所引起的反射；是在有机体生活过程中，在无条件反射的基础上，由后天学习而获得的。例如，巴甫洛夫的动物实验中将狗固定在架子上，在它的脸颊上做个手术，使它的部分唾液腺暴露出来，以便收集它的唾液（图4-4）。给狗吃一定量的食物，经过几秒钟后，便有唾液分泌出来，这便是无条件反射。食物刺激口腔黏膜及味觉感受器，经传入神经纤维引起唾液腺分泌，同时也向上传导到大脑皮层相应部位引起它的兴奋，这一部位称为无条件反射皮层兴奋灶。如果给狗以单独的铃声刺激，只会引起狗注视铃声方向，而不会引起唾液分泌，因为铃声与食物无关，它对食物引起的流涎反射，是一种无关刺激。铃声刺激内耳的科蒂氏器官的毛细胞，冲动经听神经向上传入皮层颞叶，引起这一部位有关细胞群的兴奋，同时发生冲动支配头部骨骼的运动神经元引起转头注视的运动反应，这叫朝向反射或探究反射。

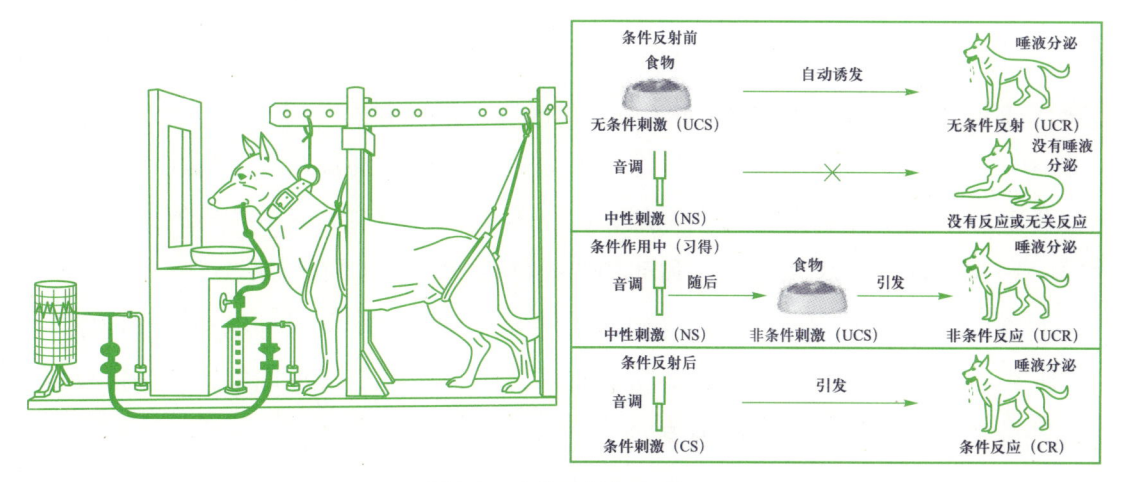

图4-4 条件反射实验过程

然后，在每次给狗食物之前1~2 s出现一次铃声，再给食物，经过这样多次结合以后，再单独出现铃声，就能引起狗被喂食时同样的唾液分泌。铃声已具有引起唾液分泌的作用，即铃声已成为进食的"信号"了。所以，这时就把铃声称为信号刺激（即条件刺激），由它引起的反射就称为条件反射，也叫信号活动。这是由于无关刺激在大脑皮层引起的兴奋灶的兴奋向周围扩散，并被无条件刺激（食物）引起的较强兴奋灶所吸引，以致这两个兴奋灶之间建立了机能上的暂时联系。也就是说，声音刺激在皮层颞叶引起的兴奋灶和食物刺激引起的兴奋灶之间，建立了一条新的暂时联系，使铃声引起的听觉冲动经过这个暂时联系，传到了食物刺激引起的兴奋灶和唾液分泌中枢，这样，听觉刺激就引起了唾液分泌活动。因此，条件反射的形成，就是大脑皮层在机能上的暂时联系的建立或接通。后来巴甫洛夫把条件反射的实验应用到运动等方面进行，都得到了相类似的结果，并推广到高等有机体身上，从而证明了无条件反射的基础上形成条件反射，是一切高等有机体的普遍规律。

条件反射的建立需要一定条件：第一，条件反射是在无条件反射的基础上建立起来的，如果没有无条件反射，也就根本谈不上条件反射。第二，无关刺激与无条件刺激在同一时间上进行结合才能具有信号意义，才能成为条件刺激。这种在时间上的结合称为强化。强化次数越多，条件反射就越巩固。第三，高等动物和人类形成条件反射必须有大脑皮层的存在，而且大脑皮层还要处于一定的兴奋状态。切除大脑皮层或处于睡眠状态的狗，都不可能形成条件反射。

直接在无条件反射基础上建立起来的条件反射，是最简单的条件反射形式，称为一级条件反射。在一级条件反射已经巩固以后，再使另一个无关刺激与这个条件刺激结合，还可以形成二级条件反射。同理，在二级条件反射的基础上还可以形成三级条件反射。在人身上可以建立很多级的条件反射。

巴甫洛夫认为，人们经历的一切培育、学习和训练，一切可能的习惯，都是很长系列的条件反射。例如，学生听到铃声就习惯地进入教室上课；下雨看见闪电，就知道要打雷；有经验的农民可以根据各种自然现象判断天气变化等，都是日常生活中形成的条件反射活动。足球运动员听到裁判的哨音便开球或者停球，短跑运动员听到裁判的枪响便迅速起跑等，则是训练竞赛中形成的条件反射行为。但是，由于人类在劳动中形成了特有的条件刺激物，即第二信号——词、言语，这就使得人和动物的条件反射具有本质区别。

从以上条件反射形成的过程可以看到，条件反射是生理现象同时也是心理现象。从有机体的一定组织的物质活动即暂时联系的接通来看，条件反射是生理现象；从条件反射揭露刺激物的信号意义来讲，它又是心理现象。

在实际活动中，无条件反射和条件反射的划分又具有相对意义。有机体的每一种活动都有这两种反射的性质，无条件反射只有在有机体出生后第一次出现时才是名副其实的，以后它的每一次出现，都有条件反射参与。条件反射归根到底是在无条件反射的基础上形成的，它的构成已将某些无条件反射包括进去了。所以心理现象就其产生来说，是两种反射系统的有机统一。

任务二 操作条件作用

巴甫洛夫所研究的条件反射称为经典条件作用，而另一种条件反射是操作条件作用。操作条件作用学说的创始人是斯金纳，是美国印第安纳大学和哈佛大学的教授，长期从事动物学习的实验研究。斯金纳用以研究动物学习的实验装置称为斯金纳箱（图4-5）。在箱内，把一个小杠杆对着一面箱壁钩在传递小球食物的机械上，杠杆一旦被压动，一粒食物球就滚进食盒。实验过程中，白鼠被引进实验箱内，可以自由活动，当它偶然踩压杠杆时便得到食物。为强化这一踩压动作，经过多次重复，白鼠便会自动踩压杠杆而得到食物。这种必须通过自己的某种操作（踩压到位）才能得到强化（食物）所形成的条件反射，被称为操作条件作用。

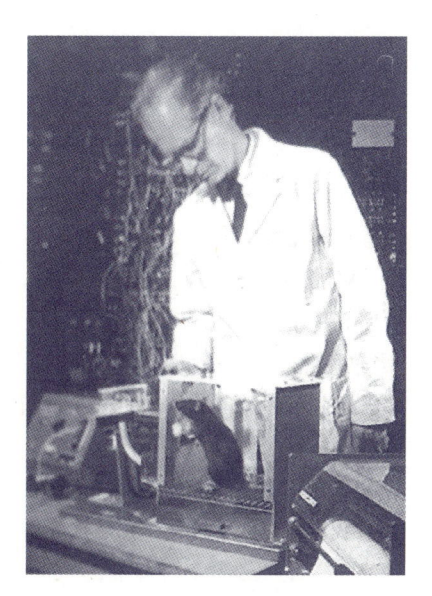

图4-5 斯金纳箱
（津巴多，2018）

操作条件作用和经典条件作用有共同点，它们都以强化神经系统的正常活动为基本条件。不同之处在于，经典条件作用属于刺激型条件反射，是由已知的刺激引起应答性反应，在实验过程中，刺激是已知的，动物往往被束缚着，是在被动地接受刺激。在条件反射形成的过程中，反复强化的是刺激，并且是在反应出现之前。操作条件作用则属于反应型条件反射，操作行为没有已知的刺激，是由有机体本身发出的自发性行为，在操作条件作用形成过程中，动物可以自由活动，可以主动地进行操作，使操作被反复强化，这种强化出现在反应之后。

生活中有许多操作条件作用的实例，如小孩还很小不会说话时，即便发出咿呀学语声，父母也大多会给予回应，表示赞扬或关注，强化操作条件作用。之后，父母的要求越来越高，小孩必须越来越接近真词发音时，父母才会有反应。正是在这一过程中，父母塑造了儿童的行为。又如钓鱼，先甩鱼竿等候，等钓上鱼时，即是对垂钓的行为进行强化。可以想见，如果没有鱼上钩的经验强化，钓鱼行为就很难持续下去。再如跳水运动员学习107B的跳水动作，只有当动作有所改进并不断完善时，教练员才会通过微笑、拍肩膀、语言鼓励、发小奖品等方式给予积极强化，从而使这一动作趋于完美。没有教练员的强化，运动员很难形成正确动作。

人类的学习更多的是通过操作条件作用来进行的，人类的行为也更多的是通过操作条件作用来塑造的。运动员的技术和战术，也是通过操作条件作用逐渐掌握的：运动员先做出正确动作或者做出质量有所提高的动作，教练员才给予奖励。在奖励的不断强化下，技术和战术趋于完美。但应当指出，操作性条件作用和经典性条件作用并不互相排斥，两者都需要强化过程，都需要神经系统活动的参与。一个复杂的条件反射活动往往包含两种条件作用。

任务三 顿悟学习

心理学家苛勒认为，学习是通过学习者对情境的重新组织实现的。苛勒曾经到非洲沿海的西班牙属地特纳利夫岛专门研究猩猩的行为，他的"猩猩摘香蕉"实验，充分反映了猩猩是如何进行学习和解决面临的难题的。在实验室里，苛勒设置了这样的情境：房顶上挂着一串香蕉，地上摆放了几只箱子。猩猩一开始跳起来摘香蕉，但因为香蕉挂得太高，猩猩摘不到。它不再跳了，而是在房间走来走去，仿佛在观察房间里的东西。经过一段时间，猩猩突然走到箱子前面，站着不动。过了一会儿，猩猩把箱子挪到香蕉下面，跳到箱子上，摘到了香蕉。如果一只箱子不够高，猩猩还能把两个或者更多的箱子叠起来，以拿到香蕉。苛勒发现，猩猩不是通过不断尝试、错误、再尝试、再错误直到正确这样的途径来学习如何摘到香蕉的，而是突然领悟到如何解决问题的。苛勒用"知觉重组"来解释这种学习，猩猩突然之间发现了箱子与香蕉之间的关系，它在认知结构中将已有的知识经验进行了重新组合，因而发现了解决问题的新方法。苛勒将这种学习称作顿悟学习。

顿悟就是突然领悟。在人类的学习和解决问题过程中，顿悟现象也很普遍。例如，著名科学家阿基米德解决"皇冠之谜"的过程，就是典型的顿悟。运动员也许曾有这样的情况：在长期训练中，一直未能找到改进动作、提高质量的办法，但是有一天，突然灵感到来，一下子便解决了问题。有些人热衷于玩拼字和猜谜游戏，就是因为他们常能从这种游戏中体验到顿悟的喜悦。

尽管目前对顿悟的原因并不十分清楚，但有些观点为我们提供了解开"顿悟之谜"的线索：第一，顿悟依赖于情境，当答案的基本部分与当前情境的关系较易察觉时，容易出现顿悟。例如，在猩猩摘香蕉实验中，如果箱子离香蕉很近，猩猩就容易发现两者之间的关系。

第二，顿悟产生以后，可以重复出现。第三，在一种情境中的顿悟可以迁移到新的情境中。在顿悟中，个体学到的东西不是刺激和反应间的一个特定联系，而是手段和目的间的一种认知关系。当动物学会用一种手段达到目的后，它们也可以用另一种手段来达到同样的目的。例如，猩猩一旦学会站在箱子上摘香蕉后，它们也可以把竹竿接起来摘香蕉。

任务四 认知地图与潜在学习

心理学家托尔曼认为传统的"刺激-反应"的理论框架不足以解释学习过程。他认为，在学习过程中，有机体内部发生了重要的事件，使学习得以发生。一个完整的行为应包含3个方面：① 由外部环境或内部生理状态所激发；② 经过某些中介变量，即个体的认知；③ 表现出行为和反应。他还认为，只有研究中介变量，才能了解个体行为发生的机制。

一、认知地图

托尔曼的学生麦克法兰曾进行过白鼠学习位置实验。他训练白鼠在灌满了水的迷津里游泳，达到目的箱。他的研究问题是：白鼠在这种迷津中究竟学到了什么？是一系列的刺激-反应连结，还是某种认知内容？为了回答这一问题，麦克法兰把迷津中的水抽干，发现那些已经学会游到目的箱的白鼠都能顺利地跑到目的箱，这说明它们将游泳时学会的内容成功地迁移到了奔跑中。托尔曼认为，白鼠学到的不是一系列动作，而是迷津本身的空间布局，也就是说，白鼠学到了迷津的地图，因此，在有水和无水两种情境中都能成功地到达目的箱。托尔曼用"认知地图"来形容动物在迷津实验中学到的内容，即关于迷津的位置信息，例如，哪条路是死路、哪条路通向食物、哪条路最近、哪条路绕弯。一旦白鼠将这些信息同化到自己的某种认知地图中，它就会明白目标在哪里及应该如何走，而不是依靠某些固定的运动系统来到达目的地。

实际上，认知地图是关于某一局部环境的综合表象，包括事件的时间关系和位置的空间关系。人们的大脑中也存有许许多多的认知地图，如到训练场地的认知地图、到商业中心的认知地图、回家的认知地图。通过技能训练也获得了许许多多的认知地图，如在排球比赛中，发球后进攻和防守的时间顺序，己方主攻手和二传手的位置，对方主攻手和二传手的位置，双方与球网的空间关系。技能训练的过程，也是不断建立各种认知地图的过程，并使之更加稳固、清晰且能适应情境变化。在本模块学习之初提到，技能训练，更多的是在练脑，而不是练身，就包含这个意思。

二、潜在学习

托尔曼认为强化不是学习所必需的，这一看法与巴甫洛夫的经典条件作用学说和斯金纳的操作条件作用学说明显不同。在一个经典的实验中，托尔曼将白鼠分为3组，训练它们走一个复杂的迷津。A组白鼠在正常条件下训练，跑到目的箱之后总能得到食物；B组白鼠始终没有得到食物；C组白鼠在开始10天中没有得到食物，到11天才得到食物。实验结果如图4-6所示：A组的操作水平逐渐上升；B组的水平一直没有提高；C组的水平在没有食物强化的前10天里与B组一样差，然而一旦有了食物，操作水平骤然上升，与A组一样好，甚至更好。托尔曼认为，3组白鼠的学习情境是一样的，差别仅仅是有没有食物强化。B组白鼠没有受到强化的时候（训练的前10天）也在学习，只不过没有将学习的效果表现出来，托尔曼称这种学习为"潜在学习"。C组白鼠在没有食物的前10天里也在进行学习，它们与A组白鼠一样获得了关于迷津的认知地图，只是由于没有食物，它们没有必要让学习的效果表现出来。当白鼠在第11天得到食物强化以后，学习的效果立刻就表现了出来。托尔曼认为，学习不仅需要知识，而且需要目标（如走到目的箱获得食物）。如果没有目标，学习就可能表现不出来，其结果不一定体现在外显的行为中。

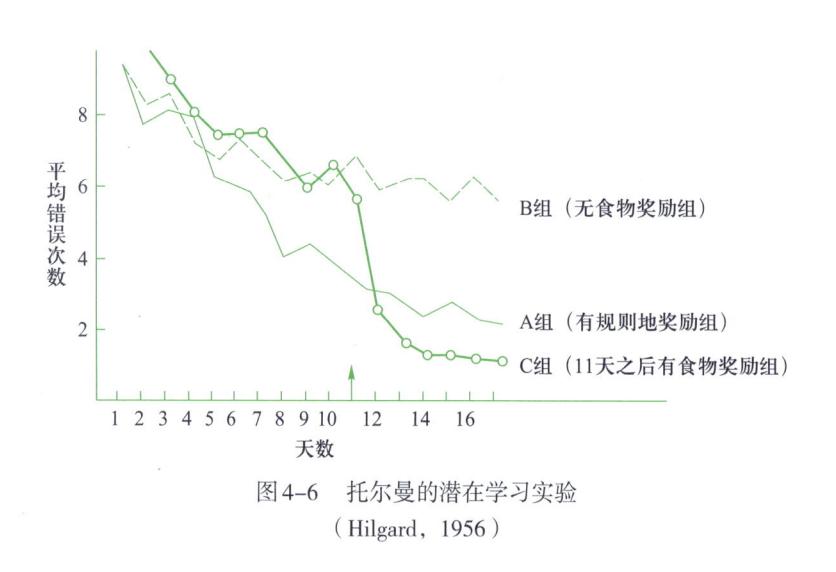

图4-6　托尔曼的潜在学习实验
（Hilgard, 1956）

运动员在训练中也可能有过潜在学习的情况。例如，足球运动员只是在录像中或者在训练中看过别人腾空倒勾射门的动作，但自己并没有实际练习过这个动作。在一次比赛中，突然遇到一个难得的机会，于是毫不犹豫地做出了一个腾空倒勾射门的动作。再如，报纸刊载过一位从未练过驾车的妇人，在深夜丈夫病重又无援手的情况下，竟然驾驶她丈夫的车子，将他送往医院急救。可以想象是，她平时在驾驶座旁边的座位上经由观察而产生了潜在学习（张春兴，1994）。这些实例正是"潜移默化"。

主题三　运动技能的掌握过程

运动技能的掌握过程除了遵循学习的一般规律之外，还有与其他学习活动和学习过程不同的特点。日常生活中也会有这样的体验：学习后空翻动作和背越式跳高动作，与理解数学公式和背英语单词有着明显差别；语文期末考试也和参加排球比赛截然不同。以下将从运动技能的分类、学习阶段、形成的特点及运动技能的迁移4个方面讨论运动技能的掌握过程。

任务一　运动技能的分类

技能是通过练习获得的，是顺利完成某种任务的操作活动方式或心智活动方式，是掌握并能运用专门技术的能力。根据技能本身的性质和特点，可以分为动作技能和心智技能两种。

在完成任务中，所涉及的一系列实际动作，以完美、合理的方式组织起来并顺利进行时，就称为动作技能，如写字、行走、骑车。而心智技能则是指顺利完成某些任务的心智活动方式，它指借助于内部语言在头脑中进行的认识活动方式，如珠心算、作文构思、谱曲。

运动技能是动作技能的一种，是在体育运动特定的情境中将表现出来的种种动作以完善、合理的方式组织起来并顺利完成动作的能力。

一、连续性技能与非连续性技能

根据动作是否具有连续性，可以将运动技能分为连续性技能和非连续性技能。连续性技能是指组织方式上没有明确的开始和结束的动作技能，通常指那些具有重复或韵律性质，持续若干分钟以上的动作技能，如跑步、游泳、竞走、滑冰和自行车等。非连续性技能是指组织方式上有着明确的开始和结束的动作技能，通常持续时间非常短暂，如投掷、踢球和排球中的扣球等。

许多连续性技能一旦被熟练掌握，几乎不会遗忘，如骑车、游泳。有许多实验室实验涉及人的长时运动记忆，较有代表性的是弗里什曼和帕克的实验（Flishman，Parker，1962）。

他们利用一个三维互补追踪作业,让受试者每天练习3次,每次6分钟,共练习17天,总计51次。然后A组间歇9个月,B组间歇12个月,C组间歇24个月,再分别测验记忆成绩。尽管间歇时间差别较大,但3组受试者间歇后回忆成绩都大致相同,即便间歇24个月的受试者开始成绩略差,但仅仅经过3次练习,就迅速恢复到与其他两组大致相同的水平(图4-7)。

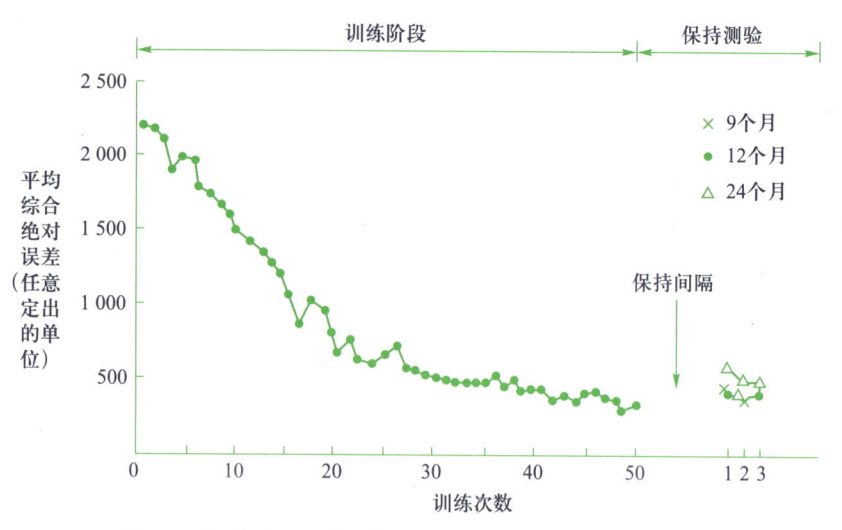

图4-7 初学时和3种保持间隔后三维追踪任务的平均成绩

与连续性技能相反,非连续性技能的长时记忆测验成绩则很差。纽曼和埃门斯(Neumann, Ammons, 1957)曾做一实验,让受试者坐在一个大型显示器前,显示器上有8组开关排成1个圆形,如图4-8所示,受试者要打开1个内圈的开关,再找出外圈的那个与之相应的开关,如果受试者找到正确的对应开关,电铃将给予指示。受试者要学习至连续找出两次不出错误为止。然后间隔1分钟、20分钟、2天、7周、1年,再检查保持时间各不相同的各个实验组的记忆差别。结果如图4-9所示,20分钟后便开始出现技能衰退,随着间歇时间延长,技能衰退愈加显著,至一年后,成绩下降到比练习起始水平还低的程度,说明产生了几乎是完全的遗忘。当然,应注意作业的重学成绩要优于间歇前的学习成绩,即图中所示的斜率不同,说明仍有一些记忆保持在受试者脑中。

长时运动记忆的研究产生了两个令人感兴趣的问题:第一个问题是为什么运动技能比言语技能保持的时间更长?

第一种解释是:日常生活中人们遇到的言语信息大大超过运动信息,因此,言语信息互相干扰的机会更多。第二种解释是:在学习运动技能时,人体开放了更多的信息通道将更多的信息输入大脑,如学习投篮时,运动员不仅要利用视觉、听觉来接受教练员的指导,而且还要通过触觉、平衡觉、本体感觉等来体会动作要领。而在学习语言技能时,一般只利用视觉、听觉两个信息通道。信息量少,重现时进行联想的困难就大一些,记忆成绩当然就差一些。第三种解释是：运动技能和言语技能常在不同的条件下被加以比较，有些运动技能，如骑车、游泳，在平时有更多重复使用机会，因此，不能说两者哪一个保持时间更长。

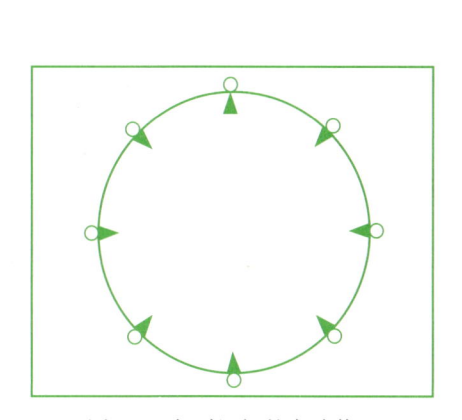

图4-8　长时记忆的实验装置

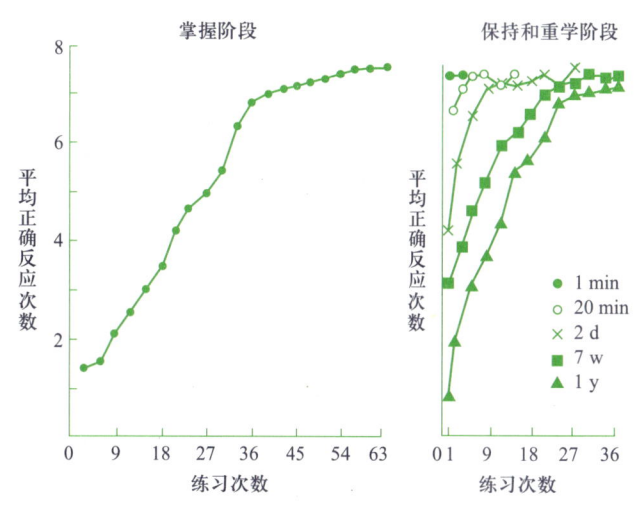

图4-9　初学和不同保持间隔后非连续性技能的平均成绩

第二个问题是为什么连续性技能（如骑车、游泳、打字）比非连续性技能（如撑杆跳、掷铁饼、体操）记忆得更好？主要原因可能是初学量的不同。一般来说，初学量增加，记忆成绩也会提高。在典型的连续性作业中，假定有一个持续30 s的练习，那么在30 s内可重复多次规定的动作，而每个动作实际上都包括许多连续性反应。如在转盘追踪实验中，笔尖与移动着的目标会脱离开，每脱离一次都需要受试者调正一次。而在非连续性作业中，每次练习仅是一次调正一个动作，没有重复的机会。因此，尽管连续性作业与非连续作业练习的次数一样，但前者比后者练习量要大，记忆成绩当然也更好。

二、开放性技能与闭锁性技能

根据完成技能时对环境信息的依赖程度，可以将运动技能分为开放性技能和闭锁性技能。

开放性技能受到外部刺激的影响较大。开放性运动操作过程中，人必须借助于一种不同于肌肉反馈的"智力计划"对其部分地加以控制。"智力计划"是包含心智技能在内的运动计划，它涉及运动技能在什么时候和什么情况下进行的各种运动操作程序。由于完成动作的速度很快，不能根据来自肌肉的反馈进行调整，因此，开放性技能要求学习者具有处理外界信息变化的随机应变能力和对事件发生的预见能力。开放性技能的完成主要依赖周围环境提供的信息。在有的运动项目中，如篮球、排球、棒球，正确地感知周围环境尤其是竞争对手的情况成为运动调节的重要因素。

闭锁性技能在大多数情况下主要依靠内部的本体感受器所介入的反馈来调节运动，而外部感受器所介入的反馈对此不起多大的作用，即闭锁性技能对外界信息帮助的依赖性低。体操、游泳、高尔夫、跳水、投掷铁饼等运动项目，一般具有相当固定的动作模式，就要通过不断的练习，使自己的动作达到动力定型。

三、精细技能与粗大技能

根据完成动作时肌肉参与的不同，可以把运动技能区分为精细技能和粗大技能。精细技能是指以小肌肉群活动为主的运动技能，具有细微、精巧的特点。手指和手腕的调节尤其重要，日常生活中的绣花、织毛衣、写字等都是典型的精细技能，运动技能如射击、射箭、网前吊球、台内轻搓短球等也是精细技能。粗大技能是指以大肌肉群活动为主的运动技能，具有粗放、大型的特点。举重、摔跤、跑步、游泳、网球发球、排球大力扣球、足球远距离射门等都是典型的大肌肉群活动。研究表明，由于这两种运动技能的肌肉参与差别极大，因此，这两类运动技能之间的相关度很低（黄希庭，1991）。

任务二 运动技能的学习阶段

运动技能的学习都要经历几个不同的阶段，根据不同阶段的特点，运动技能的学习阶段的分类主要有三阶段模型和两阶段模型。

一、运动技能学习的三阶段模型

费茨和麦克尔·包斯纳（Fitts，Michael Posner，1967）提出了经典学习阶段模型。他们认为学习一项运动技能包含3个阶段（张忠秋，2006）。

第一阶段被称作认知阶段，学习者集中在以认知为主的问题上。这一阶段的练习会出现许多错误，而且往往是一些大错，并且学习者即使意识到动作不正确，也不知道如何改进。

第二阶段被称作联结阶段。费茨和包斯纳把这个阶段称作改进精炼阶段。在这个阶段，学习者掌握了技能的基本原理或技术，主要将注意力集中于如何能成功地完成动作，而且掌握了在操作中找出错误的能力。

第三阶段是自动化阶段。在这个阶段，技能几乎变成自动、习惯化了。学习者不再有意识地去考虑自己正在做什么，在完成动作的同时还能做另外一些事情。达到这个阶段的学习者能连贯地完成从一个动作到下个动作的过渡，能发现自己的错误并进行纠正。费茨和包斯纳指出，并不是每个人都能达到这个阶段。练习的量、指导和练习的程度决定了能否到达这个最终阶段。

费茨和包斯纳的模型强调这3个阶段是连续的，学习者不会从一个阶段突然跳跃到另一个阶段，而是逐渐地转移或改变。正是因为这个原因，所以在特定时期去区分某个体到底是处于哪个阶段是非常困难的（图4-10）。

图4-10 费茨和包斯纳的学习阶段模型

张力为、毛志雄（2001）将这3个阶段学习的心理特点总结如下。

（一）认知阶段

在技能学习的初期，学习者的神经过程处于泛化阶段，内抑制过程尚未精确建立起来，注意范围比较狭窄，知觉的准确性较低，动作之间的联系不协调，特别是肌肉的紧张与放松配合不好；多余动作较多，整个动作显得忙乱紧张；完成的动作在空间、时间上都不精确；能初步利用结果的反馈信息，但只能利用非常明显的线索；意识的参与较多。在此阶段，学习者主要是通过视觉观察示范动作并进行模仿练习，较多地利用视觉来控制动作。因此，动觉的感受性较差，对动作的控制力不强，难以发现自己动作的缺点和错误。

（二）联结阶段

学习者经过一定的练习之后，初步掌握了一系列局部动作，并开始把个别动作联系起来。这时，学习者的神经过程逐渐形成了分化性抑制，兴奋和抑制过程在空间和时间上更加准确，内抑制过程加强，分化、延缓及消退抑制都得到发展；注意的范围有所扩大；紧张程度有所降低，动作之间的干扰减少；多余动作趋向消除，动作的准确性提高；识别错误动作的能力也有所加强；初步形成了一定的技能，但在动作之间的衔接处常出现间断、停顿和不协调现象。在此阶段，学习者的注意主要指向技能的细节，通过思维分析，概括动作的本质特征，逐步完善地意识到整个动作，把若干个别动作结合成为整体。这时视觉、知觉虽然起一定作用，但已不起主要作用，肌肉运动感觉逐渐清晰明确，可以根据肌肉运动感觉来做分析判断。

（三）自动化阶段

在这个阶段，学习者的动作已在大脑中建立起巩固的动力定型，神经过程的兴奋与抑制更加集中与精确，掌握的一系列动作已经形成了完整的有机系统，各个动作都能以连锁的形式表现出来，自动化程度扩大，意识只对个别动作起调节作用。此时，学习者的注意范围扩大，主要用于对环境变化信息的加工上，对动作本身的注意很少，视觉控制作用减弱，动觉控制作用加强，能及时发现和纠正错误的动作。

二、运动技能学习的两阶段模型

运动技能学习的两阶段模型是金泰尔（Gentile，1972，1987，2000）提出的。该理论认为学习者在每一阶段的目标不同，不同阶段的学习目标要依靠运动技能的类型来制定，提出运动技能学习需要经历两个阶段（张忠秋，2006）。

（一）开始阶段

在开始阶段，学习者有两个重要的目标需要完成。第一个目标是获得运动协调模式，这种协调模式可以帮助学习者成功地实现技能动作目标。这就意味着学习者必须完善在一般环境中操作与技能相匹配的特征。第二个目标是在练习技能时，学会区分所处周围环境中的调整和非调整的条件。调整条件是指影响动作完成的环境因素，非调整条件是指不影响完成动作目标的操作环境特征。以拿取桌面上的水杯为例，调整的情况包括杯子的大小、形状及位置等。杯子的颜色、桌子的形状并不影响拿取杯子的动作，因此属于非调整条件。

为了达到这两个重要的目标，学习者通过一次次的尝试和失败，体验到了与调整条件的要求相匹配和不匹配的动作特征。在这个过程中，学习者进行了大量解决问题的认知活动。当完成这个阶段的学习时，学习者建立了动作协调模式。

在开始阶段，学习者要想获得闭锁性技能稳定的动作协调基本模式，就必须完善这个模式，尝试用很少的力和最小的体力消耗去完成这种动作模式。只有将所需动作协调模式定型，才有能力去进行一致性的操作。而开放性技能需要在开始阶段形成基本运动模式的多样性。开放性技能的一个重要特征在于要求学习者能很快地适应不断改变的时间和空间的调整条件。这就意味着学习者要获得根据条件变化来调节运动的能力，而不是仅学会自动完成一系列的动作。

（二）后续阶段

金泰尔称第二个阶段为后续阶段，学习者需要获得以下3种主要特征：第一，获得发展运动模式的能力，以适应不同的操作情境；第二，提高完成技能目标的一致性；第三，掌握高效完成运动技能的方法。

金泰尔指出，动作模式的定型是闭锁性技能第二阶段的目标，学习者应该进一步改进动作模式。对于闭锁性技能而言，模式的改进主要是动作特点的变化，而不是模式本身固定特征的改变。例如，打保龄球时，每次击球后剩下的球瓶数量和摆放位置可能不同，打球者需要根据情况改变出手的位置和球速，而不是改变击球的动作。再如，在不同的场地上打高尔夫，球员需要变换站姿或挥杆的轨迹，而不是改变高尔夫击球时固有的动作特征。虽然需要调整力度的大小，但是握杆动作的基本特征是不变的。

对于开放性技能而言，学习者可能需要改变运动模式的固有特征或特点。例如，当网球运动员接发球时，他可能原先准备用正手回球，而当对方的球发出以后，则可能根据发球情况改变为反手回击。在开放性技能的学习过程中，没有太多的时间允许学习者制订计划或者做准备工作，因此，要求学习者具备预测环境变化和迅速适应环境变化的能力。

任务三 运动技能形成的特点

一、动作控制的意识性

在运动技能形成初期，内部语言起着重要的调节作用（黄希庭，1991）。这时，技能的各种动作都受意识控制，如果意识控制稍有削弱，动作就会出现停顿或出现错误。随着技能的形成，意识控制逐渐减弱而由自动控制取代。在技能的熟练期，人们在完成某种技能时，只关心怎样使这些技能服从于当前任务的需要，技能的整个动作系统已经是自动化的了。

二、线索的利用

在运动技能形成初期，学习者只能对那些很明显的线索（如指导者的提醒）产生反应，不能觉察到自己动作的全部情况，难以发现自己的错误。随着技能的形成，学习者能觉察到自己动作的细微差别，能运用细微的线索使动作日趋完善。技能达到熟练的程度时，学习者能根据很少的线索完成动作。

三、肌肉的协调配合

乒乓球运动员在扣杀过网高球时，能够巧妙地利用全身各部位的肌肉力量，使其在击球的一瞬间充分发挥作用。这包括选择最佳击球位置，充分拉后手，协调足、腿、腰、臂、头等各个部位肌肉的发力顺序和发力方向，使主动肌和协同肌最大限度地收缩，同时使拮抗肌充分放松等。举重运动员的绝对力量虽然好于乒乓球运动员，但是做同样的扣杀动作却未必奏效。这说明，在有些技能中，肌肉的协调配合比肌肉的绝对力量更重要，肌肉协调配合的程度是初学者和优秀运动员的关键区别之一。

四、运动程序的作用

在运动技能形成初期，学习者依靠外部反馈，特别是视觉反馈来控制行为。例如，初学打字的人，一边看着自己的手指和键盘上的符号，一边敲击键盘。初学跳舞的人一边看着脚尖，一边跳舞。随着运动技能的形成和完善，运动控制逐渐开始不再依赖于视觉反馈，而是通过运动程序来控制行为。运动技能的熟练程度达到某一阶段时，人在头脑中就会产生运动程序，并依靠这些程序控制运动动作。运动员通过不断训练、改善和提高的也主要是这些运动程序的质量。

五、动觉反馈的作用

运动技能形成之后，学习者就借助于运动程序来控制动作的进行。但这并不是说技巧的实现不需要反馈信息，这时，尽管视觉反馈作用降低了，但动觉反馈的作用却加强了。动觉反馈信息与运动技能有着紧密的联系。例如，走路时偶尔踩到一块小石头，就会立即产生防止跌倒的动作。这是由于脚部的动觉反馈信息对运动程序的调节。在形成运动技巧以后，动觉反馈是运动程序的控制器，保证运动技能的顺利进行。

任务四 运动技能的迁移

运动技能学习的效果可以在动作水平的提高、协调中体现，可以在动作发挥的稳定和持久中体现，还可以在动作的适应性中体现，即在不同情境中加以使用的能力。一种学习活动对另外一种学习活动产生影响的现象叫作学习的迁移。运动技能的迁移是指一种运动技能的学习对另一种运动技能学习的影响。

一、顺向迁移和逆向迁移

顺向迁移是指前一种运动技能的学习对后一种运动技能学习的影响。例如，跳高运动员改学短跑，跑动过程中身体重心会不由自主地向上；学会了自行车再学骑三轮车的人，比没学过骑自行车直接学骑三轮车的人更难掌握重心；学会了单簧管，再学习萨克斯就更容易一些。这些现象就是先前学习对之后学习的影响。

逆向迁移是指后一种运动技能的学习对前一种运动技能学习的影响。例如，虽然先学习了汉语拼音，但学会了英文字母以后，都用英文字母的发音读汉语拼音的字母；学会解方程式以后，即使遇到简单的算术应用题也会用方程式去解题；乒乓球运动员先学习了直板左推右攻的技术，再学习直板横打的技术，球到反手的时候，运动员就会犹豫，究竟使用哪种技术更合适。

二、正迁移和负迁移

正迁移是指一种运动技能的学习对另一种运动技能学习产生促进作用。负迁移是指一种运动技能的学习对另一种运动技能学习起到干扰或抑制作用。迁移效果为零的叫零迁移。

顺向迁移或逆向迁移有正、负之分，正迁移或负迁移也有顺向、逆向之分。

技能的相互影响，有时候是积极的，有时候是消极的。跳高运动员改学短跑，跑动过程中身体重心会不由自主地向上，妨碍了跑步技能的学习，因此，是顺向的负迁移；学会了单簧管，再学习萨克斯就更容易一些，是顺向的正迁移；学会直板横打以后，干扰了以往左推右攻的打法，这是逆向的负迁移。你能举出一个逆向正迁移的例子吗？

三、运动技能迁移的测量

如何知道运动技能迁移是否发生？迁移的效果如何？

下面以顺向迁移为例。考察顺向迁移，就是考察先学的运动技能A对后学的运动技能B的影响，因此，实验组先学习运动技能A，控制组休息。然后实验组和控制组共同学习运动技能B，并且对两组的运动技能B进行比较（表4-2）。如果实验组的运动技能B和控制组的运动技能B有显著差异，那就是发生了顺向迁移。如果实验组的运动技能B好于控制组的运动技能B，那就是发生了顺向的正迁移，如果实验组的运动技能B差于控制组的运动技能B，那就是发生了顺向的负迁移。

表4-2 顺向迁移实验设计

组别	运动技能A	运动技能B
实验组	学习	学习
控制组	休息	学习

同理，要考察逆向迁移，就是考察后学的运动技能B对之前学习的运动技能A的影响，因此，实验组和控制组共同学习运动技能A，然后，实验组继续学习运动技能B，控制组休息或进行其他无关的活动（表4-3）。然后对两组的运动技能A进行比较。如果实验组的运动技能A和控制组的运动技能A有显著差异，那就是发生了逆向迁移。如果实验组的运动技能A好于控制组的运动技能A，那就是发生了逆向的正迁移。如果实验组的运动技能A差于控制组的运动技能A，那就是发生了逆向的负迁移。

表4-3 逆向迁移实验设计

组别	运动技能A	运动技能B
实验组	学习	学习
控制组	学习	休息

关于迁移的量，可以套用以下公式进行计算：

$$迁移率（100\%）= \frac{实验组成绩 - 控制组成绩}{实验组成绩 + 控制组成绩} \times 100\%$$

以上是测量迁移的理论路径，事实上，在现实中想要明确运动技能的迁移，需要解决许多棘手的难题。例如，要在两项任务中区分心理成分与运动成分的不同影响极其困难；在任务练习过程中要想有效地控制受试者所进行的心理练习的量也很难；各项任务间刺激与反应的精确分析很麻烦，很难确定什么是共同因素，什么不是共同因素；要把由于集中练习与分散练习的不同所产生的结果与由于迁移所造成的结果区分开来也很困难。用一个成绩或学习曲线来研究前一个任务对后一个任务的迁移影响时，有时候正迁移、负迁移的影响开始看不出来，只有在学习进程的晚期才反映出来。另一些时候则可能一开始就反映出迁移的影响，但经过一系列练习后这些影响又被消除了。利昂纳德（Leonard，1970）等人研究转盘追踪学习的迁移时注意到了这种早期出现、晚期又消失了的迁移效应。

四、影响运动技能迁移的因素

（一）运动技能的相似性

在运动技能的迁移现象中，最重要的影响因素是两项任务的刺激与反应的相似程度。如果先学习的技能的刺激与反应同后学习的技能的刺激与反应高度相似，可获得最大的技能迁移。如果它们之间不相似，则会对后学习的技能产生干扰。在刺激与反应的相似程度对迁移性质的影响中，似乎反应的相似性在一定程度上比刺激的相似性更为重要（杨锡让，1985）。

（二）先前运动技能的学习程度

先学习的运动技能的巩固程度对运动技能迁移的影响是：先学习的运动技能的练习量较大时，即先学习的运动技能较好地被巩固时，才可能获得较大的迁移。先学习的运动技能的巩固程度不同，迁移的性质也可能不同。例如，先学习的运动技能练习12次以后对后学运动技能的产生的是弱的迁移；练习26次以后，产生的是干扰；练习96次以后，又开始对后学运动技能产生较强的迁移（图4-11）。

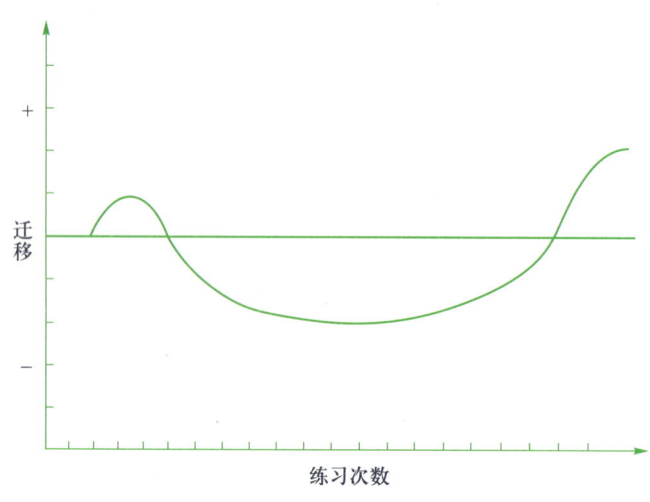

图4-11 练习次数与技能迁移性质的关系

(三)认知结构及学习能力

如果受试者是经验丰富、能力较强的成年人,他们以往的知识结构及经历可以帮助他们理解、识别所面临的任务。将这些经验和学习能力应用于最后的标准测量任务,以致模糊了实验的结果,最终实验者可能测不出正迁移,也测不出负迁移。

(四)时间间隔与技能迁移

本奇(Bunch,1939)用动物做实验,让它们学迷津,结果发现:时间间隔越长,正迁移越少。关于负迁移,情况就复杂得多。假如练习与测验之间间隔不太长,负迁移将随时间间隔的延长而逐渐减少。但是,经过时间上的某一点后,负迁移就消失了,随后出现正迁移,再随着时间间隔的延长,这种正迁移又逐渐降为零。该实验是在动物身上做的,对人类是否适用,有待证明,但该实验向我们提示,时间间隔不但对迁移量,而且对迁移性质有重要影响。

(五)疲劳对技能迁移的影响

开普兰(Caplan,1969)曾就疲劳对迁移的影响进行了研究。他让受试者在一种条件下进行不同程度的各种活动,使将要进行运动练习的那部分肌肉产生极度疲劳;在另一种条件下,使受试者产生全身性极度疲劳而不特别涉及将来进行练习的肌肉群。结果发现:在这两种疲劳状况下进行任务练习都会产生负迁移。

模块总结

1. 根据动机的来源可将动机分为外部动机和内部动机。来源于客观外部原因的动机称为外部动机,来源于主观内部原因的动机称为内部动机。运动员参加体育运动,既可能由内部动机引起,也可能由外部动机引起。
2. 外部奖励有可能因为带有控制含义而损害内部动机。但如果强调外部奖励是对运动员能力提高的认可,则可能继续维持运动员的内部动机。
3. 任务定向指学习的目标是掌握运动技能,提高个人成绩,强调同自己的过去比较而建立的成绩标准并注重个人的努力程度。自我定向指学习的目标是体现自己与众不同的能力,在同他人比较的基础上建立成绩标准。
4. 任务定向与兴趣感、乐趣感等积极情绪呈正相关,与枯燥感呈负相关。因此,体育教师应努力创设任务定向的学习气氛,强调个人努力,并减少社会比较定向的评价。
5. 将短期目标与长期目标相结合,设置具体的、现实且有挑战性的、外显的目标,有助于提高技能训练的效果。
6. 由巴甫洛夫创立的经典条件作用学说认为,条件刺激与无条件刺激在时间上的多次重合或相继出现,会形成两者之间的暂时联系。之后,条件刺激会引起条件反应。
7. 由斯金纳创立的操作条件作用理论认为,对有机体操作行为的强化是学习的主要因素。通过不同性质的强化,可以塑造和控制行为。

8. 主张认知在学习中占主导地位的苛勒认为,学习是通过学习者重新组织有关事物实现的,其方式是顿悟。
9. 认知学派的托尔曼认为,刺激—反应理论缺少一个重要的中间环节,即个体的认知。他提出,学习是通过建立反映位置的空间关系和反映事件的时间关系的认知地图加以实现的。另外,存在一种"潜在学习"效应,即学习效果不一定立刻表现出来,而是在一定条件下才会表现出来。
10. 运动技能是动作技能的一种,是在体育运动特定的情境中将表现出来的种种动作以完善、合理的方式组织起来并顺利完成的能力。
11. 目前,大多数人从三个维度对运动技能进行分类:连续性技能与非连续性技能,开放性技能与闭锁性技能,精细技能与粗大技能。
12. 连续性技能是指组织方式上没有明确的开始和结束的动作技能,通常指那些具有重复或韵律性质,持续若干分钟以上的动作技能,如跑步、游泳、竞走、滑冰和自行车等。非连续性技能是指组织方式上有着明确的开始和结束的动作技能,通常持续时间非常短暂,如投掷、踢球和排球中的扣球等。
13. 开放性运动技能受到外部刺激的影响较大,以环境和本体感觉变化的整体性、统一性为特征。开放性技能要求学习者具有处理外界信息变化的随机应变能力和对事件发生的预见能力。闭锁性运动技能在大多数情况下主要依靠内部的本体感受器所介入的反馈来调节运动,对外界信息帮助的依赖性低。
14. 精细技能是指以小肌肉群活动为主的运动技能。粗大技能运用大肌肉群,而且经常要求全身肌肉的参与。
15. 费茨和麦克尔·包斯纳提出了经典学习阶段模型。他们认为,学习一项运动技能包含认知阶段、联结阶段和自动化三个阶段。这三个阶段是连续的,学习者不会从一个阶段突然跳跃到另一个阶段,而是逐渐地转移或改变。
16. 金泰尔认为学习者在每一阶段的目标不同,不同阶段的学习目标要依靠运动技能的类型来制订,提出运动技能学习需要经历两个阶段。
17. 运动技能的迁移是指一种运动技能的学习对另一种运动技能学习的影响。
18. 顺向迁移是指前一种运动技能的学习对后一种运动技能学习的影响;逆向迁移是指后一种运动技能的学习对前一种运动技能学习的影响。
19. 正迁移是指一种运动技能的学习对另一种运动技能学习产生促进作用;负迁移是指一种运动技能的学习对另一种运动技能学习起到干扰或抑制作用。迁移效果为零的叫零迁移。
20. 影响运动技能迁移的因素有运动技能的相似性、先前运动技能的学习程度、练习者的认知结构及学习能力、时间间隔、疲劳等。

讨论问题

1. 你参加运动训练的动机是以内部动机为主,还是以外部动机为主?哪些事情使你感到可以提高你参加运动训练的内部动机?
2. 在比赛中,是制订任务定向的目标好,还是制订自我定向的目标好?为什么?
3. 请与教练协商,根据目标设置的原则,共同制订一个月训练计划,包括技术、战术、身体、心理、恢复5个方面的训练内容。
4. 你在技能训练中有过顿悟的体验吗?如果有,请分析一下产生顿悟时的情境和条件。
5. 你的头脑中有与技术、战术相关的认知地图吗？如果有，请举实例说明。
6. 你是否有过潜在学习的体验？如果有，请举实例说明。
7. 什么是运动技能？举例说明运动技能的分类。
8. 关于运动技能学习的理论有哪些？主要的观点是什么？
9. 什么是运动技能的迁移？怎样对运动技能的迁移进行测量？
10. 哪些方法可以帮助运动技能完成"迁移"？

推荐阅读

[1] [美]马丁，邦普.心理技能训练指南[M].王惠民，等，译.北京：人民体育出版社，1992.（该书第二章讨论了内部动机与外部动机的关系问题，第十章对如何进行目标设置进行了具体指导，十分实用。）

[2] 马启伟，张力为.体育运动心理学[M].杭州：浙江教育出版社，1998.（该书第七章"体育运动中的认知问题"对运动中的感知觉、记忆、注意等认知过程进行了更为详尽的讨论。）

[3] 张力为，毛志雄.运动心理学[M].上海：华东师范大学出版社，2003.（该书作为全国应用心理学专业系列教材之一，在第十二章对运动技能的形成过程进行了详细的介绍。）

[4] 张忠秋.运动技能学习与控制[M].北京：中国轻工业出版社，2006.（该书是美国运动心理专家Richard A.Magill教授同名经典专著的译著，展示了运动学习与控制领域的研究内容和发展概况。）

[5] 张春兴.现代心理学[M].上海：上海人民出版社，2009.(该书是一部系统、全面介绍心理学的书籍，也是一本心理学入门书。其内容丰富，语言易懂，举例恰当）

[6] 王树明.运动技能学习与控制[M].北京：高等教育出版社，2018.（该书反映了近年来运动技能学习领域的研究成果。）

模块五 心理技能训练

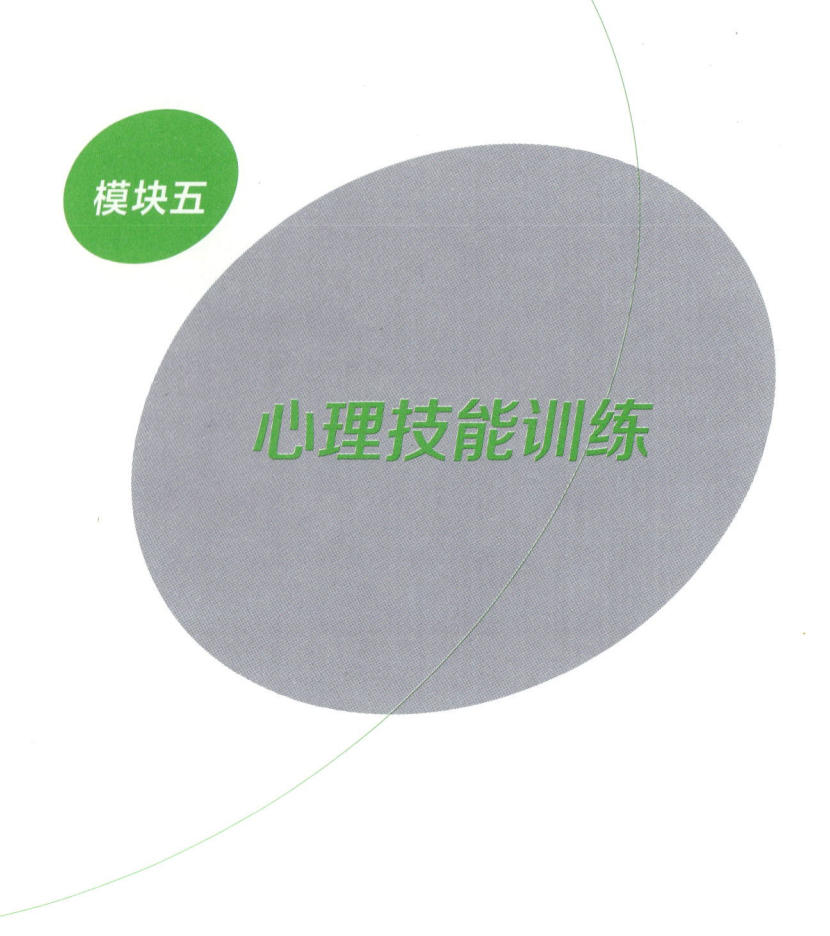

扫码观看本模块微课

　　心理训练也称心理技能训练，是有目的、有计划地对训练者的心理过程和个性心理特征施加影响的过程，也是采用特殊的方法和手段使训练者学会调节和控制自己的心理状态，进而调节和控制自己运动行为的过程。心理技能训练是现代运动训练系统不可缺少的一部分，影响着运动员的身体、技术、战术水平，可以促进训练者心理过程不断完善，形成专项运动所需要的良好个性心理特征，获得高水平的心理能量储备，使训练者的心理状态适应训练和比赛的要求，为达到最佳竞技状态和创造优异成绩奠定良好的心理基础。

　　心理技能和技术能力、战术能力、身体能力一样受后天环境和实践活动的影响，可以通过训练获得和提高。心理技能训练遵循一般技能学习的规律，必须长期、系统地进行。进行心理技能训练，要以预防运动员产生心理问题为主，防患于未然；要有计划地进行并长期坚持；要争取训练者积极主动的配合；要同训练者的专项训练相结合并设法用量化指标评定心理技能训练的效果。只有这样，心理技能训练才有可能产生实效。心理技能训练追求迁移效果，即不但使训练者对某种情境中的某个问题的心理能力得到提高，而且对其他情境中的其他问题的应对能力也得到提高；不但使训练者在运动生涯中受益，而且使其终身受益。

　　通过本模块的学习，希望同学们明确心理技能训练在运动实践中的重要作用，了解并掌握常见的心理技能训练的方法，在日常训练中自觉加以运用。在保障训练和比赛任务完成的同时，思考如何将心理能力迁移到日常生活中，为自己长期的心理健康打下基础。

主题一　目标设置训练

目标设置是指对动机性活动将要达到的最后结果进行的规划。模块四中任务三"目标设置"也介绍了相关内容。目标设置直接关系到动机的方向和强度。正确、有效的目标可以集中人的能量，激发、引导和组织人的活动，是行为的重要推动和指导力量。目标设置训练则是根据有效推动行为的原则设置合理目标的过程。

任务一　目标设置训练的具体方法

一、将长期与短期的目标相结合

通过学习模块四的内容，我们了解到短期目标对即刻行动最有效，长期目标会让人长久地保持动机，为实现目标而努力奋斗。善于将长期目标转化为短期目标的人才能长时间维持高昂的动机和自信心。

专栏5-1

君子报仇十年不晚——张宁雅典奥运会夺冠心理分析

赛前准备

1994年，年仅19岁的张宁开始代表国家队出战。在尤伯杯决赛中国队与印尼队的决胜局中，她输给了当时15岁的印尼小将张海丽。这场失利导致中国队丢了已拿了10年的尤伯杯。张海丽一战成名，而张宁几乎被摧垮。此后的数年间，这场比赛都如噩梦般缠绕着她。

张海丽成为了张宁最想打败的对手。在2004年雅典奥运会决赛前，张宁和家人都不约而同地想到一句话："君子报仇，十年不晚"。10年正是张宁积蓄力量的时间。为了这枚金牌，张宁在更新换代极快的中国羽毛球队中成了老大姐。

"10年前，我和张海丽都非常小，她赢了。现在正好经过了10年，我没觉得10年太长，但是我们都成熟了。今天我和她都是一半对一半，关键看最后谁能顶得住。"在出场之前，张宁就知道这将是一场恶战。从半决赛战胜龚睿娜的表现来看，间断两年重新投入训练的张海丽仍具有相当高的水平。于是，张宁决定一定要耐心，一分一分与对手争。

不过，在比赛中真正考验张宁的是张海丽多次出现的运气得分及裁判的两次误判。"**事实上，我当时多少有一点心理问题，怎么会这样。不过很快我就重新平静了。上场之前，我就反复对自己说，虽然非常想要这块金牌，但是一定要用平常心去对待，以自己的实力发挥正常水平的话，应该可以战胜她。所以当时没有给自己太大的压力，打得很放开。**"

比赛过程

事实证明，张宁充分的心理准备起了关键作用。比赛开始后，张宁8∶11先输一局，同时，裁判的几次误判引起了现场观众的异议，观众席上甚至爆出了"黑哨"的喊声。第二局开始后，裁判依然出现过几次失误，但是教练组及时调整战略，张宁扳回一局。第三局的开局对张宁来说简直是梦境，她很快取得了3∶0的领先优势。观众席上已有中国观众喊出了"11∶0"的口号。可同样抱着退役前拼块奥运金牌的张海丽祭出了她最后的疯狂，赛点三度出现，最后一分双方拼了足足7、8分钟，每个球的拉锯回合都达到了10余次，最后张宁以11∶5战胜对手。

"我知道，对方的进攻能力比较强，战术也多变，时而拉后场，时而攻进来。但是我的准备还是比较充分，所以并没有被打乱阵脚。""当时很艰难，第二局比分咬住的时候，还有第三局最后一分拿不下来的时候，我觉得打到最后这个时候就是凭意志，谁先放弃谁就只有失败。我挺住了，最后我胜利了！"

"**我太高兴了，也太激动了。**"在夺得女单金牌之后，张宁喜极而泣。她不仅是战胜了张海丽，也同时战胜了10年来困扰自己的噩梦。"**我是靠意志取得了胜利。**"她兴奋的说。

心理分析

"我可以接受失败，但我不能接受放弃。"作为篮球史上最伟大的运动员乔丹的这句名言，在张宁身上同样得到了最为生动的体现。每位优秀运动员都怀揣梦想，或为战胜对手，赛场夺冠，或为超越自我，挖掘潜能。为了实现个人既定的目标，他们会认定方向，执着前行。张宁之所以能在寂寞中坚守、在挫折中奋起，只因她心怀不甘，有梦要圆，即要以大赛中的战绩尤其是奥运赛场上的胜利来证明自己：我行。

竞技场上的幸运女神钟情的是那些在奋斗路上矢志不渝，困难面前从容面对的健儿，胜利的橄榄枝也总是摇向那些能坚守信念，抵御干扰，审时度势，灵活机智奔向目标的勇者。张宁凭借高度的自制力遏制了各种消极不利的想法，真正做到了无欲则刚（张力为，2007）。

二、设置具体而不是模糊的目标

明确、具体、可进行数量分析的目标，是具体的目标，它对于激发动机最有效；模糊的、无法进行数量分析的目标则少有激发动机的作用。"身体训练做3组仰卧起坐，每组50个，5分钟一组"之所以会比"身体训练做仰卧起坐，尽量做，越多越好"更为有效，不但是因为具体的目标有助于导致明确而有效率的行为，而且，还有助于结果的评估，有助于定量化地检验是否到达了目标。这种反馈对于目标的动机功能具有极重要的意义。无法测量的目标很难起到促进动机的作用。对于体育教师来说，"我要争取提高学生的体育课成绩"这个目标就不如"我的目标是将学生的体育成绩达标率从70%提高到90%以上"更精确，因而对体育教师的促进动机作用也就小一些。

三、设置现实而不是超高的目标

高难目标可能有助于达到个人的最佳成绩，实现个人的最大潜力，但如果未达到所设置的目标，也可能造成失败感，使自信心和兴趣受到损害。例如，一名运动员设置了一个做5次引体向上的训练目标，并且实际完成了5次；接着，他设置了一个做7次引体向上的训练目标，结果实际完成了7次。这样，高难目标使他提高了成绩，也使他体验到了成功感。这时，他又设置了一个做9次引体向上的训练目标，并尽了最大努力，但只完成了8次。在这种情况下，他的成绩虽然提高了，充分发挥了自己的最大潜力，但他却没有实现自己的目标。他体验到的可能不是成功感而是失败感。如果他未经前两次尝试，而是一次定位在9次的目标上，结果可能使他充分发挥了自己的潜能，完成了8次，但也可能会损伤他的自信心和对训练的兴趣，从长远来看，是失大于得。

专栏5-2

射击运动员的苛求心理

运动员一般对自己要求严格，希望自己做到最好，但有时过分苛求自己，会给自己形成不必要的压力，反而影响正常发挥。这种苛求心理在射击运动中比较突出。

射击比赛的资格赛中，每环成绩只精确到一环，但决赛中每环成绩将精确到0.1环。在比赛试射过程中，运动员如果没有打出正10环（即好于10环，如10.9环），心里便不踏实，在正式比赛中，就容易出现对瞄准和击发过程的苛求，造成瞄准时间过长，使自动化动作过程受到破坏，技术动作的流畅性下降，结果反而打不好。

在2000年悉尼奥运会上，我国女子射击运动员高静在女子气步枪决赛中，第5发打出了很低的8.6环，名次下降，好在之后的几枪发挥正常，一直从第7位追到第3位，为中国队获得了一块铜牌（这是悉尼奥运会中国代表团的第一块奖牌）。赛后，高静在谈到这一枪时说:"那一发击发是有点晚了,如果再提前一点,我想我肯定不会是8.6环。当时时间还有,我处理得有点问题。我还是对自己太苛求了,太想打好了。"

四、设置任务定向而不是自我定向的目标

任务定向是强调纵向的自己与自己相比,注重个人努力,以掌握技能、完成任务为目标的心理定向。任务定向有助于内部动机的维持和提高,因此,只要全力以赴并刷新个人纪录,就会产生成功感。自我定向则是强调横向的自己与他人相比,注重社会参照,以超过他人为目标的心理定向。自我定向对内部动机有损害作用,因此,即使自己的成绩与他人相同,但只要自己付出的努力少一些,也会产生成功感。目标定向理论提出(Duda,1993)任务定向的目标是更好的目标。在训练中,教练员应尽量营造一种高任务定向的气氛,以更有利于运动员良好个性的培养和发展。具体来说,应当:鼓励运动员设置任务定向的目标;尽量多地以运动员本人体育成绩的提高程度作为评价运动员进步的基础,即多进行个人比较的评价,少进行社会比较的评价;强调个人努力的重要性,淡化个人能力的重要性。

《任务二 设置目标需要注意的问题

一、对目标的接受和认同

即便根据以上各项原则制订了转好的目标,也不等于这种目标设置过程就一定可以起到充分的作用。要使所设置的目标起到充分的作用,还必须有对目标的完全接受和认同,即全身心地投入到实现目标的过程中去。投入的程度越高,实现目标的可能性也就越大,从目标设置中的获益也就越大。如果运动员认为所定目标是现实的、有价值的,那么,目标难度和操作表现的关系可能是线性的:目标越难,操作成绩越好。如果运动员认为所定目标不够现实,不能接受,那么,目标难度和操作表现的关系也可能是线性的:目标越难,操作成绩越差。因此,总的来说,目标难度和操作表现的关系可能为"倒U"型的(结合模块一中的相关内容进行回顾)。

二、及时反馈,了解结果

经常将现有成绩与既定的目标相比较,有利于目标的调整和动机的激发。这种比较告诉

运动员两个方面的信息：一方面，目标设置得是否合适，是否有必要进行修改；另一方面，对个人努力的程度进行评价，看是否达到了实现目标的要求。

三、目标的公开化

一个人人皆知的目标，有利于社会监督，形成社会推动力，促使目标制订者努力，这是从外部对动机的激发。例如，我国乒乓球运动员容国团曾公开了自己要在第25届世乒赛获得男子单打冠军的目标，这个目标激励他为维护祖国的荣誉和个人的自尊心而奋勇拚搏。一般来说，凡是公开的目标，在可比环境中都不会是低目标，因为低目标会被人耻笑，伤害自己的自尊心。在竞争环境中，大多数人都有维护自己声誉的强烈需要，这种需要构成了一种极强的外部动机，促使人加倍努力。在一些形势复杂、竞争激烈的领域中，为减轻心理压力，人们常常设立多级目标。所谓"多级"，一般也不超过如下三级：最理想的目标：超水平发挥时应达到的目标；最现实的目标：正常发挥时应达到的目标；最低目标：无论出现什么意外情况，也应奋力达到的目标。

这样做可以避免"不成功便成仁"式的单一目标所造成的心理负担，更有利于现实目标的实现。但是，如果目标级数太多，目标本身也就失去了动机作用。

在体育测验或体育比赛时，对于那些已经处于高度激活状态的运动员，尤其在测验前和比赛前应制订多级目标，以使其成就动机保持在适宜水平。

主题二 放松训练

任务一 什么是放松训练

一、放松训练的概念

放松训练是以一定的暗示语集中注意力，调节呼吸，使肌肉得到充分放松，从而调节中枢神经系统兴奋性的方法。目前，普遍采用的专业放松训练方法是奥地利精神病学家舒尔兹提出的自生放松方法、美国芝加哥生理学家雅克布森（Jacobson，1938）首创的渐进性放松方法和中国传统的以深呼吸和意守丹田为特点的松静气功。放松训练方法的共同点是注意力高度集中于自我暗示语或他人暗示语、深沉的腹式呼吸、全身肌肉的完全放松。

二、放松训练的作用

在日常生活中，我们常有这样的体验：心理紧张时，骨骼肌也不由自主地紧张，如肌肉发抖僵硬，说话哆嗦，全身有发冷的感觉等；心理放松时，骨骼肌也自然放松。由此看出，大脑与骨骼肌之间具有双向联系，即信号不仅从大脑传至肌肉，也从肌肉传往大脑，从运动器官向大脑传递的神经冲动，不仅向大脑报告身体情况，而且也是引起大脑兴奋的刺激。因此，肌肉活动积极，从肌肉往大脑传递的冲动就多，大脑就更兴奋，准备活动就能起这种作用。反之肌肉越放松，向大脑传递的冲动就少，大脑的兴奋性就降低，心理上便感到不那么紧张了。

放松练习后，人脑呈现一种特殊的松静状态，这种状态有别于日常的清醒状态、做梦状态或无梦睡眠状态，我们可以通俗地称它为半醒的意识状态。此时，人的受暗示性极强，对言语及其相应形象特别敏感，容易产生符合言语暗示内容的行为意向。总的来说，放松训练的作用主要有：

第一，降低中枢神经系统的兴奋性；

第二，降低由情绪紧张而产生的过多能量消耗，使身心得到适当休息并加速疲劳的恢复；

第三，为进行其他心理训练打下基础。

全身各部位肌肉放松、中枢神经系统处于适宜的兴奋状态、注意力高度集中是许多心理调整练习的基础。这种放松状态是放松训练主要的和直接的目的。

任务二 自生放松练习

一、预备姿势

舒适地坐在一张椅子上,胳膊和手放在椅子的扶手或自己的腿上,双腿和双脚采用舒适的姿势,脚尖略向外,闭上双眼;或者仰面躺下,头舒服地靠在枕头上,两臂微微弯曲,手心向下放在身体两旁,两腿放松,稍分开,脚尖略朝外,闭上双眼。

二、练习程序

自生放松练习要在他人指导语或自我指导语的暗示下缓慢地进行,常用的指导语有:

① 平静而缓慢地呼吸,我的呼吸很慢、很深。

② 我感到很安静。

③ 我感到很放松。

④ 我的双脚感到沉重和放松。

⑤ 我的踝关节感到沉重和放松,我的膝关节感到沉重和放松,我的双脚、踝关节、膝关节、臀部全部感到沉重和放松。

⑥ 我的腹部、我身体的中间部分感到沉重和放松。

⑦ 我的双手感到沉重和放松,我的手臂感到沉重和放松,我的双肩感到沉重和放松,我的双手、手臂、双肩全部感到沉重和放松。

⑧ 我的脖子感到沉重和放松,我的下巴感到沉重和放松,我的额部感到沉重和放松,我的脖子、下巴和额部全部感到沉重和放松。

⑨ 我整个身体都感到安静、沉重、舒适、放松。

⑩ 我的呼吸越来越深,越来越慢。

⑪ 我感到很放松。

⑫ 我的双臂和双手是沉重和温暖的。

⑬ 我感到十分安静。

⑭ 我的全身是放松的,我的双手是温暖的、放松的。

⑮ 轻松的暖流流进了我的双手,我的双手是温暖的、沉重的。

⑯ 轻松的暖流流进了我的双臂,我的双臂是温暖的、沉重的。

⑰ 轻松的暖流流进了我的双腿,我的双腿是温暖的、沉重的。

⑱ 轻松的暖流流进了我的双脚，我的双脚是温暖的、沉重的。

⑲ 我的呼吸越来越深，越来越慢。

⑳ 我的全身感到安宁、舒适和放松。

㉑ 我的头脑是安静的，我感觉不到周围的一切。

㉒ 我的思想已专注到身体的内部，我是安闲的。

㉓ 我的身体深处、我的头脑深处是放松、舒适和平静的。

㉔ 我是清醒的，但又处于舒适的、安静的、注意内部的状态。

㉕ 我的头脑安详、平静，我的呼吸更慢更深。

㉖ 我感到一种内部的平静。

㉗ 保持一分钟。

㉘ 放松和沉静现在结束。深吸一口气，慢慢地睁开双眼，我感到生命和力量流通了我的双腿、臀部、腹部、胸部、双臂、双手、颈部、头部。这力量使我感到轻松和充满活力。我恢复了活动。

任务三 渐进性放松练习

一、准备姿势

准备姿势可参照自生放松练习。

二、练习程序

① 请注意倾听以下指示语，它们会有助于你提高放松能力。每次我停顿时，继续做你刚才正在做的事。好，轻轻地闭上双眼并深呼吸3次……[①]

② 左手紧握拳，握紧，注意有什么感觉…现在放松…

③ 再一次握紧你的左手，体会一下你感觉到的紧张…再来一次，然后放松并想象紧张从手指上消失…

④ 右手紧紧握拳，紧握，注意手指、手和前臂的紧张…好，现在放松…

⑤ 再一次握紧右手…再来一次…请放松……

⑥ 左手紧紧握拳，左手臂弯曲使肱二头肌拉紧，紧紧坚持着…好，全部放松，感觉暖

[①] 一个"…"代表停顿5 s。

流沿肱二头肌流经前臂，流出手指……

⑦ 右手握紧拳头，抬起手，使肱二头肌发紧，紧紧坚持着，感觉这紧张状态…好，放松，集中注意这感觉流过你的手臂……

⑧ 请立即握紧双拳，双臂弯曲，使双臂全部处于紧张状态，保持姿势，想一下感觉到的紧张…好，放松，感觉整个暖流流过肌肉，所有的紧张流出手指……

⑨ 请皱眉头，并使双眼尽量闭小（戴眼镜的人要摘掉眼镜），要使劲眯眼睛，感觉到这种紧张通过额头和双眼。好，放松，注意放松的感觉流过双眼。好，继续放松……

⑩ 好了，上下颌紧合在一起，抬高下巴使颈部肌肉拉紧并闭紧嘴唇…好，放松……

⑪ 现在，各部位一起做。皱上额头，紧闭双眼，使劲咬上下颌，抬高下巴，拉紧颈肌，紧闭双唇。保持全身姿势，并感觉到紧张贯穿前额、双眼、上下颌、颈部和嘴唇。保持姿势。好，放松，请全部放松并体会刺痛的感觉……

⑫ 现在，尽可能使劲地把双肩往前送，一直感到后背肌肉被拉得很紧，特别是肩胛骨之间的地方。拉紧肌肉，保持姿势。好，放松……

⑬ 重复上述动作，同时把腹部尽可能往里收，拉紧腹部肌肉，感到整个腹部都被拉紧，保持姿势…好，放松……

⑭ 再一次把肩胛骨往前推，腹部尽可能往里收。拉紧腹部肌肉，拉紧的感觉贯穿全身。好，放松……

⑮ 现在，我们要重复曾做过的所有肌肉系统的练习。首先，深呼吸3次……准备好了吗？握紧双拳，双臂弯曲，把肱二头肌拉紧，紧皱眉头，紧闭双眼，咬紧上下颌，抬起下巴，紧闭双唇，收腹，并用腹肌顶住。保持姿势，感觉强烈的紧张贯穿上述各部位。好，放松。深呼吸一次，感到紧张消失。想象一下所有的肌肉都松弛—手臂、头部、肩膀和腹部。放松……

⑯ 现在轮到腿部，把左脚脚跟紧紧靠向椅子，努力往下压，抬高脚趾，使小腿和大腿都绷得很紧。紧抬脚趾，使劲蹬紧后脚跟。好，放松……

⑰ 再一次，把左脚脚跟紧紧靠向椅子，努力往下压，抬高脚趾，使小腿和大腿都绷得很紧。紧抬脚趾，使劲蹬紧后脚跟。好，放松……

⑱ 接着，把右脚脚跟紧紧靠向椅子，努力往下压，抬高脚趾，使小腿和大腿都绷得很紧。紧抬脚趾，使劲蹬紧后脚跟。好，放松……

⑲ 双腿一起来，双脚脚后跟紧压椅子，尽力使劲抬高双脚趾，保持姿势。好，放松……

⑳ 好，深呼吸3次…正像你所练习的一样，把所有练习过的肌肉都拉紧，左拳和肱二头肌、右拳和肱二头肌、前额、眼睛、颌部、颈肌、嘴唇、肩膀、腹部、右腿、左腿，保持姿势…好，放松……深呼吸3次，然后从头到尾再做一次，接着全部放松。在你深呼吸后全

部绷紧接着又放松的同时，注意全部放松后的感觉。好，拉紧…放松…接着，进行正常的呼吸，享受你身体和肌肉完全无紧张的惬意之感…………

㉑ 放松和沉静现在结束。深吸一口气，慢慢地睁开双眼，我感到生命和力量流通我的双腿、臀部、腹部、胸部、双臂、双手、颈部、头部，这力量使我感到轻松和充满活力。我恢复了活动。

任务四　使用放松技术的时机

一旦比较熟练地掌握了放松方法，就可以在下列情况下使用：

1. 表象练习之前。有助于集中注意力，使表象更为清晰、逼真、稳定。
2. 训练（体育课）结束后或临睡前。有助于疲劳恢复，使身心得到充分休息。
3. 体育测验或比赛前过于紧张时。有助于降低能量消耗，使唤醒水平处于最佳状态。

主题三 表象训练

任务一 什么是表象训练

一、表象训练的概念

表象训练是体育运动领域最为普遍的一种心理训练方法（Garfield，1984；李建周，刘慎年，许尚侠，1986；丁忠元，1986；杨宗义，丁雪琴，1987），被视为心理训练的核心环节（刘淑慧等，1993），是在暗示语的指导下，在头脑中反复想象某种运动动作或运动情境，从而提高运动技能和情绪控制能力的方法。

二、表象训练的作用

表象训练有利于建立和巩固正确动作的动力定型，有助于加快动作的熟练掌握和加深动作记忆。在测验前或比赛前有成功的动作表象体验将起到动员作用，可以使人充满必胜的信心，达到最佳竞技状态。例如，跳高时，可以表象自己打破个人纪录时的过杆动作；跳远时，表象自己助跑和腾跃的成套动作等；长跑时，可在跑程中表象盖房子、做算术题或想象自己是一列火车在向前奔跑等，这有助于消除肌肉酸痛和单调乏味的感觉（马启伟，1982）。

> **专栏5-3**
>
> **从一名老运动员的自述看表象训练的重要性**
>
> 在比赛场上怯场或害怕失败的运动员，头脑中常有一个失败的形象，如果让运动员用意志力强迫自己想象胜利的情景，并不断地进行这种想象，包括清晰地想象出各种细节，这将有助于运动员增强信心。下面的内容摘自一名教练员的回忆。
>
> "全国田径锦标赛很快就要举行了。这次比赛对我关系重大，能否在这次比赛中通过运动健将等级或进入前三名，对我来说都是一个谜。我的800 m跑成绩为1分52秒，去年全国排名第四，可那是在一次测验赛上的成绩，虽然算正式成绩，可我并没有在真正的大赛中跑出这样的水平。这次比赛若突破这个水平就有希望进入前三名，达到运动健将等级。随着比赛日期的步步逼近，我心里总是想着前三名……健将……1分52秒……健将……1分52秒……前三名……。咳，不想了，好好训练，只要练得

好，就有希望，只要有实力，就能跑好。

到了赛区，各路强手云集，赛前的紧张气氛就更浓了。赛前训练时，教练说我动作僵硬，不像以前那么轻松自如了。我努力克服紧张情绪，教练也叫我放下思想包袱，不要想得太多。但我总是战胜不了自己，大脑中的表象总是以前比赛失利的情景，教练也曾这样说过我'每逢大赛总比不好'。现在脑子里总是回响着这个声音，真是烦透了！

由于紧张，赛前失眠，造成体力、精神都不充沛，结果就可想而知了。

现在学了点运动心理学，才知道当时自己的问题出在哪里：首先是没有很好地在自己大脑中建立一个良好的、充满胜利的表象，久而久之，自己顽强的意志和必胜的信心遭到削弱。失败的阴影总是笼罩着自己，不能正确对待成功与失败。平时只训练身体素质、专项素质，忽略了心理素质的训练。现在我当上了教练，一定要在训练专项的同时，结合心理训练，使队员从小就培养良好的心理素质，建立必胜信心。只有这样，才更能促进专项水平的提高。"

任务二 通用表象训练

一、卧室练习

表象自己少年时期（如12岁）卧室中的陈设：我站在门口看房间，窗户下面有一张床，上面铺着白绿相间的格子布床单，叠整齐的被子放在床的一端，床头放着与床单配套的绿格子大枕头，很松软，枕头旁边有杂志和小说。床边的桌子不是很讲究，但有一盏实用的台灯，在晚间照明，伴我读书。床的一旁还有一张旧椅子，用来摆放平时换洗的衣服，大毛巾总是搭在椅背上，只要放学回来，它总是在那个位置上……这种练习是要设法引起对过去事物的鲜明的、形象性的回忆，要特别注意各个细节的清晰性。

二、木块练习

想象有一块四周涂了红漆的方木块，就像小孩玩的积木，有6个面。
① 用刀将它横切，一分为二，想一想，这时有几个红面？几个木面？
② 再用刀纵切，二分为四，这时有几个红面？几个木面？
③ 再在右边两块中间纵切一刀，四分为六，这时有几个红面？几个木面？

④ 再在左边两块中间纵切一刀，六分为八，这时有几个红面？几个木面？

⑤ 再在上部四块中间横切一刀，八分为十二，这时有几个红面？几个木面？

⑥ 再在下部四块中间横切一刀，十二分为十六，这时有了几个红面？几个木面？

记录提出问题结束到做出正确回答之间的时间（秒）作为练习成绩，标准答案见表5-1。

表5-1 木块练习的标准答案

序号	心理操作方法	所得红面	所得木面	总计面数	方块数	所用时间
1	日	10	2	12	2	
2	田	16	8	24	4	
3	▦	22	14	36	6	
4	▦	28	20	48	8	
5	▦	38	34	72	12	
6	▦	48	48	96	16	

这种练习的目的是提高对物体形象的操作能力和分析能力。应注意不要用数学方法推导出答案，而只凭表象操作。

三、冰袋练习

想象在一次足球比赛中，你扭伤了脚，伤得挺重，脚踝处有强烈的烧灼感，疼痛难忍。回到家里，拿来一个冰袋敷在脚踝周围，顿时感到一丝凉意，烧灼感和疼痛感在减轻…[①]减轻…。慢慢地，脚在冰袋的作用下产生了麻木感，越来越凉，凉得发麻，凉得发疼，又渐渐失去了感觉，只要脚放着不动，就似乎是没有感觉了…没有感觉了…。然后你将冰袋拿走，脚仍觉得没什么感觉，和刚才一样…过了一会儿，脚又慢慢地有了感觉，似乎又开始产生了些微微的疼痛，隐隐作痛…。这种练习的目的是主动唤起强烈鲜明的身体感觉。

四、比率练习

小李是你最要好的朋友，现在想象他（她）的面孔、表情、身段、衣着、鞋袜、姿势…[②]。现在把他（她）缩小，全身按比例地缩小，和原来一半那么大…再缩小，和两岁小孩那么大，但仍是个成年人的模样…再缩小，和火柴盒那么大，但仍有鼻子有眼的，是个真人…再把他（她）放大回去，越放越大…又和正常人一样大了…继续放大，比一般人大一倍，他（她）简直就是个巨人…再把他（她）缩小…慢慢缩小…终于又恢复到原样了…你对他（她）

[①][②] 一个"…"代表停顿5 s。

说："小李，对不起，刚才我是在按老师的要求做作业呢，你没事，成不了格列佛遇到的小人和大人。"这种练习的目的是培养表象的可控性。

五、五角星练习

准备一个五角星，五个角的颜色分别为黑色、红色、蓝色、黄色、绿色。将黑角指向数字1，红角指向2，蓝角指向3，黄角指向4，绿角指向5，作为基本位置。让练习者用1分钟的时间观看并记住五角星的基本位置。然后让练习者闭上眼睛并逐一回答下列问题，记录提出问题结束至做出正确回答之间的时间作为成绩。

① 如果黑角指向4，蓝角将指向几？
② 如果黑角指向3，红角将指向几？
③ 如果黑角指向5，黄角将指向几？
④ 如果红角指向4，绿角将指向几？
⑤ 如果黄角指向2，蓝角将指向几？
⑥ 如果蓝角指向5，黑角将指向几？

任务三 特殊表象训练

身体任何部位的肌肉出现紧张，都会影响表象的清晰性，因此，表象练习一般从放松练习开始（刘淑慧等，1993），如先放松3 min，再经过"活化"动员，便可以开始表象练习。由于表象不如感知觉那样直观，没有实物的支持，很难长时间将注意集中在表象上，因此，表象的时间不宜太长。下面是一名乒乓球运动员进行表象练习的自我指示语。

① 自然放松5分钟。

②"活化"动员：我已得到了充分的休息，我的头脑清醒，注意力集中，全身充满力量，准备投入新的训练。

③ 表象练习：我正在清晰地想象训练的情境。先看优秀运动员正手攻球的动作，第一板，第二板，第三板……第三十板。现在，我准备练习正手攻球。我可以清晰地想象出场地、灯光、球台、同伴、教练及各种声音。教练正站在对面给我发球，我应特别注意向优秀运动员学习，调整好引拍方向、挥拍方向、用力程度、击球部位、重心交换、步法移动、放松和紧张的配合及还原动作。第一板，第二板，第三板……第一百五十板。

运动员（学生）应在教练（体育教师）的指导下，根据不同的运动专项、不同的练习目的设计相应的表象练习程序。例如，田径训练（上田径课）时，可以在暗示语的指导下，头脑中反复想象跑时蹬地、摆腿、送髋等动作的情景，建立以上动作的正确的动力定型；或想象自己正在一块烧得很热的钢板上跑过，钢板被烧得通红，频率慢了，两脚将被烫坏。想象的动作情境尽量与比赛一致，如想象面对红色的跑道就像面对被烧红的钢板，对手表现出紧张、害怕，自己却充满信心，奋力冲了过去。

> **专栏5-4**
>
> ### 特殊表象练习的实例
>
> 以下内容是不同项目的教练员设计的表象练习程序，尽管还有不完善的地方，但至少可以启发我们去考虑如何结合自己的运动专项进行表象训练。
>
> 实例1　北京某体育运动学校游泳教练
>
> 对象：7—9岁男女儿童游泳运动员
>
> 练习目的：使队员从最熟悉的训练环境中开始启蒙训练，体验自己的感觉，并做出准确回答，由浅入深，带领队员逐渐地认识心理训练。
>
> 训练计划的安排：每期为4周，每周2~4次练习，每次安排在正式水上课的前10分钟进行，练习时间从3分钟逐渐增加到5分钟。
>
> 预期结果：能够在自己熟习的环境中，叙述出比较完整的体验过程。
>
> 每当进入游泳馆时，就能感到迎面吹来潮湿而温暖的微风，闻到游泳池水中的氯气和漂白粉刺鼻的气味，同时，听到馆内游泳者击水时发出的声响和教练间断的哨声。双脚踩在冰凉而粗糙的瓷砖上，感到一丝的凉意，看着蔚蓝的水面，心中想着"又一次有趣的水上训练马上就要开始了"。教练宣布完训练计划，我双脚有力地蹬踏着冰凉而坚硬的池壁，双臂做有力协调的配合，第一个奋力跃入水中，耳边一切嘈杂声消失了，水的压力压着耳膜和前胸，同时，我感到皮肤接触水时的温差和惬意，眼前隐隐约约看到对面的池壁，好似自己进入了一个水中宫殿，双腿有力地打水，眼底的瓷砖块飞快地向后移动，同时，我用力呼出体内的空气，双臂做有力的划水，清晰有力的第一次呼吸后，水上训练真正开始了。
>
> 实例2　北京某业余体校射击教练
>
> 练习目的：使队员正确理解慢射动作要领，巩固已掌握的技术动作。
>
> 练习方法：通过5次慢射射击，找出一次最好的动作作为表象练习的内容，让运动员在安静的状态下去回忆这一动作。
>
> 预期结果：在正确理解、掌握慢射技术动作要领方面，进行表象练习比不进行表象练习效果要好，牢固性强，并能缩短掌握动作的时间。

运动心理学篇

我自然站立在射击地线前合上双眼，静静地感觉身体的晃动，而且越晃越小，直到停止晃动（20 s）。感觉身体停得特别稳，身体丝毫晃动也没有，就像电线杆一样，脚下非常牢（20 s）。开始举枪，慢慢地举起枪，枪很重，抬臂很费力（10 s）。开始向瞄准区靠近，枪是沉甸甸的，压着我的手臂，慢慢地落进瞄准区（15 s）。枪很自然地进入瞄准区，枪重的感觉使我的手臂也增加了沉稳的感觉（10 s）。食指在开始不停地用力，压板击的力量越来越大（10 s）。枪响的声音很沉很响，在耳边回荡着，枪响的同时没有了沉重的感觉（5 s）。之后，枪的重量又出现了，越来越沉（10 s）。我很慢地放下枪（5 s）。放下枪后产生了轻松和舒服的感觉（10 s）。

实例3　北京某业余体校武术教练

采取自己最舒服的一种姿势坐在椅子或凳子上，轻轻地闭上双眼。想象自己的头发今天梳理得格外光洁，红色的表演服领子已扣好，系上黑色的腰带，人显得特别精神、漂亮。袖口、裤角熨得很平整，穿起来很舒服，比赛鞋也很合脚。一切停当，轻轻一抬头，"看见"了场地，周围坐满了注视着自己的观众。"我"沉着轻松地走进了场地中间，站在自己起势的位置上，调整一下呼吸，潇洒舒展地做了一个起式，第一段重点组合做得极完美（每个人的套路不一样，按自己的动作编排去表象，并伴有一定的肌肉动作）。第二段力点准确，动作稳健。第三段没感到累就轻松地完成了。第四段速度一点也没减，干净利落。停住！1 s、2 s，规范、沉稳，充分显示了自己的功底。收势非常精神。上步，轻灵地转身，向裁判示意，听到观众的热烈掌声，自豪地退场。（如闭上眼睛后心情平静不下来，可以增加一些放松暗示或听音乐，或想象自己在淋浴，温暖的水从头上流下来，一直流到脚下……）慢慢睁开眼睛。

任务四　表象训练时应注意的问题

一、从视觉表象为主逐步过渡到动觉表象为主

教练在示范技术动作时，运动员应在头脑中努力想象示范动作，建立起清晰的视觉表象。同时，要把视、听信息转化为身体运动的信息，体会和把握肌肉运动的感觉，并通过实际动作的练习，形成和完善技术动作的肌肉运动表象。对于掌握技术动作来说，视觉表象是运动表象的前提，而动觉表象对技术动作起着更重要的指导作用，也更难达到清晰、准确和可控的程度。因此，应把表象练习的重点放在提高动觉表象的质量上。为了提高动觉表象的

质量，可以像电影慢镜头那样缓慢地做动作，采用不同重量的器械练习，分别完成整体动作的各个部分，以建立分化知觉，并将其作为动觉表象的基础。

二、利用准确简练的语言提示

在形成和完善动觉表象的过程中，语言具有集中和强化的作用。例如，在学习推铅球最后用力的动作时，用蹬（右腿）、转（右髋）、挺（胸）、撑（左侧）、推（右臂）、拨（球）6个字来说明用力顺序，能较准确简明地表达最后用力的特点，容易记忆并引起相应动觉表象。再如，学习俯卧式跳高过杆技术时，可以默念"旋、转、收、潜、展"，并按此顺序集中回忆过杆时的运动表象。这5个字的意思是摆动腿与同侧臂过杆后，前伸内旋，以摆动腿的动作加快身体的转动，起跳腿屈膝上收，过杆时低头下潜和起跳腿向外展伸。应注意每一句提示语所包含的相应肌肉运动感觉，在理解肌肉用力的时间、空间、力量特征的基础上进行记忆。

主题四　注意集中训练

任务一　什么是注意集中训练

一、注意集中训练的概念

注意集中训练是通过主观努力或环境设置来排除外界干扰，将注意稳定在当前任务上并提高注意强度的方法。注意集中是坚持全神贯注于一个确定目标，不因为其他内外刺激的干扰而产生分心的能力。它既受遗传因素的影响，也可以通过后天训练在一定程度上得到提高。任务二中介绍的各种方法，其理论依据是人的注意规律，如注意的机制及有意注意和无意注意的影响因素等。有些方法的出发点是提高有意注意的能力，有些方法的出发点则是创设更有利于注意集中的环境。

二、注意集中训练的作用

注意集中训练可以提高人的抗干扰能力，进而提高学习、训练和比赛的效率。抗干扰能力可分为抵抗内部干扰的能力和抵抗外部干扰的能力。内部干扰可能源于人的与当前任务无关的念头和想法，如在临上场前或者在关键时刻脑海中总担心让看球的家人失望或者担心发挥失常，这样的念头就与当前任务（如战术应用、体力分配等）无关。内部干扰也可能源于身体疲劳。人们都曾有这样的体验：劳累时集中注意会变得非常困难，睡醒觉起来，集中注意就会变得容易得多。外部干扰可能源于自然干扰，如羽毛球比赛时，多场比赛在同一体育馆同时进行时，裁判报分的声音。外部干扰也可能源于人为干扰，如篮球运动员罚篮时，观众故意在其对面摇动黄色旗帜。注意集中训练正是针对这些干扰而设计的。

任务二　通用注意集中训练

一、纸板练习

剪一块方形黑纸板，边长38 cm。再剪一块方形白纸板，边长5 cm，将白纸板贴在黑纸板的中心，再将纸板挂在墙上，图案中心的高度与训练者的眼睛齐平。确保室内光线充足，使人能清楚地看到图案。

① 用放松方法使自己处于放松状态。

② 闭眼2分钟，想象有一块黑色屏幕，就像电视没打开屏幕一样。

③ 睁开眼睛，对着图案的中心集中注意看3 min，看图案时不要眨眼，也不要太用力。

④ 慢慢将眼睛移开，看着空白的墙壁。这时在墙上会出现一个黑方块虚像，直到它消失为止，当它开始消失时，要想象它仍在那里。

⑤ 虚像消失后，闭上眼睛，在头脑中想象那个图像，使头脑中的图像尽量稳定。

⑥ 重复上述整个过程。

每天练习一次，每次约15 min，练习一周。

二、五角星练习

剪一块方形硬纸板，黑色，边长38 cm。再剪一个白色五角星，20 cm宽，将白色五角星贴在黑色纸板正中间，将纸板挂在墙上。训练者坐在距墙90 cm远的地方。进入放松状态。

① 闭上眼睛，在头脑中想象一块黑色屏幕。

② 睁开眼睛，注视五角星的图案2 min。

③ 把眼睛移开，看墙上的五角星虚像。

④ 闭上眼睛，在头脑中重现这个虚像。

也可在室外借助自己的影子做该练习：站或坐在阳光下，使自己身旁产生影子，盯着人影子的颈部看2 min，然后看淡色的墙（或天空），注视影子的虚像，闭上眼睛，在脑海中重现图像。

三、记忆练习

这个练习可以训练集中注意力和提高想象力，它还可以帮助培养记忆力。在开始这个练习前，至少先练习一周前面介绍的观察图案的技术。

① 找一个安静的地方，将灯光调暗，脸朝上躺着。

② 做一节放松或集中注意力练习。

③ 闭上眼睛，想象有一块黑色屏幕。

④ 想象在屏幕上出现一个白方块，边长30 cm，距自己约30 cm远，努力使这个图像稳定。

⑤ 然后想象在屏幕上出现一个硬币大小的黑圆圈，集中注意力看这个白方块中的黑圆圈。

⑥ 突然整个图像消失，这时想象闪过脑海中的各种图像。把图像保持几秒钟，再使图像消失。闭上眼睛10~15 s，看看自己是否回忆起自己遗忘的东西。

这种练习可以帮助回忆过去曾经进入大脑的信息。在进行回忆时先闭上眼睛自我暗示："我一定要想起来（名字、事实、地点）"，然后做记忆练习。

四、实物练习

可以使用身边的体育用品,如用网球来做这个练习,例如,凝视手中的球,观察球的纹路、形状、颜色等细节。也可以尝试在以下运动场景中如何结合体育器械进行注意集中训练(图5-1)。

跳高　　跳远　　链球

标枪　　起跑　　撑杆跳

铁饼　　跨栏　　铅球

图5-1　你身边有许多事物可以用来进行注意集中练习

五、秒表练习

注视手表秒针的转动,先看1 min,假如1 min内注意没有离开过秒针,再延长观察时间到2 min、3 min,等到确定了注意力不离开秒针的最长时间后,再按此时间重复3~4次,每次间隔时间10~15 s。如果能持续注视5 min而不转移注意,就是较好成绩。每天进行几次这样的练习,经过一段时间,注意集中的能力便会提高。

以上5种练习可以在有干扰的情境中进行,如在训练场、汽车站等情境中进行,以提高在外部干扰环境下的注意集中能力。

任务三 特殊注意集中训练

一、逆反口令法

训练中，教练可以要求运动员按照口令的相反意思去完成动作。比如原地队列操练，口令为"立正"，运动员必须做"稍息"；口令为"向左转"，运动员做"向右转"等。行进间队列操练也一样，口令为"立停"，运动员做"起步走"；口令为"向右转走"，运动员做"向左转走"等。运用这种方法时应注意：

① 逆反练习必须在一般队列操练（按口令要求）掌握较好的基础上才能使用；
② 口令声音洪亮，口齿清楚，短促有力，节奏一致，快慢结合；
③ 开始可以用1~2个口令，然后过渡到3~4个。因为过多的要求会使人一时适应不了，反而降低练习效果；
④ 如果发现做错动作，就要立刻用表情、语言给予提醒。

二、轻微口令法

教练可采用极其微弱的、勉强能让运动员听清的声音发出命令，让他们执行命令，迫使他们高度集中注意力，这种方法持续运用的时间不宜太长，一般不超过3 min。

三、有效口令和无效口令法

规定凡是带有"快"字的口令为无效口令，不带"快"字的口令为有效口令。例如，根据跑速将运动员匹配分组进行跑步训练，规定对无效口令进行反应者和成绩最差者罚做两个引体向上，然后发令：各就各位预备，"快跑"或"跑"！

四、启发教学法

运用启发式教学有助于提高学习兴趣和注意。例如，在教授短跑的途中跑技术时，不要一开始就讲解和示范途中跑的动作，而是先通过小步快跑、大步慢跑、大步快跑3种不同姿势跑的示范，让学生自己观察、比较和总结不同点，帮助他们建立只有"步幅大、步频快"才能跑得快的概念。再如，在教授"团身前滚翻"动作时，用球和砖块作滚动比较，同时辅之以正、误动作的演示，让学生自己总结出动作的要领。

五、变换条件法

通过变化练习的条件，有助于吸引学生对已经学会但有待提高的技能的注意。例如，对前滚翻的动作，学生开始练习比较认真，但练习几次之后，兴趣就会下降。这时，可变化练习的条件，采用抱膝前滚翻、抱肩前滚翻、握踝前滚翻等形式继续练习，学生就不会感到枯燥、单调，而会对新条件下的基本动作给予必要的注意。

六、目标导向法

明确的目标是维持有意注意的必要条件。可通过讲解练习的意义和设置明确的目标帮助学生集中注意。例如，有些学生对双杠练习比较畏惧，不感兴趣，这时，可以根据学生对体态美的向往和羡慕之情，讲解双杠练习可使某些上肢肌肉得到锻炼，是促进体态美的重要手段，从而吸引学生的兴趣和注意。再如，上跳远课时，先进行3次测验，计算每个人的平均成绩，每人再次练习时，都在本人平均成绩处的两边插两面颜色鲜艳的小旗作为努力超过的目标，诱导学生集中注意，全力以赴。

七、信息引导法

学生不能集中注意，有时是因为不知道应注意什么线索或有什么线索值得注意，可以利用动作过程中自然产生的视觉、听觉和动觉信息引导学生的注意。例如，练习排球的传接球时，要求学生注意听手击打球的声音；练习武术的"二起脚"时，注意听击响的时间、节奏和响度等。

> **专栏5-5**
>
> **注意力综合锻炼法**
>
> 中国国家射击队长期坚持心理训练，取得了明显的成效，促进了技术水平和情绪控制能力的提高，曾任总教练的赵国瑞介绍的注意力综合锻炼法很有启发意义。
>
> "要提高运动员集中注意力的能力，就要经常进行注意力集中的训练。锻炼注意力集中的方法是多种多样的，开始我们用看手表秒针的方法，做了数次以后运动员普遍感觉容易发困，而且思想溜号不溜号，教练员也没法察觉。考虑到射击运动员注意力集中的特点，他们既要照顾准星、缺口和目标的关系，又要保持枪支稳定和食指单独、均匀不断地扣引板机，对于运动员来说，注意力的分配具有更重要的意义。根据这样的特点和就地取材的原则，我们设计了一种新的练习方法——扎针眼。器材为小口径子弹的塑料弹盒，在面板上钻20个直径1 mm的圆孔，孔与孔间隔10 mm，排列成椭圆形。训练方法是手捏一根吊针的细线，对准小孔后，利用针的重量，依次落入

孔内。这种方法既要求稳，又要求动，既要看得准，又要心平静，既要扎得快，又要有耐性，可以锻炼注意力的集中、分配和转移，所以称之为注意力综合锻炼法。

在进行注意力综合锻炼时，我们按循序渐进、由易到难的原则，先用屈肘、坐姿、肘关节靠桌面的方式进行，一个月后肘关节悬空进行，半年后改为坐姿直臂悬空进行，动作逐步与射击动作衔接得更紧密一些。另外，每次锻炼都采用比赛的方法进行，有时在比赛时增加一点干扰，增加一点心理负担，使运动员精力不易集中。每次超过个人记录的给予表扬，超过班记录的给予奖励。这样在前3个月的集中注意的训练中，班记录就翻新了18次。一年多来我们共进行了142次这样的练习，运动员并没有产生厌烦的情绪，气氛一直是认真的、活跃的。实践证明，一些优秀射击运动员注意力是能高度集中的，注意力的转移和分配是迅速的、合理的，如奥运会自选手枪第三名王义夫在50秒内可扎20个眼，比其他运动员扎得更快更多。"（赵国瑞，1987）

应当指出，这种紧密联系运动专项实际的练习方法是值得提倡的，它容易为运动员理解和接受，也更可能产生较好的效果。不同专项的教练员都应当根据本专项的特点，发挥创造性，设计适合于本专项的注意力练习方法。还有必要指出，迄今为止，很少看到注意力训练促进运动成绩提高的直接证据，这方面的实验研究很少，多数研究仅是在经验水平上的论述。

主题五 自我暗示训练

任务一 什么是自我暗示训练

一、自我暗示训练的概念

自我暗示训练是利用语言等刺激物对人的心理施加影响,并进而控制其行为的过程,如我国的气功与印度的瑜伽就运用了许多自我暗示的方法。20世纪初,德国学者舒尔茨曾对瑜伽中的暗示法进行调查研究,他回国后在给病人治疗时,把患者分为给药组和给药加暗示组,经过一阶段治疗后发现自我暗示对疾病治疗有显著效果。1932年,《自我暗示训练》出版,从而揭开了对自我暗示进行科学研究的序幕。

二、自我暗示训练的作用

运动心理学的研究表明,自我暗示能够提高动作的稳定性和成功率。有的运动员在训练日记中回忆:"我在射击瞄准时,心里反复默念'准星、缺口、准星、缺口',可以提高射击的稳定性和准确度。"还有的运动员回忆:"为了消除赛前的惊慌,使大脑安静下来,我的暗示口诀是'镇静,镇静,镇静就是胜利,我相信我自己的力量,我一定会取得胜利'。"兰德斯(Landers,1989)曾谈到对一个运动员进行的自我暗示训练:有一名游泳运动员参加1 000 m长距离的游泳比赛,游到700 m时,他忽然感到体力不支,只能放慢游速,最后,比赛成绩不理想。比赛失败的经历对他产生很大的影响,在以后的比赛中一游到700 m时,他就联想起那次失败的经历,觉得自己体力不行,只能放慢游速。兰德斯让这名运动员逼真地表象自己参加比赛,奋力游到700 m时,立刻在心中默念"我浑身充满了力量,我完全能够保持游速"。之后让他每天做几次这种练习,一直做到这名运动员真正相信这个自我暗示语为止。最后,在比赛中这名运动员克服了这一心理障碍。

人能通过言语接受暗示和进行自我暗示,即通过代表外部环境和体内环境的一切事物和现象的言语来调节认知、情感和意志过程。巴甫洛夫曾把词语称为"包罗万象"的刺激物,并以它为人类行为的最高调节器。例如,在生物反馈练习中,通过中枢神经系统的言语刺激并辅之以内脏活动的及时反馈就可以调节和控制在通常情况下难以调控的内脏活动。巴甫洛夫学说认为:自我暗示训练就是通过语词,即第二信号系统的作用来调节中枢神经系统兴奋水平，从而调节人体内部过程，如调节人的心境、情绪、意志和信心，改变内脏活动，提高和降低体温，加速和减缓新陈代谢过程等。例如，如果自我暗示说："我吃了一颗很酸很酸的酸梅"，并想象自己正在嚼一颗酸梅，口腔唾液分泌往往就会不由自主地增加。如果站在镜子面前自我暗示说："我在微笑"，想象自己脸上在微笑，就会出现笑容。如果自我暗示说："我很冷"，同时想象自己在冰天雪地中颤抖的情境，身上就会出现鸡皮疙瘩，此时体表温度就会降低。由此可见，人们的词语和所想象的形象结合在一起，能使语言暗示更鲜明，使人的内脏器官或运动器官根据语言暗示产生相应的变化。

任务二 自我暗示训练方法的具体步骤

自我暗示训练有6个主要步骤。

① 理解语言对情感和行为的决定作用。
② 确定体育活动中经常出现的消极想法，如"这个动作我算是学不好了"等。
③ 确定如何认识这种消极想法。
④ 确定取代这种消极想法的积极提示语，如"世上无难事，只怕有心人"。

可让受训者将②~④的内容写在卡片上，每张卡片只涉及一个问题，有多少种主要的消极想法就填写多少张卡片。卡片正面为经常出现的消极想法，背面上方为对这种消极想法的认识，下方为对抗消极想法的积极提示语。填写卡片时应注意以下5点。

第一，测验和比赛时的提示语应多考虑过程性问题，少考虑结果性问题。过程性提示语如"发别的落点""动手腕""多向前摩擦""上手快点"。结果性提示语如"胜利！我准能赢这场球"。

第二，第③条很重要，它标志着人的整个思维方式和行为习惯的基础，应该认真填写。

第三，提示语应该是有针对性的、具体化的。有针对性的提示语如"固定拍型，掌握击球点""要耐心追，咬住比分""要冷静，只有冷静下来才能打球"。无针对性的提示语，如"遇到困难，解决困难""遭遇逆境，摆脱它"。

第四，提示语应为积极词汇，不应为消极词汇（表5-2）。

表5-2 消极提示语和积极提示语示例

消极指示语	积极指示语
这些观众真讨厌	他们是在为我加油，在期待我打得更好
千万别猛扣扳机	放松，食指单独用力，慢扣等响
别紧张，别着急	放松，稳住
（点球时）这场球千万别输在我手上	我有信心踢进去
这个球千万别发失误	对方比我还要紧张，主动权在我手里

第五，对遇到的问题，有则改之，无则不要穷思竭虑。

⑤ 不断重复相应的句子，可以视情况具体规定重复的时间，如可规定每天早、中、晚各重复两次。

⑥ 通过不断重复和定时检查，举一反三，在生活中养成对待困难的积极态度和良好习惯。

主题六 模 拟 训 练

任务一 什么是模拟训练

一、模拟训练的概念

模拟训练是针对比赛中可能出现的情况或问题进行模拟实战的反复练习，目的是为参加各类比赛做好适应性准备。

二、模拟训练的作用

模拟训练的主要作用在于提高人对比赛应激情境的适应性，在头脑中建立起合理的动力定型结构，以便使技战术在千变万化的特殊情况下得到正常发挥。如果不进行模拟训练，对于意外的超强度刺激没有做好相应的应答准备，比赛中就可能出现暂时联系的中断和自动化的消失，对这些超强度刺激产生不适应反应，使技战术得不到充分发挥，甚至造成比赛失常。

任务二 模拟训练方法

模拟训练可分为实景模拟和语言、图像模拟两类。实景模拟是通过设置竞赛的情境和条件进行训练，包括模拟对手可能采用的技术、战术，赛场上可能出现的意外情况，比赛的天气、场地、观众的行为等。

语言、图像模拟是利用语言或图像描述比赛的情境。例如，描述裁判的误判、对手的行为和自己的行动，通过电影、录像及播放录音等来显示对手的特征和比赛的气氛等，以便形成对比赛情境的先期适应。

模拟训练包含的内容很广，应根据比赛的实际情况和本人的特点来确定，下面介绍7种常用的模拟训练方法。

一、模拟对手特点

模拟国内外比赛对手的技术、战术特点以及他们的比赛风格、气质表现，这是许多对抗性运动项目训练的常用方法。可以让队友扮演对手，以便深入细致地了解对手的特点，演习各种有效的对策。例如，中国国家乒乓球队的陪练队员为了让主力队员适应外国选手的打法，不但在场上惟妙惟肖地模拟外国选手的打球姿势和打球风格，而且在场下逼真地模拟外国选手平时走路的姿势。

二、模拟不同起点比赛

不同起点的比赛包括领先、落后和关键球相持3种情况。例如，羽毛球项目模拟训练可从14∶3的比分开始，强手从3分开始，弱手从14分开始，以锻炼在落后情况下转败为胜的顽强意志。再如，乒乓球项目模拟训练可从8∶9的比分开始，以锻炼在关键时刻沉着冷静、处理果断的品质。

三、模拟裁判错判、误判

裁判的错判、误判是运动员最难应付的问题之一，这种模拟训练可以帮助运动员将注意集中在可以控制的事情上，即下一步的技术、战术上，从而忽略那些自己难以控制的事情，即裁判行为。

四、模拟气候条件的影响

气候条件往往对运动员的比赛状态有重要影响，如世界男子羽毛球团体锦标赛（汤姆斯杯）曾多次在印尼首都雅加达举行，那里气候炎热，室外温度常常超过30 ℃，体育馆内挤满12 000多名观众，且馆内的门窗都关着，防止比赛受风的影响，同时，又无空调设备，这就对运动员对高温条件的适应提出了很高的要求。日常训练中，高温下的模拟训练显然有助于减小高温对运动员的不利影响。

五、模拟观众的影响

观众的态度和立场往往通过震耳欲聋的呼喊声、不断变化的表情和激烈的动作表现出来，给运动员以极大的压力和干扰，在这种情况下，即便是最有经验的运动员也有可能分心或过于激动、紧张。如果在模拟训练中组织一些观众，有意识地给运动员制造一些困难，如鼓倒掌、吹口哨、为对方加油等，有助于减少实际比赛时运动员的应激反应。

六、模拟时差

到国外参加比赛的运动员，还要考虑时差的适应问题。例如，中国运动员到美国亚特兰大参加奥运会，时差11 h，几乎是昼夜颠倒。在此情况下，恢复到原有状态的时间为8~10天。凡是时差相差6 h以上的地方，到达后3~4天内一般不宜进行大强度训练，但可以做些轻微的练习，使运动员逐渐适应时差的变化（邱宜均，1988）。对时差问题进行模拟训练，可以在临出发前的一段时间内，逐渐改变作息时间，假定已知比赛国的比赛时间大多为北京时间8∶00，则也在此时间安排模拟训练，如在6∶00起床，做各种必要的准备。

七、模拟地理环境

地理环境的模拟训练最常见的形式是高原模拟训练，如在日本，为了对运动员进行高原缺氧训练，会要求运动员每天在低压舱里待两个小时。

模块总结

1. 心理训练是有目的、有计划地对训练者的心理过程和个性心理特征施加影响的过程，也是采用特殊的方法和手段使训练者学会调节和控制自己的心理状态并进而调节和控制自己运动行为的过程。
2. 放松训练是以一定的暗示语集中注意力，调节呼吸，使肌肉得到充分放松，从而调节中枢神经系统兴奋性的方法。放松练习有助于降低中枢神经系统的兴奋性，降低由情绪紧张而产生的过多能量消耗，使身心得到适当休息并加速疲劳的恢复为进行其他心理训练打下基础。
3. 自生放松练习的程序主要是使全身各主要肌肉群逐渐产生沉重感和温暖感，以达到自然放松的状态；渐进放松练习的程序主要是先使某肌群紧张，再使其充分放松，以建立肌肉紧张与放松程度的区分感觉。如果放松后将进行训练或比赛，则应在放松后、训练或比赛前加入"活化"练习，以保证以适宜的兴奋程度进入训练或比赛。
4. 表象训练是在暗示语的指导下，在头脑中反复想象某种运动动作或运动情境，从而提高运动技能和情绪控制能力的方法。表象训练有利于建立和巩固正确动作的动力定型，有助于加快动作的熟练掌握和加深动作记忆；赛前有成功动作表象体验将起到动员作用，使人充满必胜的信心，达到最佳竞技状态。
5. 表象练习一般有三个步骤：放松练习、"活化"动员和表象运动技能或运动情境。由于注意集中的有限性，表象练习的时间一般为3~10 min，不宜过长。
6. 注意集中是坚持全神贯注于一个确定目标，不因为其他内外刺激的干扰而产生分心的能力。各种注意练习方法的依据是人的注意规律。
7. 注意集中的练习有通用注意集中练习，如纸板练习、五角星练习、记忆练习、实物练习、秒表练习；特殊注意集中练习，如逆反口令法、轻微口令法、有效口令和无效口令法、启发教学法、变换条件法、目标导向法、信息引导法等。

运动心理学篇　　165

8. 自我暗示训练是利用语言等刺激物对人的心理施加影响，并进而控制其行为的过程。通过言语，人能接受暗示和进行自我暗示，即通过代表外部环境和体内环境的一切事物和现象的言语来调节认知、情感和意志过程。
9. 自我暗示训练有6个主要步骤：① 理解语言对情感和行为的决定作用；② 确定体育活动中经常出现的消极想法；③ 确定如何认识这种消极想法；④ 确定取代这种消极想法的积极提示语；⑤ 不断重复相应的句子；⑥ 通过不断重复和定时检查，举一反三。
10. 模拟训练是针对比赛中可能出现的情况或问题进行模拟实战的反复练习，目的是为参加各类比赛做好适应性准备。模拟训练的主要作用在于提高人对比赛应激情境的适应性，在头脑中建立起合理的动力定型结构，使技战术在千变万化的特殊情况下得到正常发挥。
11. 模拟训练可分为实景模拟和语言、图像模拟两类。实景模拟是通过设置竞赛的情境和条件进行训练，包括模拟对手可能采用的技术、战术，赛场上可能出现的意外情况，比赛的天气、场地、观众的行为等。语言、图像的模拟是利用语言或图像描述比赛的情境。

讨论问题

1. 有一种说法认为心理训练看不见，摸不着，你认为这种说法对吗？为什么？
2. 你经常遇到哪些心理方面的问题？根据学习的内容，你认为采用哪种或哪几种心理训练解决比较合适？
3. 你在实施心理训练时有哪些困难？如何克服？
4. 制订一份心理训练计划，可考虑包括如下内容：当前存在的问题、训练目的、训练方法（时间、地点、操作程序、指导语等）、评定手段、注意问题以及预期结果。
5. 如何客观评价心理训练的效果？

推荐阅读

[1] 丁雪琴，刘淑慧.冠军路上指迷津［M］.北京：科学普及出版社，1989.（这本书介绍了多种心理训练方法，简单实用。）
[2] 刘淑慧，王惠民，任未多，等.实用运动心理问答［M］.北京：人民体育出版社，1993.（这本书以问答形式介绍了许多心理调节和心理训练的方法，通俗易懂，简单实用。）

模块六

比赛的心理调节

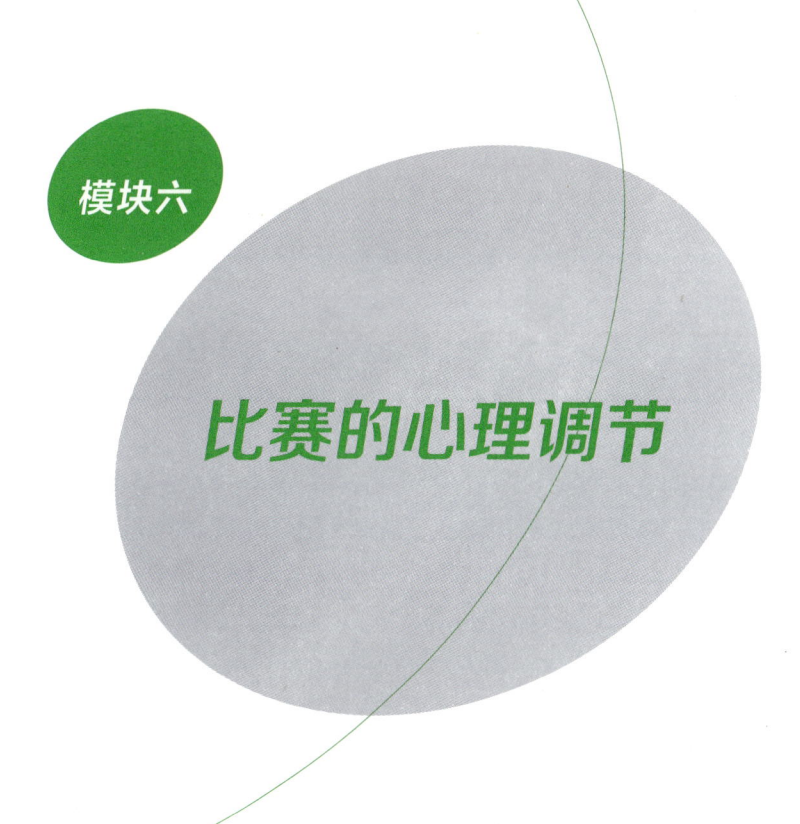

运动员的比赛成绩取决于比赛表现，而比赛表现取决于赛前的身体、技战术和心理状态。这些赛前状态是运动员通过遗传和学习获得的身体能力、技战术能力和心理能力的体现。

在图6-1表示的自左向右发展的因果链中，"赛前心理状态"的字体之所以加粗，是因为心理因素的相对重要性会随着比赛的临近而提高，最有力的研究证据之一来自李益群（1991）对"克拉克现象"的研究。所谓"克拉克现象"，指的是优秀选手在大赛中发挥失常的情况。我国优秀田径、游泳、举重选手在国际重大比赛中的"克拉克现象"严重，"克拉克率"平均达5.6%。许多运动员都有"战胜别人容易，战胜自我极难"的切身体验，这种战胜自我的过程，高度体现在比赛的"心理斗争"中。比赛心理状态对于比赛表现和比赛成绩的重要意义，可以借"养兵千日，用兵一时"这句成语说明，比赛中心理状态的一时控制不当，足以使千日苦心付诸东流。本模块将重点讨论运动员可以采用哪些方法，使自己在赛前和赛中产生和保持良好的心理状态。

通过本模块的学习，希望同学们从心理定位、情绪调节、社会因素三个方面了解比赛的心理调节过程。思考一下，如果自己作为教师或者教练，会从哪些方面帮助学生或者运动员进行赛前心理准备。

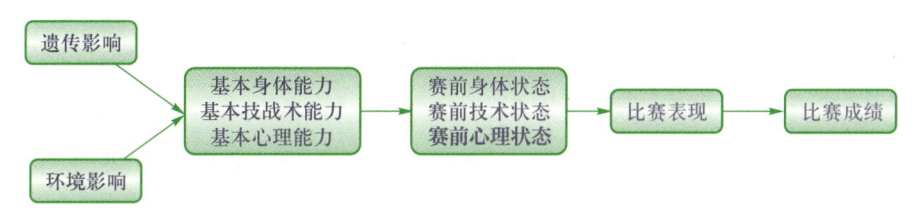

图6-1 运动员比赛表现内部因素分析
（张力为，2001）

主题一　比赛的心理定向

任务一　比赛角色的定位

大赛来临之际和进行之中，运动员如何摆正自己的位置是每位教练员和运动员都非常关心和重视的问题，也是赛前心理准备的重要内容。张忠秋（2000）在多次运动员赛前心理辅导过程中提炼和总结出一些赛前角色定位的重要原则，以下特别予以介绍，以供参考。

运动员参赛角色的定位直接影响其比赛表现，影响其自信心和比赛应变能力。所以说，运动员参赛角色的合理定位是对自身比赛心理调节非常重要的指导要素。然而，在实践中，这常常被一些运动员和教练员忽视了。

"摆正位置"是大赛前后常能听到的词，在各类重大比赛中因参赛位置摆得不正，由"夺"的角色变成"保"的角色，自背包袱而错失良机的事例不胜枚举。此处所举"夺"的角色乃是低者向高者冲击，"保"的角色则是高者守位防失，这是两种会产生完全不同效果的参赛角色。"夺"者与"保"者的角色常处于动态变换中，"夺"者往往是赛前战绩未在高处，或比赛过程中仍难分伯仲，此时的角色心态一般较为纯洁、集中，没有对比赛结果产生过高期望和压力，只将冲击对手为目标和己任；"保"者大多是赛前战绩占优或比赛过程中比分领先的人，其心态则变得较为复杂、矛盾，运动员的注意力已从比赛过程更多地转向比赛结果，对比赛结果的期望值迅速升高。

运动员参赛角色的定位实质上是对相应比赛结果与自我努力目标的认知定位，其作用被形象地比喻为运动员竞技潜能这一大容器为比赛开放的"闸口"。若持"夺"之角色，"闸口"会尽其所能地开放，使运动员表现出无限的竞技潜能；若持"保"之角色，"闸口"则只开放到一定程度，竞技潜能不能充分释放，甚至会反向缩小、关闭。参赛角色定位对运动员关键的作用是使其对相应比赛的认知焦虑产生变化。认知焦虑是运动员对比赛应激刺激在认识上产生的紧张性反应。正如应激理论创始人塞里所讲：

"关键不在于发生了什么，而在于你如何看待它，我们不能归咎于环境引起的应激，外界刺激有时并不是强加于有机体的，而是我们对环境事件的认识使其产生了作用。"

由于重大比赛所具有的特殊刺激，运动员产生一定认知焦虑是正常的，且在一定程度上起到兴奋激活作用。但是，当运动员对相应比赛的认知焦虑超出一定的"度"，作用则会完全相反。英国心理学家哈迪等为此提出了应激突变模型，其要意是当运动员对相应比赛的认知焦虑较低时，运动员的比赛成绩表现与其兴奋唤醒水平呈"倒U"曲线关系，即随着兴奋唤醒水平的提高，运动员的比赛成绩表现水平逐渐提高，当处于中等唤醒水平时，成绩表现达最高水平，随后则随之呈下降趋势。然而，当认知焦虑超过一定程度时，运动员的成绩表现会出现突然跳跃性下降，比赛场上表现为判若两人或两队的大波动状况，即我们平时所说的"晕场"现象。这就是运动员参赛角色定位的作用机制。因项目和人等因素差异，运动员因不同角色定位所产生的比赛波动程度和时间长短会有所不同。

总结国内外优秀运动员的不同比赛表现，会发现参赛角色合理定位还直接影响运动员的竞技状态。那些定位于"夺"者，往往对即将来临的比赛有强烈的参赛欲望，有随时准备参赛竞争的准备，而那些定位于"保"者，从行为到意识都对即将来临的比赛怀有"躲"的心态，他们对比赛信心不足，且从内心希望比赛赶快结束。这是完全不同的比赛心态，对运动员竞技潜能的激发程度也就自然不同。

专栏6-1

这场比赛就像平时的一场训练课——邢慧娜雅典奥运会夺冠心理分析

实战案例

雅典奥运会上，邢慧娜参加了5 000 m和10 000 m跑两项比赛。她把所有的准备都用在5 000 m跑上，她认为自己在这个项目上能够成功。但是因为她太紧张，技术动作变形，跑步节奏乱了。邢慧娜的技术特点是大步型、脚步柔软，但是节奏一乱，技术用不出，结果失败了。接下来就要面对10 000 m跑的比赛了。

女子10 000 m跑比赛当天上午，教练王德显了解到邢慧娜还没在奥运村里逛过，于是便拿起相机，拉着邢慧娜在奥运村里转了起来，看到风景好的地方就拍照。上场之前王德显告诉她："放松去跑，你是个小人物，有什么可紧张的！"

比赛中，邢慧娜后来者居上，在最后的1 200 m超过了上届冠军图鲁，随后占据了第三的位置。最后一圈，她超越了两名埃塞俄比亚运动员拦起的人墙，第一个冲过了终点，30′24″36，她以自己的个人最好成绩为中国又添一枚田径金牌。

比赛结束之后，邢慧娜笑着说："今天我很放松，跑过终点后才想'这就是奥运会啊！'"

面对从天而降的胜利，邢慧娜非常平静："这场比赛就像平时的一场训练课，我没有想到会拿金牌，拿到第三名就可以了。在最后800 m冲刺中，看到他们的冲刺表现，我觉得金牌就是我的了。"说完她还忍不住调皮地笑。她说："关键看思想。"说着指指自己的脑袋。说起自己赛前的想法，邢慧娜就像在说一个平常的故事。"没有多少人知道我有夺金牌的能力，只有我们队少数人知道，当然，还有我知道，我知道我会赢。"

心理分析

运动训练中常讲的"包袱"也就是心理学中所说的压力，是人的内心冲突和与其相伴随的强烈的情绪体验。在应对压力的过程中，如果一味地强调全力投入，与压力搏斗，则可能因为消耗大量生理和心理资源，最后"筋疲力尽"而无法投入真正的活动。邢慧娜采用的是另一种方法，她在教练的帮助下巧妙地回避开"能否夺冠"这个有威胁性的问题，回避冲突，从与压力的对抗当中全身而退，得以调整状态，在比赛中充分发挥个人的竞技水平。

摆脱压力的时候避开能否夺冠的问题，不仅涉及如何给自己定位，而且关系到如何设置参加比赛的目标。运动员持有的目标取向不同，他们关注的重点就不同，对成功的理解和获得胜利的思路也不相同。持有任务定向的运动员关心的是不断努力增强自己的实力，认为不断提高自己的能力才能获胜；而持有自我定向的运动员则更关心如何超越他人，如何让自己比他人表现得更好。

张忠秋（2000）为教练员和运动员提供了以下4项建议，非常值得参考。

第一，无论即将面对的比赛中对手是谁，赛前都应对自己或全队的参赛角色进行重新定位。赛前角色定位应以"夺、冲、追"为最佳。被誉为"常青树"的美国网坛女王拉芙娜蒂洛娃称霸网坛二十余年，她总结出的成功奥秘就是：不论对手是谁，绝不轻敌，总是集中精力打好每一球。她说："我一上场，就把自己看成是第一次上场的新手，而对方是比自己强得多的强手，所以总是竭尽全力，使自己绝处逢生。"

第二，随着比赛进行中双方成绩的变化，运动员应本着必须"冲击"对手的原则及时调整比赛角色。

第三，明确比赛过程的关键性指标，并对这些过程指标坚定必胜信心。"不去关注比赛结果，而要关注比赛过程"，这是心理学家对运动员比赛心理调节的原则性指导。在此前提下，运动员还应明确比赛过程的技战术关键性指标，并对这些通过自己的努力可以加以控制的因素坚定必胜信心。

第四，无论比赛结果如何，赛后均应对自己和全队进行重新定位。经过比赛应激刺激和赛后的精神或物质奖励体验，运动员的参赛角色又要面临调节变位时刻。此时，胜者的自我形象往往会被无意识地夸大，败者则会无意识地感到自我形象降低，运动员参赛的无关杂念迅速增多。一些球队或运动员在连续比赛中，出现大胜后大败或一蹶不振现象皆属此类。美国的奥格利夫曾提出一份《再当冠军者为什么如此少？》的调查报告，他通过大量调查，列出夺冠后运动员新增加的一些心理负担和顾虑。可见，赛后参赛角色的重新定位不是可有可无的，而是必须进行的。对于实际的参赛角色定位的做法，可根据比赛胜负情况给予不同的要求。例如，胜者必须针对比赛表现找出几条缺点，负者则应针对比赛表现找出几条优点，目的在于纠正运动员赛后自我形象的偏差，为今后的训练和比赛奠定良好基础（张力为，2008）。

任务二 比赛方案的制订

制订比赛方案是赛前心理准备的重要内容，也是最具操作性的工作之一。丁雪琴（2000）在长期为国家队运动员进行心理咨询的基础上，总结出了一些行之有效的制订比赛方案的方法。

一、明确建立比赛方案的目的

制订比赛方案，主要是为了提高运动员应对各种重要情况和突发情况的能力，做到有备无患。应针对该项目比赛前和比赛进程中可能出现的各种问题或情况，制订相应的具体对策，以做好全面而充分的心理准备（图6-2）。

图6-2 突发事件是比赛的组成部分

二、认识建立比赛方案的作用

建立详细的、有针对性的比赛方案，具有以下作用。

（1）全面分析比赛形势和各方面的问题，以便使赛前准备更充分、细致。

（2）建立比赛方案有利于增强运动员的比赛信心，使他们做到心中有底，无论出现什么情况，甚至意外事件，也能沉着冷静地按比赛方案的提示去处理。

（3）有利于教练员和运动员之间的沟通。在比赛方案的制订过程中，教练员、运动员和心理老师三方面共同思考、群策群力，同时让教练员更了解运动员的想法，运动员更理解教练员的意图，这将有助于凝聚力的增强。

（4）有助于运动员在比赛时的思维净化和注意力集中。因为赛前该想的都想到了，问题和对策也想好了，临赛时就能放心地去集中注意比赛技术和战术的运用。

> 专栏6-2

脚崴了，怎么办？——孔令辉悉尼奥运夺冠心理分析

实战案例

中国国家男子乒乓球队队员孔令辉的打法属于典型传统直拍快攻结合欧洲横拍进攻型打法，两面拉弧圈，稳中见狠，有较高的战术素养。在悉尼奥运会的赛场上，他还向世界展示了临危不惧、处乱不惊的一面。

男单半决赛，孔令辉将与中国男队十多年来的头号强敌瓦尔德内尔决战。这是他当年第三次与瓦尔德内尔相遇，此前两次瓦尔德内尔都输了。第一局孔令辉轻松拿下，第二局比赛进行到10∶7时，领先的孔令辉不小心脚崴了。怎么办？他想叫暂停，紧急处理一下。但一转念：自己正是有利位置，老瓦已经被打蒙了，不能让他有喘息的机会。况且，狡猾的老瓦知道自己受了伤，不但提高了他的士气，也会给他改变战术的机会。孔令辉果断决定忍着！

决战进入第五局。20∶13，孔令辉硬逼着老瓦把最后一球挑飞。直到比赛结束，瓦尔德内尔也不知道他的对手脚上有伤。

比赛过后，中国体育代表团秘书长吴寿章说，孔令辉本次夺冠军之路极为坎坷。每次比赛回来，孔令辉都告诉吴寿章："今天我又是反败为胜。"说起崴脚，孔令辉赛后说，"奇怪了，打到后来，我根本不觉得疼了。"

心理分析

大赛中，运动员突然受伤，裁判突然误判，场地突然停电，器材突然出现故障，天气突然恶变，诸如此类，不胜枚举。教练员、裁判员不仅要做好临场应对，而且也要做好赛前准备。

教练员、运动员可以采用的临场应对方法有以下几种。

（1）坦然接受现实。应接受意外事件本身，因为它已经发生，不可改变；还应接受它对比赛产生的不利影响。接受的态度有助于心态的平和以及积极的应对。

（2）关注可控因素。应将注意更多地放在"我应做什么""我能做什么"和"我将做什么"上，如案例中孔令辉的决定忍着；而不是反复回想发生了什么和思考将对我产生什么不利影响。

（3）分析对手心态。许多情况下，意外事件对比赛双方或比赛多方同等不利，应分析意外事件对对手产生的影响，分析对手的心态。

（4）充分相信自己的应对能力。敢于在新的情境中与对手重新较量。

教练员、运动员在赛前应认真制订比赛方案。制订比赛方案可以帮助运动员稳定比赛情绪，增强比赛自信，使比赛行为有序。比赛方案也可称为比赛对策库，应包括以下两个部分。

第一部分是程序活动对策库，即面对比赛必然遇到的问题和必须进行的活动（如赛前一天、赛前晚上、检录点名等环节）时所应采取的成套对策。程序活动对策库的主要内容：① 比赛事件进程，如赛前3天、赛前1天、点名、入场、第一轮、第二轮。② 想什么。③ 做什么。简单地说，程序活动对策库就是运动员写出比赛关键时间点上想什么、做什么的程序。

第二部分是预发事件对策库，即面对可能遇到的突发应激事件（如上场时间改变、天气变化、器材损坏、出场顺序改变、对手弃权等）时所采取的成套对策。预发事件对策库的主要内容：① 如果发生了……情况。② 我就采取……措施。这颇有点像自己为自己制订的"锦囊妙计"（张力为，2008）。

三、比赛方案的格式

制订比赛方案一定要强调个人特点，运动员之间不能互相套用，只能相互参考。认真、细心、全面、负责和独立思考是制订好比赛方案的必要条件。比赛方案的格式和重点完全是因人而异、因任务而异和因情况而异的，不必拘泥于以上形式。但可以本着提出问题和制订对策的原则进行，如写在比赛日记中，可以采用"如果……我会……"的形式。下面提供一个实例供参考。

表6-1 参加第十三届亚运会比赛方案

运动项目：风帆　　　　　　　运动员姓名：×××

如果……	我会……
1. 赛前训练安排过量	1. 主动向教练员提出自己的感受 2. 自己及时有效地做放松恢复训练 3. 找队医或队友做相互恢复性按摩 4. 向有关领导提出合理化建议
2. 比赛器材准备仓促	1. 正确对待，冷静处理 2. 相信自己的技术实力 3. 尽快了解器材的性能、特点 4. 重点考虑受风中心与以往训练用帆的差距；多做转向练习，熟练掌握板体侧阻中心
3. 在赛前训练上与教练员有分歧	1. 合理综合分析自己观点的正确与否 2. 与教练沟通，理智地提出自己观点与道理 3. 注意与教练沟通的场合和方式方法 4. 切记稳定自己的情绪

续表

如果……	我会……
4. 赛前对场地不熟悉	1. 仔细观察风源及地形对风力风向的影响 2. 仔细观察掌握各风向的风区风摆的变化规律 3. 注意岸边风向曲线的变化及风力减弱区 4. 明确每日一潮的规律，面对大海（从右向左） 5. 了解最高流速的时间：距岸边3 000 m的流速约为每10~12 m/min，距岸边300 m的流速为4~5 m/min。

任务三 心理定向的原则

心理定向的原则涉及三个方面，分别是过程定向的原则、当前定向的原则、自我定向。

一、过程定向的原则

比赛心理定向的第一个原则是过程定向，即将注意的方向定位在比赛过程要素而不是比赛最终结果上。比赛过程要素主要指与比赛表现直接联系的且自己可以控制的要素，如比赛之前的器材维护、饮食调节、休息、练习，以及比赛之中的技术战术、体能分配。比赛最终结果主要指比赛名次、比赛成绩、与他人相比的差距等。将注意指向比赛最终结果之所以不利于运动员的比赛发挥，是因为思考结果及其某种结果对自己产生的影响，会使运动员的紧张程度不由自主地升高，甚至升高到难以自控的不适宜程度。而且比赛结果是比赛进程的最终环节，主要受先行事件的影响，如运动员准备活动的充分程度、比赛器材的质量、技术战术应用情况。将注意集中在比赛最终结果上，会干扰对先行事件的必要准备，进而使比赛最终结果不能到达预定目标，产生越想结果越是出现坏结果的情况。

二、当前定向的原则

比赛心理定向的第二个原则是当前定向，即将注意的方向定位在当前任务而不是过去的结局和将来的结果上。运动员参赛过程往往是一个分阶段且持续时间较长的过程，前一轮的比赛结果往往会对运动员后一轮的表现产生重要影响。因此，如何在比赛进程中不断进行心理调节，树立正确的心理定势，成为运动员保持优势或反败为胜的重要保证。当前定向的原则要求运动员在不断进行心理调整的过程中，确立和保持从零开始的心理定向，将注意集中在立刻需要加以完成的具体任务上，既不过多缠绕在已经发生的事件上（不论是积极事件还是消极事件），也不过多缠绕在将要取得的成绩上。也就是说，要做到打一场，甩一场，场场从零开始。这个原则具体化到射击比赛中，可以成为"打一枪，甩一枪，枪枪从零开始"；具体化到体操比赛中，可以成为"比一项，甩一项，项项从零开始"；具体化到跳水比赛中，可以成为"跳一次，甩一次，次次从零开始"。

三、自我定向的原则

比赛心理定向的第三个原则是自我定向。决定比赛结果的因素很多，如裁判、天气、场地、观众、对手的技术战术、对手的体能水平、对手的比赛发挥情况以及运动员自己的比赛表现。这些因素中，有很多是运动员难以控制或根本不可能控制的，如对手、天气和裁判。关注那些不可控因素，不但会使运动员因产生无助感而信心下降，而且还干扰了极其必要和重要的技术、战术、体能的准备工作。自我定向的原则要求运动员将注意集中在可控因素上，而可控因素主要是运动员自身的一些因素，如自己正在和将要采取的技术、战术手段，体力分配策略，思维和表象的内容以及与教练员的沟通。同时，应采取一切必要的措施，回避和排除与自己无关和与比赛过程无关的信息。例如，在射击比赛的间歇过程中，在人较少且较安静的地方，戴上耳机，闭上眼睛听自己预先准备好的轻音乐，从而放松身体，节省体力，回避干扰信息，准备下一轮的比赛。

主题二　比赛的情绪调节

运动员在训练和比赛中为了使自己的心理状态保持在最佳水平须进行情绪的调节。情绪调节方法主要有生理调节、认知调节和环境调节3种。

任务一　情绪的生理调节

一、表情调节法

表情调节法是有意识地改变自己面部的表情和姿态以调节情绪的方法。情绪状态与外部表情存在着密切而有机的联系，俗话说："情动于衷而形于外。"情绪的产生会伴随一系列生理过程的变化，并由此而引起面部、姿态等外部表情。例如，愉快时兴高采烈，笑容满面，手舞足蹈；愤怒时横眉竖眼，咬牙切齿，紧握双拳；沮丧时垂头丧气，肌肉松弛，萎靡无力等。既然情绪状态与外部表情存在着密切而有机的联系，就可能通过改变外部表情的方法而相应地改变情绪状态。例如，感到紧张焦虑时，可以有意识地放松面部肌肉，不要咬牙，或者用手轻轻揉搓面部，使面部肌肉有一种放松感。当心情沉重情绪低落时，可以有意识地做出笑脸，强迫自己微笑。假使做不到，也可以看看别人的笑脸，或者想一想自己过去最高兴的某件事，想一想自己过去最得心应手的比赛情境。

赵建中（1990）曾报道，瑞典有位医生曾对心情忧郁的患者进行治疗，患者们每周来一次医院，由一个医生和三个护士组成的医疗小组讲笑话，治疗室中陈列了喜剧读物，各种装饰使环境充满欢快的气氛。除讲笑话之外，还放映喜剧电影。整个治疗时间是一个半小时。医生指导患者如何在生活中培养幽默感。就这样，患者们经常开怀大笑，他们很快就康复了。医生们对此做了这样的说明：人们由于笑，脸部乃至全身的肌肉放松了，减轻了紧张状态；与此同时，神经系统和血脉都得到活络，病情恢复的速度也就加快了。笑能使精神安定的作用是显而易见的。

二、呼吸调节法

通过深呼吸，运动员的情绪可以稳定下来。情绪紧张时，常有呼吸短促现象。特别是过于紧张时，运动员常有气不够喘或者吸不上气来的感觉，这是呼气不完全造成的。这时可以采用缓慢的呼气和吸气练习，这将有利于情绪兴奋性的下降。情绪低沉时，可采用长吸气与有力的呼气练习，这将有助于提高情绪的兴奋水平。这种方法之所以奏效，是因为情绪状态与呼吸之间有着必然的联系。例如，情绪紧张时，呼吸快而浅，由于快呼吸，使体内进入大量氧气，呼出大量二氧化碳，二氧化碳呼出过多，会使血流中的二氧化碳失去平衡，时间一长，中枢神经便迅速做出抑制性的保护性反应，这时，可采用加深或放慢呼吸频率的方法来消除紧张，一小段时间后，就会得到安静的效果（全国体育学院教材委员会，1988）。

三、活动调节法

大脑与肌肉的信息是双向传导的，神经兴奋可以从大脑传至肌肉，也可以从肌肉传至大脑。肌肉活动积极，从肌肉向大脑传递的冲动就多，大脑的兴奋水平就高，情绪就会高涨。反之，肌肉越放松，从肌肉向大脑传递的冲动就越少，大脑的兴奋性就降低，情绪就不会高涨。

采用不同速度、强度、幅度、方向和节奏的动作练习，也可以用来调节运动员临场的情绪状态。例如，情绪过分紧张时，采用一些强度小、幅度大、速度和节奏慢的动作练习，可以降低情绪的兴奋性，消除过度紧张状态。情绪低沉时，可采用一些强度大、幅度小、速度和节奏快的变向动作练习，通过反复练习，可以提高情绪的兴奋性。

任务二 情绪的认知调节

一、表象重现法

比赛上场前，在脑中清晰地重现自己过去获得成功时的最佳表现，体验当时的身体感觉和情绪状态，有利于增强信心，提高运动成绩。研究资料表明（全国体育学院教材委员会，1988），有的马拉松运动员运用表象重现法使比赛成绩提高了3分钟。表象重现是一种积极的意念，它可以间接地使植物性神经系统活跃起来，进而促进心跳加快，呼吸加强，使新陈代谢过程的血流量加大，糖分解加速，热能供应充足，使全身增力感觉和增力情绪加强。

二、暗示调节法

暗示调节法是用语言、手势、表情或其他暗号对心理活动施加影响的方法。暗示现象在日常生活中有着广泛的作用。暗示的作用有消极的，也有积极的。

第一次世界大战中，前线士兵流行着一种因炸弹的爆炸惊吓而得的心理恐惧症，叫"弹震病"，严重者竟四肢瘫痪。英国心理学家麦独孤参加了战时治疗。他凭借以往的声望成功地进行了一次暗示：他用笔在一个下肢失去知觉的士兵膝盖下某处画一个圈，并肯定地告诉士兵次日便能复原。第二天果然恢复了知觉。这样日复一日地画圈，士兵很快地痊愈了。这就是医学上的暗示疗法。有些人生理上一点病也没有，可是怀疑自己有病，就变得一天一天消瘦下去，一般医生往往对此束手无策。有"暗示疗法"经验的医生则对病人说："我给你打一针特效药，保证你三天以后恢复。"针打了，病人果然神气活现地好了。其实，医生注射的是葡萄糖水，真正治好病的是语言暗示。

也是在英国，心理学家薛里夫做过这样一个实验：要求学生对两段作品做出评价。他告诉学生，第一段是文豪狄更斯的作品，第二段是一般人的作品，其实两段作品皆为英国作家史蒂文森的作品。但是对两段作品评价的结果令人惊异：第一段得到了宽厚、崇敬的赞扬，第二段遭到了苛刻、严厉的挑剔。

暗示不仅对人的心理和行为产生影响，还可影响人的生理变化。在实验室中，反复给一个人喝大量糖水，经化验可以发现受试者的血糖升高，出现尿糖，同时尿量增加。如果让受试者处于催眠状态，只给语言暗示，告诉受试者：你已经喝了大量糖水，但实际不给糖水，结果同样会出现血糖升高，尿糖和尿量增加的现象。这个例子说明，语言暗示可以给人脑以兴奋的刺激，虽然受试者没喝糖水，但大脑还是参与了体内糖的代谢活动。

在自我暗示的作用下，一个人可以突然变得耳聋眼瞎，但这种情况下的视力和听觉丧失并不是因为视神经和听神经受损，而是因为大脑管理视觉、听觉的那个区域的机能受到扰乱，形成一个病态的抑制中心，使神经细胞丧失了正常工作的机能。它们不再接受传来的信息，当然不能对这些信息做出反应。这样的病人可以用催眠暗示疗法治疗，并且可以一下子治好，使不明真相的人大吃一惊。正因为自我暗示力量的巨大，美国一位医学教授对癌症的病因提出了新的理论，认为癌症的发展主要不是客观上存在的癌细胞，而是主观情绪、自我暗示导致了癌变。这一理论虽未被广泛接受，但有的癌症患者一旦知道了真相，病情便急剧恶化也是事实。所以，一方面，医生的诊疗语言十分重要，应当慎重使用；另一方面，每个人都应当克服消极的自我暗示，发展积极的自我暗示，确定成功和胜利的信念。

接受暗示毕竟不是一种根据事实做出判断的具体行为。一般来说，小孩较成人易受暗示，女性较男性易受暗示，普通人易受权威暗示。

暗示可分为自我暗示和他人暗示。比赛之前和比赛之中，教练员与运动员应尽量用积极的语言分析对手情况，制订战术，树立信心。避免使用消极词语，如用"我很镇静"代替"我不紧张"，用"我充满力量"代替"我还没有疲劳"，用"我站得很稳"代替"千万别摔倒"。教练员和运动员还应十分注意自己的手势、姿态、面部表情和眼神，这些都是传递暗示信息的媒介，可能对他人的心理带来重要影响。

苏联足球教练拉西莫夫曾长时间帮助中国四川足球队进行训练。他在带每次训练课之前，总是有这样几句话："今天大家的精神很好""我看大家今天都很愉快""今天大家的脸就像刚出来的太阳""大家的脸像今天的天气一样好""今天的训练很轻松"等。这是用暗示调节法激励运动员训练的热情，运动员的情绪都十分高涨，训练质量和训练效果也很好。

> **专栏6-3**
>
> 我谁都不怕，但我相信谁都怕我——罗雪娟雅典奥运夺冠心理分析
>
> **实战案例**
>
> 罗雪娟是世界泳坛的优秀选手，雅典奥运会之前已经取得骄人的战绩，包括2001年世锦赛50 m、100 m蛙泳冠军，2003年世锦赛50 m、100 m蛙泳和4×100 m混合泳接力冠军。
>
> 近年来，女子蛙泳竞争日趋激烈，琼斯和阿曼达几次改写世界纪录，布鲁克、柯克等也屡次创造佳绩。但罗雪娟始终认为：
>
> "虽然每次我都胜得艰难，但我从未放弃。全世界可以不相信你，你却不能不相信自己！"
>
> 在雅典奥运会决赛之前，罗雪娟说除了决赛，预赛也好，半决赛也好，都不足以说明任何问题。
>
> "第一道又怎么样呢？第一道就不能拿金牌吗？看不见对手更好，我游我自己的。我战胜了自己，也就肯定战胜了她们。就这么简单。"
>
> 决赛在凌晨拉开了序幕，罗雪娟从一入水就拼尽了全力，整个过程节奏好、力量足，以自我为中心，霸气十足，以至于她旁边赛道的选手在半决赛中打破世界纪录的琼斯都没能控制住自己的节奏。罗雪娟的发挥足以令观者感到一种情绪的激情四射和淋漓尽致的力量爆发。罗雪娟最终以1∶06∶08的个人最好成绩夺冠，而半决赛上战胜过她的澳大利亚选手琼斯最终位列第三。
>
> 赛后一向笑容灿烂的罗雪娟喜极而泣，她激动地说：
>
> "今晚的比赛是我两年多以来最艰难的一次，我是来卫冕的，心理压力其实很大，昨天的半决赛中更是了解到对手十分强大，我告诉自己一定要拼到底，现在我拿到了这枚金牌，我真的很激动。"
>
> "我谁都不怕，"手里拿着那块沉甸甸的金牌，罗雪娟说，"但我相信谁都怕我。

琼斯怕，比尔德也怕，要不然，决赛的时候她们怎么会那么紧张？"她的陈述是如此不假思索而又不容置疑。"在决赛之前，你是不是也曾经——哪怕只是一瞬间——对自己产生过怀疑呢？"面对这样的问题，罗雪娟秀眉一挑："**没有，从来没有。我的自信从世锦赛击败琼斯夺冠之后就再也没有消退过。是的，我承认今年有一段时间我的状态不太好，训练成绩也始终在1′08″左右徘徊，但我没有忘记自己最重要的目标是什么。我在赛后的新闻发布会上也说了，中国人懂得如何在最关键的时刻爆发。**"

心理分析

罗雪娟的上述问答，对自信做了最好的解释：自信就是在比较中发现对方的弱点和自己的长处，确认自己达到目标的现实可能性。

自信如此重要，那么，有哪些方法可以帮助运动员提高自信呢？

班都拉和他的同事从信息加工的角度对自信（他将完成特定任务的自信称作自我效能）的形成做了大量的研究，提出自信是建立在4种信息来源之上（Bandura, 1986），即成败经验（直接经验）、替代经验（间接经验）、言语暗示和情绪唤醒（参见模块四，任务三中的相关内容）。

根据班都拉的理论，为提高自信，建议教练员应在训练中努力为运动员营造成功体验的氛围，包括：

第一，减少消极语言提示，如"别紧张！"；增加积极语言提示，如"放胆做！""放松！"。

第二，减少他人参照提示，如"你怎么这么笨！"；增加自我参照提示，如"比昨天有进步！"。

第三，注意可控因素，如准备活动、赛前饮食、动作程序、战术安排；忽略不可控因素，如天气、场地、裁判、观众。

第四，注意短期目标，提供量化反馈，让运动员直观地看到自己的进步。

根据班都拉的理论，为提高自信，建议运动员应在训练中做到：

第一，注意可控因素，忽略不可控因素。

第二，每次写训练日记的最后一句要用积极的话结束。

第三，每晚睡觉前躺在床上，做成功动作的表象练习（3 min内为宜）。

第四，把消极语言提示换为积极语言提示，如把"千万别失误！"换成"果断！"，把"别想输赢！"换成"盯着对手反手打！"。

第五，与别人交谈时，正视对方的眼睛，大声回答对方提问，适当做些大幅度手势，尽量多地保持微笑；握手时要多用力，让对方感到你的力量；签名时有意将自己的名字写得大一些（张力为，2008）。

三、宣泄调节法

控制和调节情绪的一个有效方法就是以适当的方式及时、充分地宣泄自己内心的痛苦、忧愁、委屈、遗憾等情绪。宣泄的作用正如培根所说：如果你把快乐告诉一个朋友，你将得到两份快乐；如果你把忧愁告诉一个朋友，你将减少一半忧愁（高德耀，1991）。运动队的管理工作者和教练员应当尽量给运动员提供情绪宣泄的渠道，尤其是在他们遇到困难和挫折时，以满足他们情绪宣泄的需要。在有些情况下，只要善意、耐心地倾听运动员的倾诉，让他们把心中的苦衷和烦恼如竹筒倒豆子一样倾诉出来，就可以起到明显的情绪调节作用。

四、情志转移法

情绪不快或过度紧张时，有意识地强迫自己把注意从应激刺激转移到其他事物上，比如专心解决紧迫的工作问题或进行有浓厚兴趣的娱乐活动（看演出、看电影、逛商店、游公园、打扑克、下象棋等），可以暂时缓解不快情绪或紧张情绪。

五、激化调节法

以上介绍的调节方法，多是从降低中枢神经系统兴奋程度的角度出发，旨在消除过度的焦虑、紧张和愤怒。但在竞争性很强的体育比赛中，有时也需要激发运动员的拼搏精神，动员一切可以利用的能量，表现无所畏惧的英雄气概。只有这样，才能战胜自己的弱点，战胜艰难困苦，才能在气势上压倒对方，争取比赛的胜利。因此，教练员需要因人因事制宜，采取"激将法"。在有些情况下，运动员需要被"刺激"一下，方能明白和重视自己的问题，并采取实际行动解决它。比如，必要时，可以很严肃地对运动员讲："你为什么就改不了这个毛病，难道要把它带到退役那天吗？""这场比赛，你必须出场，否则你就永远不用上比赛场了！""不是我说你进步慢，你看看周围的同伴，哪个比你差！"。当然，这些有可能伤害运动员自尊心的话，要少用，慎用。

专栏6-4

谁说我们抽上死签了？——李婷/孙甜甜雅典奥运夺冠心理分析

实战案例

雅典奥运会中，拥有十余年网球专业运动经验的李婷/孙甜甜组合，在奥运会前是国内头号女双组合，然而好不容易拿到比赛8号种子排名的她们，首轮抽中的居然是非种子选手，美国的大威廉姆斯和鲁宾。这个非种子组合乃是由两个没有任何双打积分的单打高手所组成。

"当时认识的人都跟我说，咱们抽上死签了，我说那不一定，我要证明给你们看。"主教练余丽乔说，"只有攻击她们配合的漏洞，我们才有胜算。"

比赛开局就是一边倒，中国姑娘们明显紧张，经验丰富的大威廉姆斯和鲁宾趁机破发成功。好在中国姑娘们很快进入状态，孙甜甜的后场对攻与李婷的网前技术发挥威力，而两位世界前十名的单打选手大威廉姆斯和鲁宾，从未配合过双打的劣势开始显现。此后，中国姑娘们越打越顺，以7：5拿下首盘。不过大威廉姆斯和鲁宾也以6：1还以颜色。决胜盘，中国姑娘们终于抓住对方配合的漏洞，以6：3拿下。这也是中国女双首次战胜单打排名如此靠前的选手。

自此，中国姑娘们士气大振，战胜了一个又一个强劲对手，奇迹般地夺得雅典奥运会网球女双冠军，开创了中国网球史的新纪元。雅典奥运网球女双决赛之后，记者对她们进行采访时问道："获胜的关键是什么？"

孙甜甜："赛前我们的另外一对同伴郑洁、晏紫，她们第一场输了以后给我们总结了一些经验，加上我们赛前的一些了解，有针对性地练了一下。我们在场上很成功，两个人配合得很成功。打到这个份上了，我们已经超额完成任务，再紧张就没必要了，再紧张就给我们自己压力了，我们就应该冲她们了。失误是很正常的，对方打好也是很正常的。"

心理分析

竞技运动的魅力在于"不确定性"。李婷和孙甜甜面对单打实力远远高于自己的对手，沉着应战，扭转不利，依靠的是应对逆境的良好心理素质和心理技巧。

我国学者姒刚彦（2006）提出，运动情境相对于其他问题解决情境，具有更多限制和矛盾，运动员实际上处于必须在资源缺乏的情况下解决问题的状态，而这种状态下，人的决策和行动难免缺乏理性。因此，在应对逆境的过程中，不仅要将自身状态调整到"最佳"，还要学会如何控制自身的"不合理"，并充分利用对手的"不合理"。

为帮助运动员更好地认识在比赛中可能遇到的各种逆境，建立良好的应对机制，姒刚彦提出以下措施。

① 结合以往比赛经验，分析与预见各种典型逆境，包括与运动项目有关的逆境，如集体战术实施过程中可能存在的突发情况等；具体比赛中的逆境，如比分被反超的情况，遇到实力高于自己的选手等；与个人特点有关的逆境，如机会球打丢等。

② 找出具有针对性的应对策略。

③ 在了解运动员个人情况的基础上，有针对性地对逆境应对策略进行安排和训练，目的在于强化应对意识，学习应对技能，最后形成应对习惯。在选择应对技能时，应注意策略的合理性，可以选用唤醒水平调节、注意控制、表象、思维控制、行

为程序等方案。

④ 对训练效果进行评价和反馈，并对训练计划进行必要的补充和修改（张力为，2008）。

运动员自己也可以有意识地使用自我激励方法，如一名总是怯场的足球运动员在一次关键比赛上场前，站在场边，嘴里念叨着"别没出息""打沉对方"，使自己迅速兴奋起来，结果场上发挥得很好。

任务三 情绪的环境调节

一、音乐调节法

什么对人们的情绪影响最大？心理学家曾对加利福尼亚州斯坦福大学的250名师生以及研究人员进行意见征询，结果表明，在对人的刺激因素中，占第一位的是音乐，占第二位的是在电影、电视、舞台和书籍中的动人场面，占第三位的是大自然的美景和艺术品，而爱情只占据第六位。的确，音乐以它鲜明的节奏，动人的旋律，丰富的和声，美妙的音色，直接触动人的感情中枢，震撼人的心灵。只能意会不能言传的模糊性音乐语言，往往具有强大的概括性，最能表现人类错综复杂的感情（表6-2）。

表6-2 不同乐曲与情绪体验的关系

情绪体验	作曲家	曲名
放松	维瓦尔第	《四季》（春）
	德彪西	《大海》
	亨德尔	《水上音乐》
不安	巴赫	《赋格曲》（g小调）
	斯特拉文斯基	《火鸟》
悲怆	贝多芬	《第五交响曲》
	柴可夫斯基	《第六交响曲》（第一乐章）
忧郁	莫扎特	《第四十交响曲》
	西贝柳斯	《忧郁圆舞曲》
	格什温	《蓝色狂想曲》（第二部分）

续表

情绪体验	作曲家	曲名
急躁、渴望	亨德尔	《皇家焰火音乐》
	罗西尼	《威廉·退尔》序曲（第二乐章）
	鲍罗丁	《鞑靼人舞曲》
明朗	巴赫	《意大利协奏曲》
	小约翰·施特劳斯	《蓝色多瑙河》
	比才	《卡门》
希望、畅快	巴赫	《勃兰登堡协奏曲》（第三首）
	格里格	《培尔·金特》
	门德尔松	《第三交响曲》（苏格兰）
增强自信	贝多芬	《第五钢琴协奏曲》
	瓦格纳	《汤豪赛》序曲
	奥涅格	《太平洋231》
催眠	莫扎特	《摇篮曲》
	门德尔松	《仲夏夜之梦》
	德彪西	《梦幻曲》
增进食欲	穆索尔斯基	《图画展览会》
	莫扎特	《嬉游曲》

（邱宜均，1988，有所修改）

音乐能够影响人的身心健康，这一概念早已为人们接受。例如，人们可以听着催眠曲进入梦乡，唱着歌曲减轻因繁重体力劳动造成的疲劳等。研究表明（全国体育学员教材委员会，1988），音乐能使人产生兴奋、镇定、平衡3种情绪状态。音乐给予人的"声波信息"，可以用来消除大脑工作所带来的紧张，也可以帮助人们集中注意力，促使大脑的冥想状态井然有序。因此，人们喜爱的曲子或一种具有特殊节奏的音乐，可使人身心放松，也可以使人身心兴奋，处于机敏状态。运动员赛前如果有异常的情绪表现（如过分紧张），听一段轻音乐或喜爱的歌曲，往往能得到调节情绪的良好效果。

札斯皮罗夫（Zaspriov，1987）曾做了一项研究，观察音乐对运动员赛前心理准备的作用。他在比赛前系统地向159名运动员（举重、柔道和古典式摔跤运动员）播放3种具有心理调节作用的功能音乐：诱导性音乐、松弛性音乐和动员性音乐，结果发现，这些音乐能使运动员有效地摆脱赛前的紧张，间接地对他们进行心理暗示，以取得比赛的胜利（表6-3）。

表6-3　159名受试者的赛前音乐对心理状态和比赛情绪的影响

评价项目	认为带音乐会提高在受试者中占比/%	认为带不带音乐一样在受试者中占比/%	认为带音乐会降低在受试者中占比/%
情绪	98.74	1.26	0.00
自我感觉	98.11	1.89	0.00
运动的协调	96.85	2.52	0.23
赛前心理准备	94.33	5.04	0.63
比赛的愿望	93.07	6.30	0.63
对自己力量的信心	93.70	5.04	1.26
赛前不安	0.63	3.15	96.22
对对手力量的恐惧	1.26	6.30	92.44
比赛能力	94.96	5.04	0.00
比赛成绩	93.70	5.67	0.63

二、颜色调节法

颜色是视觉刺激物，可以同时引起其他感觉，使人感到冷暖、重量、味道等的不同，称为"联觉"。例如，国外有一家装有空调设备的工厂，车间温度一直保持在22 ℃，工人们都说觉得冷。后来管理者把青绿色的墙壁改成珊瑚色，就再也没有人喊冷了。国外有一家工厂装载货物的木箱是黑色的，搬运工人都说很累，工作效率很低，后来管理者把木箱改漆成淡绿色，工作效率便有了很大提高（迟立忠，1990）。有人还做过这样的实验，把黄色的西瓜汁分成两份，一份是原来的黄色，另一份染成食用红色，让几位味觉正常的人来品尝，结果大部分人都说红色的西瓜汁好喝，其实色素并没有改变西瓜的味道（全国体育学院教材委员会，1988）。

在竞赛中也可以利用"联觉"现象调节运动员的心理状态，如过分紧张时，看绿色、蓝色、紫色，具有镇静作用；如果用绿毛巾擦汗，饮用偏绿色的饮料，到蓝色环境中休息一下，可缓解过度兴奋；如果运动员临场精神状态不佳，则应多给以红色或黄色刺激。

我国著名足球运动员、教练员李松海曾对颜色的镇静作用做了如下的评述：颜色是视觉刺激物，可以同时引起其他感觉。在对抗性比赛中红色容易激发对手的好斗情绪，所以我队队员以往在大型比赛中都爱穿白色赛服。穿着它总能赢球，也能增强自信心。我队在伊尔比德的4场比赛全是穿白色赛服，中场休息时和比赛后喝的水是矿泉水，擦汗的毛巾是白浴巾，利用"联觉"现象调节我方运动员的心理状态，使他们的过度兴奋得到缓解。

三、气味调节法

气味能影响情绪。美国的气味疗法专家用带有香味的油剂为患者按摩，或者让患者闻一闻装有香料的瓶子，来治疗精神紧张引起的疾病。例如，苹果能产生一种黄昏时刻的安静效果，因为苹果的香味对肾上腺有调节作用，能使激动、焦虑和发怒等情绪得到控制。耶鲁大学心理生理学研究中心的科学家说，闻一闻或者只要简单地想象一下食物的香味就能引起脑电波的改变。苹果与香料的混合物有很好的镇静作用，甚至能使某些人避免产生恐惧心理。

英国科学家发现，模拟海滨实验室里的病人在室内加入海洋特有的气味时，精神更为松弛。日本一名研制香味空气装置的工程师声称，计算机操作人员在呼吸茉莉和柠檬香味的空气后，计算错误减少了33%~54%。

根据这样的原理，运动员在训练和比赛中，应注意保持相应场所的清洁，还应注意保持运动服和擦汗巾的清洁。比赛前，也可在干净的擦汗巾上洒一点香水，这样，比赛间歇中用擦汗巾擦汗时，就能通过淡淡的香味在一定程度上调节自己的情绪状态。

四、饮食调节法

食物和情绪之间有着一定的联系，食物会影响人的情绪和行为方式（表6-4）（Kirsta, Schuster, 1986）。比如，食用碳水化合物能起到镇静作用，因为它刺激大脑产生一种神经递质，使人感到平静和松弛。一般约42.3克的碳水化合物便足以产生镇静作用。摄入过多的咖啡因会引起情绪波动，使人产生抑郁、烦躁的情绪（尤晨，史文伟，1990）。酒精可使人很快放松，但如果饮入过量，就会使人对抗应激的能力下降。运动员在比赛前尤其应当注意根据营养师和医生的指导进食。

表6-4 食物与情绪的关系

食物	身体效应	摄入过多的不良反应
咖啡因（存在于咖啡、阿司匹林、可口可乐中）	类似应激唤醒的状态，直接刺激神经系统，使警觉程度提高，刺激心脏、肾、肾上腺、扩张血管	刺激肾脏，头痛、嗜睡、易怒、肌肉疲劳、紧张、心悸
糖	短时间内补充能量，暂时缓解疲劳	肾上腺过度工作，以至使其调节血糖的功能下降。疲劳感增加，抑郁、易怒
盐	与钾一起调节体液平衡	高血压，紧张，摄入过多则易怒。刺激肾上腺，提高应激和唤醒的程度
色氨酸（在鸡、鱼、奶、香蕉、大米中所含的氨基酸）	增加大脑化学血清素的分泌，使人镇静和产生睡意	白天食用过多，易困倦
酒精	扩张血管，提高血糖水平，使身心放松，促进食欲和消化过程	损害肝脏，血糖出现问题，判断力和脑功能下降，协调性下降，抑郁，饮酒成瘾

（Kirsta, Schuster, 1986）

主题三　比赛的社会因素

任务一　社会促进效应与主场效应

一、社会促进效应

（一）什么是社会促进效应

特里普利特（1897）在100多年前进行过一项研究，结果发现，有他人在场或群体性活动，会明显促进人们的行为效率。他让受试者在3种情境中完成骑行40千米的任务：第一种情境是单独骑行计时；第二种情境是骑行时让一个人跑步陪同；第三种情境是与其他人骑车竞赛。结果显示：在单独计时的情况下，平均速度为38.6千米/小时；有人跑步陪同时，平均速度达到50千米/小时；而竞争情境与第二种情境相比，成绩则无明显提高，平均速度为52千米/小时。特里普利特还在实验室条件下，让受试者完成计数和跳跃等任务，也发现了同样的社会促进作用。对此，特里普利特考虑了许多可能的解释，包括生理、身体、心理等方面的因素。他最后提出，受试者有两个动力来源：第一，另一个骑车人的存在，对他是一种刺激，能唤起竞争的本能；第二，观察另一个骑车人的动作，可形成较高的速率，会成为对运动行为的激励。

特里普利特的这项研究被认为是最早的运动心理学实验研究，同时，也是最早的社会心理学实验研究之一。特里普利特发现的社会促进效应最初是指在有他人在场的情况下，人们完成一些较为简单的、十分熟悉的工作任务时，工作效率提高的现象；现在则是指在有他人在场的情况下，优势反应得到加强的现象（Myers，1996）（图6-3）。

扎琼克（Zajonc，1965）也对社会促进效应的研究作出了重要贡献。他提出，他人在场会提高人的唤醒水平或兴奋程度。如果唤醒加强优势反应，那么这种唤醒应当提高简单任务的效率，而阻碍复杂任务的完成。简单乘法任务就是这种优势反应是正确反应的简单任务，因此，他人在场就会促使操作成绩提高。而学习一项新的材料、如走迷津、解答复杂的数学题，优势反应不大可能是正确反应，因此，他人在场就会促使操作成绩下降（图6-4）。

图6-3 观众对运动员比赛发挥常常会产生重大影响

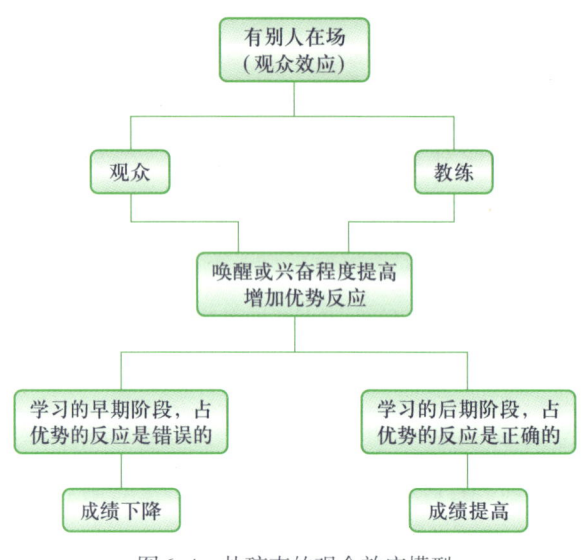

图6-4 扎琼克的观众效应模型
（黄金柱，1983）

（二）社会促进效应的影响因素

有许多因素会影响社会促进效应，这里只讨论两个重要因素，一是运动员的特点，二是观众的特点。

1. 运动员的特点

根据殷小川（2000）的总结，运动员的人格特质、运动水平、年龄、性别均是影响社会促进效应的重要因素，下面将分别予以讨论。

一些研究表明（Ganzer，1968；Cox，1966），运动员的人格特质，主要是特质焦虑和自信，可能是观众与运动成绩关系的中介变量。特质焦虑高的运动员，在有陌生观众时，表现得烦躁不安，运动成绩下降；相比之下，特质焦虑低的运动员，在有陌生观众时，表现得自信沉着，运动成绩不变甚至提高。甚至有这样的运动员，如20世纪70年代中国乒乓球男队的主将梁戈亮，比赛时就怕没有观众，观众越多，观众的情绪越高昂，他表现得就越好。

观众对运动成绩的影响与运动员运动水平的高低有关。对于高水平运动员，观众的影响较小；而对于新手，观众的影响就可能完全不同，观众的一举一动都可能成为干扰他们正常发挥技术水平的刺激。经常参加比赛的运动员和较少参加比赛的运动员相比，更能适应比赛环境，长期的比赛锻炼了他们的抗干扰能力，使他们在各种外界干扰下都能较好地保持情绪的稳定。

儿童和青少年在观众面前的行为表现可能与成人有别。Jones和Corbes（1968）曾就"焦虑和同伴在场对儿童操作能力表现的影响"进行了研究。他们发现，观众对儿童完成迷津作业的影响要大于焦虑产生的影响。Stevenson等人（1963）发现，对简单的运动操作来说，陌生人支持性的评价，较双亲的赞扬更具积极影响。Crabbe（1974）发现，学龄前儿童在单独学习时的效率，要高于在观众面前学习时的效率；但二年级（7岁）受试者在观众面前的学习效率则高于单独学习。Stevenson，Keen和Knights（1963）在一项研究中发现：少年运动员在陌生人或者他们所"不喜欢"的人面前做动作，比在"父母"或"朋友"面前做动作时做得更好；除非有对他们怀敌对情绪的观众到场，使他们的行为带有敌意，才会降低他们的成绩。进入青年期的运动员，则比较重视活动任务本身，不太注意观众的到场。

性别也是影响观众效应的因素。研究表明（Chapman，1973），女生比男生受到的社会促进作用更大。Stevenson（1960）的研究表明：当女性受试者受到支持性评价时，操作成绩提高的程度远大于男性受试者。他将这种结果解释为"母亲形象"，对儿童教育扮演的重要角色。对成年人进行的研究也得到相同的结果。还有研究发现，青春期之前的男孩在成年男性观众面前的表现比在成年女性观众面前的表现更好（Foults，1968；Crable，Johnson，1980）。金盛华和张杰（1995）根据对多种日常生活情境的观察，提出了性别促进假设。这一假设认为：对于性意识发展达到成熟水平的个人，异性的存在会导致行为效率的提高。而性意识尚未得到充分发展的青春期之前的儿童则不存在这种性别促进现象。王青（1990）的实验研究支持了性别促进效应的假设，但实验结果较为复杂，研究者对此做了各种解释，这里不再赘述。

2. 观众的特点

根据殷小川（2000）的总结，观众的数量、评价和位置等因素，可能会影响社会促进效应。

研究表明（McCullagh，Landers，1976；Wankel，1977），大多数比赛的成绩不受观众绝对数量的影响。增加观众的绝对数量，只会自然地提高运动员的唤醒水平，但达到一定限度后，运动员的唤醒水平就不再提高了。Borden（1980）指出，观众人数的多少对运动员成绩的影响依赖于运动员对情境的解释。在运动情境中，观众的绝对数量并不重要，重要的是他们的出现传递给运动员的信息。比如，在有100个座位的大厅中坐满100个观众，与在200个座位的大厅中坐上100个观众相比，给人的感受完全不同。那些空位传递给运动员的信息可能是"没有多少人在意你的成绩"，它对运动员的成绩产生一种消极影响。由此看来，或许比赛场地单位面积中观众的相对数量是一个更为重要的因素。

比观众的人数更为重要的因素是观众的评价,Latni和Arnowd(1963)曾进行了一项实验,发现观众消极的言语能使运动员产生烦恼,而且,观众的消极评价使复杂任务的成绩下降,使简单任务的成绩提高。另外,内行观众与外行观众的评价对运动员的影响不同,Henchy和Glass(1968)认为,一个内行观众对运动员的影响作用比一个外行观众要大得多。研究表明(Gore,Taylor,1973;Henchy,Glass,1968),运动员意识到观众有较高的专项知识水平时,内心就会有观众的存在。内行观众有助于激起运动员的比赛动机,从而加强他们的优势反应。

观众的位置也可能对观众效应产生影响。观众的位置不仅有远近之分,而且还包括正面、反面、侧面。黄金柱(1983)认为,观众离运动员的距离越近,对运动员的影响越大;反之,影响就越小。处于正面位置的观众比处于侧面的观众对运动员的影响要大。

二、主场效应

社会促进领域的研究不仅激发了运动心理学家对观众效应的研究兴趣,同时,还激发了他们去探讨另外一个与此相关但更加有趣的现象,即主场效应。例如,中国足球协会超级联赛或中国大学生篮球联赛,主客场对主客队的影响十分明显。心理学家曾对这种影响进行过许多研究,其结果对比赛准备有重要启示。

(一)主场优势现象

所谓主场优势,也称主场效应,指与比赛地点和比赛胜负有关的一种统计现象,即主场取胜的比例大于客场取胜的比例。关于主场效应的第一项重要研究是Schwartz和Barsky在1977年进行的。他们的数据来源于统计资料,包括1971年进行的1 880场重要的棒球联赛和182场职业橄榄球比赛,1971—1972年进行的542场美国曲棍球联赛,以及1952—1966年举行的1 485场大学篮球比赛。表6-5列出了这些比赛表现出的主场效应。在棒球、橄榄球、曲棍球和篮球4个项目中,篮球的主场效应最为明显,主场获胜比例达到82%。其次是曲棍球,如果不计平局,曲棍球的主场效应可达64%。

表6-5 4种运动项目主队的胜率

主队比赛结果	棒球 (1971年)	职业橄榄球 (1971年)	大学橄榄球 (1971年)	曲棍球 (1971—1972年)	篮球 (1952—1966年)
胜	53%(989)	55%(100)	59%(352)	53%(286)	82%(290)
负	47%(891)	41%(74)	40%(367)	30%(163)	18%(64)
平	—	4%(8)	1%(11)	17%(93)	—
总计	100%(1880)	100%(182)	100%(910)	100%(542)	100%(354)

从20世纪90年代的一些重要研究来看（表6-6），尽管大多数研究发现了主场优势现象，但也有一些研究发现的是主场劣势。Bray（1999）曾猜想，主场效应会依运动队的运动水平不同而产生变化：在低水平的运动队中，主场效应会表现得更为明显；在中等水平和高水平的运动队中，主场效应则较弱。但是，Bray对1974—1994年加拿大冰球联赛的统计表明，上述3类水平不同的球队中，主场效应没有差异。尽管Bray的研究结果没有支持自己的假设，但他的研究思路仍值得借鉴，即应当考虑可能影响主场效应的那些潜在的调节变量，如运动项目、运动水平、赛季的前期后期、男队女队等。

表6-6 20世纪90年代主场效应的部分研究

研究者	研究对象	主要结果
Courneya，Carron，1991	26支双A职业棒球队	55.1%的主场效应；主场逗留时间及旅行距离与主场效应无关
Gayton，Langevi，1992	792场摔跤比赛	61%的主场效应
Glamser，1990	49场英国足球比赛	客场作战时犯规次数增加；黑人运动员客场作战时犯规更多
Leonard，1989	1896—1988年夏季奥运会及1924—1988年冬季奥运会	与奥运会之前和奥运会之后的比赛相比，主队在奥运会上赢得更多的金牌
McAndrew，1992	4 172名高中学生摔跤运动员	主场运动员胜1 422场比赛，客场运动员胜964场比赛
Nelson and Carron，1991	五个项目中男女各四支甲级队	五年中，主场作战胜68.6%，客场作战只胜48%
Wright，Jackson，Christie，McGuire，Wright，1991	英国高尔夫公开赛	英国运动员在四轮比赛中一直比外国运动员得分低
Wright，Voyer，Wright，Roney，1995	国家曲棍球Stanley杯联赛	在决定性比赛中存在明显的主场劣势
谢红光，殷小川，李志强，1998	1995—1996中国足球协会超级联赛（A组）	主场胜率47.35%，客场胜率20.45%

（二）主场优势的原因

主场优势的原因有许多，如旅行疲劳因素、裁判因素、场地适应因素，这里只讨论3种因素，即观众、攻击和自我意识。观众属于客观因素，而攻击和自我意识则属于主观因素。

1. 观众

Schwartz和Barsky在1977年的一项研究中发现，在职业棒球联赛中，主场优势随观众密度的增加而增加。观众密度小（观众少于体育馆容量的20%）、观众密度中等（观众占体育馆容量的20%~39.9%）和观众密度大（观众超过体育馆容量的40%）的主场获胜率分别为48%、55%和57%。在球队水平相近的条件下，也得到相似的结果。据此，他们认为主场效应是由友好热情的观众提供的社会支持引起的。Zeller和Jurkvac在1988年的研究为他们的结论提供了进一步的支持。他们分析了1969—1986年间的35 000多场棒球比赛，发现主场在体育馆内的比赛，比在空地的比赛获胜率高10.5%，比在露天体育场比赛的获胜率高7.2%。

二人将这一结果的不同归因于体育馆内有更多观众的支持。当体育馆内充满欢呼声时,球队得到更多热情观众的支持,他们表现得更好,因而也赢得更多的比赛。

但是,并非所有此类研究都得到了同样的结果。Dowie(1982)在比较了英国足球联赛四个赛区的主场优势现象后,提供了关于观众绝对数量多少与主场效应的关系。尽管观众的人数从第四赛区的2 500人到第一赛区的25 000人不等,但主场优势现象并没有不同。Pollard(1986)用与Dowie相似的方式研究观众密度的作用。他比较了英国足球联赛四个赛区的主场优势现象,发现即使观众平均密度从第四赛区的20%到第一赛区的70%不等,但出现的主场优势并没有差别。

2. 攻击

有些研究认为(Glamser,1990;Lefebver,Passer,1974),客队更具攻击性;有些研究认为(Schwartz,Barsky,1977),主队更具攻击性;还有些研究则认为(Mcguire,Courneya,Windmeyer,Carron,Russell,1983),主队和客队在攻击性上没有差异。

Varca(1980)在一项对男子篮球运动员的研究中假设,比赛中主客队运动员攻击行为的形式不同可以用来说明为什么会产生主场效应。他将攻击性行为分解为促进性攻击和阻碍性攻击,前者包括抢篮板球、抢截球、盖帽等,后者包括犯规和一般的破坏性行为。正如所预测的那样(表6-7),主队在三类促进性攻击行为上占优,而客队则有更多的犯规行为。同时,他认为观众会提高运动员的唤醒水平,但这种唤醒水平的提高给主场运动员带来的是积极影响,给客场运动员带来的是消极的影响。

表6-7 主客场促进性攻击和阻碍性攻击行为的平均数

攻击行为	主场	客场
促进性攻击行为		
抢截球	6.6	5.3
盖帽	2.8	2.3
篮板球	37.5	34.4
阻碍性攻击行为		
犯规	20.6	21.9

注:平均数反映的是每场比赛的均数。所有平均数比较均有显著性的差异(Wann,1997)。

Varca的研究结果给教练员和运动员的启示是:在客场比赛时,当客队运动员在主观上认为观众和裁判偏袒主队队员时,应当特别注意减少带有敌意性的攻击行为,这种攻击性行为易被判犯规,从而对比赛进程和比赛结果带来不利影响。

3. 自我意识

在所有关于主场效应的研究中,Baumeister和Steinhilber(1984)的研究可能最具启发性。他们对1924—1982年的棒球世界系列大赛和1967—1982年的美国男子职业篮球联赛淘汰赛的比赛结果进行了统计，结果发现，在淘汰赛的初期的确存在主场优势，但在决定比赛名次的最后关头，则不存在主场优势。他们关心的是：为什么会是这样？是主队发挥失常？还是客队发挥奇好？

对于棒球比赛研究，他们选择了"场上失误"进行分析，因为这一指标相对来说比较独立，不受对方影响，是测量失常的一个好指标。结果发现，在系列大赛的前两场比赛中，客队的场上失误更多；但在第七场比赛中，情况正好相反，主队的场上失误更多（表6-8）。

表6-8　1924—1982年棒球世界系列大赛场上失误情况

比赛顺序	每场比赛失误		每场比赛无失误	
	主队	客队	主队	客队
第一和第二场	0.65	1.04	33	18
第七场	1.31	0.81*	6	12**

*= $p<0.01$；**= $p<0.05$

对于篮球比赛研究，他们选择了"罚篮"进行分析，结果与棒球的相似。在七场制的淘汰赛中，第一到第四场比赛中，主队与客队的罚篮命中率差不多，但在第七场比赛中，客队的命中率较主队高（表6-9）。

表6-9　1967—1982年美国男子职业篮球联赛淘汰赛罚篮成绩

比赛场次	主队	客队
第一至第四场		
命中	3 368	3 412
失误	1 303	1 266
命中率（%）	0.72	0.73
第七场		
命中	873	937
失误	391	328
命中率（%）	0.69	0.74*

*= $p<0.01$

Baumeister和Steinhilber进行的另一项分析是1967—1982年美国职业篮球联赛的半决赛和冠军赛。他们发现，在第一至第四场比赛中，主队在70.1%的比赛中获胜；而在决定性的第七场比赛中，主队则仅在38.5%的比赛中获胜。从这一研究结果中可以明显看出，在关键场次，主场优势变成了主场劣势。他们认为，主场劣势主要是由于主队发挥失常引起的，而不是客队发挥好引起的。Baumeister，Hamilton和Tice（1985）稍后对大学生进行的实验室实验再次支持了这一结果。

运动心理学篇　193

对这一结果的解释是，越是到关键比赛，在给予巨大社会支持的观众面前进行自我表现的愿望就越强，运动员这种自我意识水平的提高，使他们将过多的注意集中在自我表现或印象管理上，而这并不利于运动操作。

自我意识研究结果对运动员和教练员的提示是：平时自我意识水平较低的运动员，在大赛压力面前，自我意识水平急剧提高，造成平时自我意识水平和比赛自我意识水平差距很大，难以用"平常心"参赛，因此发挥容易失常。平时自我意识水平较高的运动员，在大赛压力面前，尽管自我意识水平也急剧提高，但平时自我意识水平和比赛自我意识水平差距不大，容易以"平常心"参赛，因此发挥容易稳定。因此，运动员在平时应提高自我意识水平，而在大赛时则应降低自我意识水平。

任务二 团体凝聚力

一、什么是团体凝聚力

在社会心理学中，团体或团队多指相对较小的群体，如公司、学校、合唱队、运动队等，而不是大规模人群。团体凝聚力有时也称为团队凝聚力，简称为凝聚力，是指团体成员之间心理结合力的总体。主要表现在两个方面：一方面是团体成员对团体所感受到的吸引力，从而自愿参与团体的活动；另一方面是团体对其成员所具有的吸引力，从而把团体成员积极地组织到团体活动中去。也就是说，团体凝聚力既是表现团体团结力量的概念，又是表现个人的心理感受的概念。这种个人的心理感受又进一步表现在以下3个方面：第一，认同感。它是指团体成员对重大事件与原则问题保持共同的认识与评价的心理感受。认同感往往会互相影响，这种影响是潜移默化的，尤其是当个人不清楚外界情况，个人感到焦虑不安的时候，团体成员之间的相互影响更大。第二，归属感。它是指团体成员在情绪上融入团体，作为团体一员，所具有的"我们"和"我们的"这种心理感受。当团体获得成功或遭受失败时，团体成员有共同感受，一部分成员会为其他成员的成功感到高兴和自豪，从感情上爱护自己所属的团体。第三，力量感。它是指团体成员依靠团体、得到支持、完成任务的信心方面的心理感受。在团体凝聚力强的情况下，当一个人表现出符合团体规范，符合团体期待的行为时，团体就会给予他赞许和鼓励，以支持其行动，从而使他的行为得到进一步强化，使个人信心更足，决心更大。

总而言之，团体凝聚力表现在知、情、意3个方面。认同感对团体成员的认知给予知识和信息，归属感是团体成员情感上的依据，力量感则给团体成员以力量，使团体成员的活动坚持不懈（时蓉华，1989）。

二、如何测量团体凝聚力

目前，团体凝聚力的测量方法较多依靠纸笔测验。运动心理学家研制出了一些专用于运动团体凝聚力的测验，包括体育运动凝聚力问卷（The Sports Cohesiveness Questionnaire，SCQ.Martens，Peterson，1971）、团队凝聚力问卷（The Team Cohesion Questionnaire，TCQ.Gruber，Gray，1981）、体育运动凝聚力测试工具（The Sport Cohesion Instrument，SCI.Yukelson，Weinberg，Jackson，1984）、团体环境问卷（The Group Environment Questionnaire，GEQ.Widmeyer，Brawley，Carron，1985）、团队心理问卷（The Team Psychology Questionnaire，TPQ.Partington，Shangi，1992）。在这5个问卷中，团体环境问卷多年来一直是运动心理学家的首要选择（Cox，2002）。

三、团体凝聚力的影响因素

影响团体凝聚力的因素很多，本处重点讨论其中9个因素，包括领导方式、目标整合、志趣一致、心理相容、成员互补、外界压力、内部竞争、团体规模和团体稳定性。

（一）领导方式

领导方式是指领导者在领导行为动态变化过程中表现出来的影响被领导者的风格。领导方式对团体凝聚力具有直接的和重要的影响。勒温曾将领导方式分为民主型、专制型和放任型3种；日本心理学家三隅曾将领导方式分为工作取向高的和人情取向高的两种。不同的领导方式对团体凝聚力和工作效率具有不同影响。民主型领导方式和人情取向高的领导方式容易产生较高的团体凝聚力。

（二）目标整合

目标整合是指团体目标与个体目标之间的一致。团体是由不同个体组成的一个整体，整体有整体的目标，个体有个体的目标，两者的目标如果能够统一起来，保持一致，称为目标整合。目标整合包括两个方面：对团体来说，总目标应该满足个体的需要和愿望，使个体目标在团体内得以实现；对团体成员来说，每个个体目标必须与整体目标一致，或趋于一致，当整体目标和个体目标发生冲突时，应以整体利益为重，修正个人目标，甚至牺牲个人目标以顾全大局（图6-5）。

团体目标反映着团体凝聚力的量与质，对团体凝聚力的强度和方向都有重要影响。对团体凝聚力的量来说，凡整体目标被其成员广泛自愿的接受，这样的团体凝聚力就高。自愿目标比外在目标、非自愿目标更可能产生团体凝聚力。团体凝聚力反映着团体成员的相互吸引以及成员分担团体任务和目标的程度。成员分担团体整体目标的程度越高，团体凝聚力也越高。马瑟森（Matheson，1995）通过对11名教练员5年的调查，发现在运动训练过程中通过目标设置建立队员的责任感和交往需要，增强了运动队的团体凝聚力。

图6-5 2019年中国女排在世界杯上以11连胜夺冠

（三）志趣一致

志趣一致是指团体成员在动机、理想、志向、信念、兴趣、爱好等方面基本一致。而上述心理品质是个性心理结构中的重要组成部分和最活跃的因素，是个人行为的内在动力和个人积极性的源泉。志趣一致有两方面的作用，一是可以保证团体成员间有相似的态度；二是可以保证团体成员获得最大的心理满足，因为志趣相投有利于团体成员间的信息沟通，产生较多的共同语言，使各成员的观点、意图和活动方式易被理解。

（四）心理相容

心理相容是指团体成员与成员、成员和团体、领导者和下属、领导者和领导者之间的相互吸引、相互尊重、相互信任、相互支持、和睦相处。如果是不相容，则表现为相互排斥、相互猜疑、相互攻击、相互歧视。心理的相容性有两方面的作用，一是它可以作为团体团结的心理基础和实现团体目标的保证；二是它可以为创造性活动提供一个积极乐观的心理气氛，使团体成员保持良好的心境，有利于发挥人的主观能动作用。否则，团体成员之间将会互相设防，关系紧张，矛盾重重，貌合神离，把时间和精力消耗在纠纷之中。

专栏6-5

1+1>2——中国女排雅典奥运夺冠心理分析

实战案例

北京时间2004年8月29日凌晨1时，雅典奥运会女排比赛金牌争夺战打响。这是中国女排继1984年的洛杉矶奥运会，1996年的亚特兰大奥运会后，第三次进入奥运会的决赛。决赛的争夺，远比想象的激烈得多。第一局，双方便打得难解难分，在25平之后，经过5个回合的较量，俄罗斯队凭借着高大的拦网，以30：28险胜。第二局，俄罗斯队又以25：23获胜。

0∶2大比分落后，开局不利，并没有动摇中国女排姑娘取胜的决心。对困难做了最充分准备的女排姑娘，按照教练赛前的部署，用发球冲击俄罗斯队的一攻，并力争用最有效的拦网和顽强的防守来限制对手的进攻。面对强劲对手和逆境，她们身上没有压力，有的只是教练的信任和队友的支持，汇集在一起爆发出最大的能量。

中国女排姑娘们在挑战面前紧紧团结在一起，攥成了一只坚强有力的拳头，以每一个人的优秀表现组成了最优秀的团队。经过两个半小时的激战，坚强的中国女排反败为胜，实现了大逆转。当比分定格在15∶12，中国队3∶2战胜俄罗斯队时，女排姑娘和陈忠和、赖亚文紧紧拥抱在了一起。正如队长冯坤所说："潮流不一样，但是有一点是一样的，都是拼搏的精神，这是和老女排完全相同的地方，都是依靠团队的力量，依靠集体的力量（图6-6）。"

图6-6 雅典奥运会中国女排夺冠

心理分析

团结就是力量，当团体成员具有对团体的认同感，面对一些重大事件和原则问题时，各成员会保持共同的认识和评价，而且这种认同感会互相影响，达到团队的整体统一。全队中形成一个"我们"的概念，每一位队员对自己的看法和对全队的评价是结合在一起的，而且个人的行为和团体观念会相互促进、发展。也就是说个人能在共同取得的成绩中不断地增强自信，再以更强的信心来投入团体活动，促进团体的发展。

为了提高运动团队的凝聚力，教练员可以关注对运动员的团队认同感和归属感的培养。

首先，为提高运动员的团队认同感，可使用以下方法。

① 传统教育法：目的是通过了解集体的光荣传统，提高对集体的认同。如收集与本队训练比赛有关的录像、照片、奖杯、奖状等物品，布置本队队史展览；老队员向新队员介绍本队的光荣传统。

② 醒目标语法：目的是通过视觉冲击，烘托集体目标。

③ 定期队会法：目的是通过征询每个队员对实现目标的意见，使队员认同全队目标。

④ 内化目标法：目的是将集体目标与个人目标有机结合在一起。

⑤ 互相了解法：目的是通过使每个队员了解其他队员的感受，使队员更具同理心。如请每个运动员在一张纸条上写出在比赛时希望其他队员如何对待自己，不记名；教练员收集纸条，并在全队会上念出每个队员的希望；教练员与运动员一起讨论，将这些希望归纳为几项可以操作的原则。

其次，为提高运动员的团队归属感，可考虑：

① 生日庆贺法：目的是建立社会支持系统，提高全队凝聚力。如将每个队员的生日按照时间顺序记录下来；在队员生日的时候以个人名义送上一份生日礼物。

② 父母恳谈法：目的是建立社会支持系统，提高全队凝聚力。如在运动员父母生日的时候向其表示祝贺；通过书信或电话与运动员的父母交谈，向他们通报运动员的基本情况，争取父母对运动员训练比赛的支持，配合教练员做好运动员的心理支持和心理建设工作。

③ 伤病问候法：目的是建立社会支持系统，提高全队凝聚力。如在运动员伤病时，教练员亲自带着鲜花去看望队员，给予安慰和鼓励；购买慰问品，请每个队员写一句话给伤病队员，给予安慰和鼓励；如果伤病较为严重，需要较长时间才能康复，还可安排队员前去探望。

④ 互相赠言法：目的是通过互相勉励，提高全队凝聚力。如在大赛前，每个参赛队员写一句适用于所有参赛队员的赠言，但不署名；教练员统一收齐后，随机发放给每个参赛队员，大声念出或写在黑板上；在成功或失败之后以及遇到极大困难时，也可以请队员互写赠言，以互相鼓励；要求运动员将自己收到的赠言写在训练日记中，或者将自己认为特别有意义的赠言写在训练日记中（张力为，2008）。

（五）成员互补

成员互补是指团体成员在完成任务过程中互相取长补短。一个团体内，每个成员所扮演的角色不同，完成的工作任务不同。因而，需要在不同方面互补，取长补短，才能增强团体凝聚力。互补表现在以下3个方面：第一，智力的互补，需要具有不同智力结构的成员共同协作；第二，性格、气质的互补，有时具有相同性格与气质的人反而合作得不好，而不同性格、气质的人在一起，因需要能够得到互补，而使心理气氛和谐；第三，年龄的互补，团体中老、中、青相结合，可以相互取长补短。

（六）外界压力

外界压力是指团体遇到的外来威胁。团体处于外界压力时，凝聚力会提高。迈厄斯的研究证实了这一点（时蓉华，1989）。迈厄斯曾组织了几个三人一组的步枪射击组，设置了不同的情境，即让有些组彼此竞争，有些组不搞竞争。结果表明，开展组间竞争的组比不竞争的组团结得更紧密，成员间彼此相互吸引，相互合作，亲密宽容。

（七）内部竞争

内部竞争是指团体成员间的互相争胜。这种内部竞争也会影响团体凝聚力。米尔斯（季浏，符明秋，1994）研究了步枪队员之间竞争与凝聚力的关系。他将180名运动员中的90名分配到竞争组，另外90名分配到非竞争组。在实验中，对以下3种情况进行测量：① 个体对他人的尊重；② 个体感到被其他成员接受的程度；③ 个体在失败时相互指责的情况。研究结果表明，竞争性组比非竞争性组成员间显示出相互尊敬的现象。米尔斯由此认为，竞争性情景可促使队员间的相互理解和适应。但是，过分激烈的竞争肯定不利于群体凝聚力。卡伦（Carron，1980）指出，过分激烈的竞争会对整个队的人际关系或活动产生损害作用。

（八）团体规模

团体规模是指团体成员的数量。当团体规模增大且用力集中在相当专业的作业时，很可能由于以下两种原因而降低工作效率：第一，个人动机的强度减弱，人们感到他们在整体的努力中显得不重要；第二，由于某种机械的原因而使效率丧失。

在拔河测验中可以看到，参加的人越多，则越不容易协调；而参加拔河的人越少，则越容易协调。比如，在里因戈曼的一项研究中（克瑞蒂，1985），团体的人数由2名增加到8名时，其效率下降。研究者将假设的团体拉力的平均数（如果总和是个人成绩相加而得的）与团体的实际拉力进行了比较，发现63 kg是个人拉力的平均数。因此，2名、3名、8名受试者的团体拉力应当分别是126 kg、189 kg、504 kg。但是，实际的团体拉力分别是118 kg、160 kg、248 kg。斯特纳认为（克瑞蒂，1985），这一组数据揭示出下降程度是随着团体成员的增加而逐渐变化的。两名成员构成的团体只有一种成员间的联系，而3名成员构成的团体则有3种联系，即A与B，B与C，A与C之间的联系。由8名成员构成的团体会有28种联系。根据斯特纳的计算，上述实验中工作效率下降的幅度分别是1%、3%和28%。而2名、3名和8名成员组成的团体，其工作效率实际下降幅度为0.87%、3.17%和28%。斯特纳认为，这种差异是由抽样误差引起的，因为在里因戈曼研究中采用的团体数量相当少。

克瑞蒂提出，运动队越大，就越需要努力加强团体凝聚力。如果运动队突然变小，如一名受到处罚的运动员下场了，全队的效率未必会减小，因为其他队员会发现他们在整体中的努力变得更重要，从而会激发起更加努力的动机。但有时应当试图减少运动队的人数，为的是让替补队员有机会参加比赛，不要让他们一直坐在候补席上。队中不参加比赛的人太多，会增加队内的敌对情绪。因此，运动队的人数会影响队员间的情感距离，进而影响运动队的凝聚力。

团体规模和工作效率的关系还可以从责任扩散现象中得到进一步的解释。社会心理学家达利和拉坦内在研究影响利他行为的因素时发现（Darley，Latane，1968），在紧急情况下，只要有他人在场，个体的利他行为就会明显减少，旁观者的人数越多，利他行为减少的程度就越大。这种"旁观者效应"的一个主要原因就是，有其他人在场时，个人因袖手旁观而产生的内疚感、羞耻感将会减少，因为见危不救的责任并非由一个人而是由在场的所有人来承担，即所谓的责任扩散。同理，在需要多人努力才能完成的任务中，团体成员亦会认为所有团体成员均对完成任务负责，从而产生依赖他人努力的倾向，降低了自己的责任感和进取心，导致工作效率的下降。这提示教练员，在完成必须由各团体成员合作的任务中，要仔细、具体地分派各成员的任务，明确各自的职责，并严格按照个人的成绩进行奖惩。团体成员越多，就越要注意防止这种因"旁观者效应"而产生的责任扩散。

（九）团体稳定性

团体稳定性是指团体成员的变动程度。团体稳定性影响团体凝聚力的形成、巩固和发展，团体凝聚力的培养需要时间。多纳利（Donnelly，1975）收集了1901—1969年间6个大型棒球队的比赛资料，发现有的队在一年里花去一半时间在调换和训练新队员，而且新队员只有一半人能够取得成功。根据多纳利在1965年跟踪研究的6个棒球队所得资料发现，新队员至少要参加11场比赛才能发展球队的任务凝聚力。各个项目也基本上相同。多纳利研究发现，团体成员不太稳定的运动队不仅凝聚力低，而且获得成功的次数较少。成员之间长期的友好联系有助于提高球队的凝聚力，一个队越有凝聚力，其成员就越不愿意离开运动队。

四、团体凝聚力与运动成绩的关系

从直觉上，人们会认为团体凝聚力与团体运动成绩呈正相关，即团体凝聚力较好的运动队，运动成绩也较好；团体凝聚力较差的运动队，运动成绩也较差。但运动心理学的实证研究表明，实际情况比人们想象得复杂。已有的研究结果并没有完全支持团队凝聚力越高，运动成绩越好这一假设。究其原因，可能是第三变量（调节变量或中介变量）的影响（张力为，2002），如团体对生产力的规范、运动任务的性质、团体内交往、运动成就动机以及测量方法等。引入和探索更多的第三因素，很可能帮助我们进一步理解两者的复杂关系（张力为，毛志雄，2007）。

马滕斯和彼得森（Martens，Peterson，1971）的研究也认为，运动团体凝聚力与运动成绩间关系的调节变量是运动项目类型。在团体项目中，队员的运动成绩与团队的凝聚力之间都呈正相关；而共同活动要求少的运动项目，队员的运动成绩与团队的凝聚力之间呈负相关。

克瑞蒂（Cratty，1983）认为，教练员不应该过分担心队员中的对立关系，个体之间有最佳的关系紧张程度，引导得好，就会出现较好的成绩。也就是说，在一定程度上存在这种紧张关系还是有益的。它表明队员真正关心他们个人和集体的成绩。然而，这种紧张超过了限度，个体间的关系紧张和敌意可能会涣散全队的努力。教练员应当努力完成队内个体的最佳结合，努力在训练和比赛过程中将运动员搭配起来。

专栏6-6

三个和尚没水吃

在比赛场上怯场或害怕失败的运动员，头脑中常有一个失败的形象，但是让运动员用意志力强迫自己想象胜利的情境，并不断地进行这种想象，包括清晰地想象出各种细节，这将有助于运动员增强信心。下面的内容摘自一个教练员的回忆。

在美国男子职业篮球联赛的历史上，曾经多次涌现过著名的"三人组合"，这些"三人组合"在进攻时如疾风扫落叶，通常也是队中最核心的三名球员。不过，从"三人组"的历史来看，过于偏重进攻的组合因疏于防守而难在季后赛中称雄，更重要的是，如果三人都争抢投篮机会，最终只能分崩离析，最明显的例子是小牛队的"三J组合"和勇士队的"TMC组合"。

1994—1995赛季是小牛队"三J组合"最为风光的一年，三人场均能为球队赢得61.5分，但由于当时西部整体实力太强，小牛队只拿下36胜46负，无缘季后赛。1995—1996赛季，年轻气盛的三人彼此不服，都想做球队的"老大"，互不传球，该赛季小牛队只取胜26场。1996—1997赛季，随着基德被交换到太阳队，"三J组合"被拆散。之后，纳什、诺维茨基和芬利组成的"三巨头"再次给小牛队带来了希望，球队摆脱了"北美最差职业球队"的恶名，他们的攻击型打法赏心悦目，也曾冲进西部决赛。但由于美国男子职业篮球联赛防守之风大盛，纳什和芬利先后离去，只留下诺维茨基一人独撑大局。

同样，由蒂姆·哈达维、里奇蒙德和穆林组成的勇士队"TMC组合"，在20世纪90年代初期同样以善于攻击著称，但他们过于偏重进攻，这样的组合很难给球队带来好成绩，因此最终解散。

《体坛周报》2005年10月19日记者朱正光报道

模块总结

1. 决定比赛成绩的主体因素包括技术、战术、体能、营养、恢复及心理等因素。在整个比赛训练周期中，越是接近比赛的关键时刻，心理因素越是重要。

2. 运动员赛前应建立合理的角色定位，其原则是无论对手是谁，每次参赛都应进行重新定位；应自始至终定位于"夺"，而不是"保"；应自始至终集中于比赛过程；赛后应及时进行重新定位。

3. 制订比赛方案可以帮助运动员提高自信，提高团队凝聚力，提高应对突发情况的能力，做到有备无患。

4. 比赛时的心理定向应指向比赛过程，而不是比赛结果；指向当前面临的任务而不是已经产生的结局和将会得到的结果；指向自己的思维和行动而不是气候、裁判等难以控制的因素。

5. 比赛的情绪调节方法可分为生理调节、认知调节和环境调节。生理调节方法包括表情调节法、呼吸调节法和活动调节法。认知调节方法包括表象重现法、暗示调节法、宣泄调节法、情绪转移法和激化调节法。环境调节方法包括音乐调节法、颜色调节法、气味调节法和饮食调节法。

6. 情绪调节方法所依据的理论基础不同，功效、目的也不相同，应根据不同人、不同运动项目以及不同的时间、地点和情境选择合适的方法。

7. 观众效应也称社会促进效应，指有他人在场的情况下，优势反应得到加强的现象。

8. 扎琼克（1965）认为，他人在场会提高人的唤醒水平或兴奋程度，进而加强人的优势反应。如果优势反应是正确的反应，他人在场就会提高工作效率；如果优势反应是错误反应，他人在场就会降低工作效率。

9. 运动员自身的特点，如人格特质、运动水平、年龄、性别等会影响社会促进效应；观众的特点，如比赛场地单位面积的观众数量、观众的评价水平、观众与运动员之间的距离等也会影响社会促进效应。

10. 主场效应指运动员在主场比赛时取胜的比例大于在客场比赛时取胜的比例。主场效应的原因有许多，观众的密度和支持程度可能会影响主场效应，但研究结果并不一致。客队运动员在客场比赛时的敌意性攻击也可能影响主场效应。因此，客队队员应注意控制自己的敌意性攻击行为。

11. 运动员平时的自我意识水平与比赛的自我意识水平之间的差距也可能是影响主场效应的因素。这种差距越大，越不利于以"平常心"参赛。因此，应当设法在平时提高自我意识水平，而在比赛时降低自我意识水平。

12. 团体凝聚力指团体成员之间心理结合力的总体。表现在两个方面：一方面是团体成员对团体所感受到的吸引力，从而自愿参与团体的活动；另一方面是团体对其成员所具有的吸引力，从而把团体成员积极地组织到团体活动中去。

13. 对团体的心理感受有认同感、归属感和力量感。如果团体成员对重大事件与原则问题保持共同的认识与评价，就会产生认同感。如果团体成员在情绪上融入团体，作为团体一员，将团体看作"我们的"，就会产生归属感。如果团体成员做出符合团体规范和期待的行为并得到团体的赞许和鼓励时，就会产生力量感。

14. 影响团体凝聚力的主要因素包括领导方式、目标整合、志趣一致、心理相容、成员互补、外界压力、内部竞争、团体规模、团体稳定性。
15. 尽管从直觉上容易接受团体凝聚力与运动成绩呈正相关的看法，但运动心理学的研究结果却并不一致，有些研究结果支持这种关系，也有些研究结果不支持这种关系。
16. 团体凝聚力与运动成绩的关系受到第三变量的影响，如团体对生产力的规范、运动任务的性质、团体内交往、运动成就动机以及测量方法等。

讨论问题

1. 如何在比赛中始终把自己摆在"夺"的位置？
2. 请重新看一下自己以前制订过的比赛方案，可以从哪些方面改进方案？
3. 为什么要将比赛方案制订得十分具体？
4. 列出影响比赛成绩的重要因素，然后将这些因素归为两类，一类是可控性较大的因素，一类是可控性较小的因素，并指出比赛中应将注意指向哪些因素。
5. 哪种情绪调节方法是你常用的？如果训练受伤了，你愿意用哪种情绪调节方法？如果比赛失利了，你愿意用哪种情绪调节方法？如果处于比赛的关键时刻，你愿意用哪种情绪调节方法？
6. 你自己是否还用过其他情绪调节方法？这些方法有效吗？
7. 你喜欢比赛中有许多观众吗？观众在场会促进还是阻碍你的发挥？为什么？
8. 你认为影响主场效应的因素有哪些？如果你在客场比赛，应该如何降低对手的主场优势？
9. 什么是团体凝聚力？除了纸笔测验，还有哪些方式可以测量团体凝聚力？
10. 一个运动队中，团体凝聚力是否越强越好？
11. 可以采取哪些措施提高团体凝聚力？

推荐阅读

张力为. 中国运动员奥运夺冠经典案例心理分析［M］. 北京：北京体育大学出版社，2008.（本书一共10个主题，30个案例分析，涵盖了训练和比赛中常见的心理问题，包括激发动机、保持自信、控制情绪、应对逆境、集中注意、应对意外、比赛定位、适应能力、意志品质以及团队凝聚力。）

图书在版编目（CIP）数据

运动心理学基础 / 张立敏主编. --2版. --北京：高等教育出版社，2022.2（2023.8重印）

运动训练专业

ISBN 978-7-04-055755-8

Ⅰ.①运… Ⅱ.①张… Ⅲ.①体育心理学－中等专业学校－教材 Ⅳ.① G804.8

中国版本图书馆CIP数据核字（2021）第036308号

YUNDONG XINLIXUE JICHU

策划编辑	董梦也	责任编辑	董梦也	特约编辑	王宇彤	封面设计	姜 磊
版式设计	马 云	插图绘制	邓 超	责任校对	陈 杨	责任印制	韩 刚

出版发行	高等教育出版社	网 址	http://www.hep.edu.cn
社 址	北京市西城区德外大街4号		http://www.hep.com.cn
邮政编码	100120	网上订购	http://www.hepmall.com.cn
印 刷	运河（唐山）印务有限公司		http://www.hepmall.com
开 本	889mm×1194mm 1/16		http://www.hepmall.cn
印 张	13.75	版 次	2003年3月第1版
字 数	280千字		2022年2月第2版
购书热线	010－58581118	印 次	2023年8月第4次印刷
咨询电话	400－810－0598	定 价	36.60元

本书如有缺页、倒页、脱页等质量问题，请到所购图书销售部门联系调换

版权所有 侵权必究

物 料 号 55755－A0

郑重声明

高等教育出版社依法对本书享有专有出版权。任何未经许可的复制、销售行为均违反《中华人民共和国著作权法》，其行为人将承担相应的民事责任和行政责任；构成犯罪的，将被依法追究刑事责任。为了维护市场秩序，保护读者的合法权益，避免读者误用盗版书造成不良后果，我社将配合行政执法部门和司法机关对违法犯罪的单位和个人进行严厉打击。社会各界人士如发现上述侵权行为，希望及时举报，我社将奖励举报有功人员。

反盗版举报电话 （010）58581999　58582371
反盗版举报邮箱　dd@hep.com.cn
通信地址　北京市西城区德外大街4号　高等教育出版社法律事务部
邮政编码　100120

读者意见反馈

为收集对教材的意见建议，进一步完善教材编写并做好服务工作，读者可将对本教材的意见建议通过如下渠道反馈至我社。

咨询电话　400-810-0598
反馈邮箱　zz_dzyj@pub.hep.cn
通信地址　北京市朝阳区惠新东街4号富盛大厦1座
　　　　　高等教育出版社总编辑办公室
邮政编码　100029

防伪查询说明

用户购书后刮开封底防伪涂层，使用手机微信等软件扫描二维码，会跳转至防伪查询网页，获得所购图书详细信息。

防伪客服电话
（010）58582300

学习卡账号使用说明

一、注册/登录

访问http://abook.hep.com.cn/sve，点击"注册"，在注册页面输入用户名、密码及常用的邮箱进行注册。已注册的用户直接输入用户名和密码登录即可进入"我的课程"页面。

二、课程绑定

点击"我的课程"页面右上方"绑定课程"，在"明码"框中正确输入教材封底防伪标签上的20位数字，点击"确定"完成课程绑定。

三、访问课程

在"正在学习"列表中选择已绑定的课程，点击"进入课程"即可浏览或下载与本书配套的课程资源。刚绑定的课程请在"申请学习"列表中选择相应课程并点击"进入课程"。

如有账号问题，请发邮件至：4a_admin_zz@pub.hep.cn。